최후의 승리

The
Final
Triumph

세계복음화문제연구소
(The World Evangelization Research Center)는
한국 교회가 세계 복음화를 위하여
한 모퉁이를 담당해야 된다는 사명으로 사역하고 있습니다.

이 도서에 실린 모든 내용은
세계복음화문제연구소의
도서출판 세 복이 그 출판권 자이므로,
학문적 논문의 인용을 제외하고는
본 연구소의 동의 없이 복제할 수 없습니다.

최후의 승리

지 은 이 어네스트 젠타일
옮 긴 이 이혜숙
발 행 인 홍성철
초판 1쇄 2003년 10월 25일
발 행 처 **도서출판 세 복**
주   소 서울특별시 중랑구 면목5동 149-6 한밀빌딩 301호
         Tel/Fax (02) 448-5562
         홈페이지: http://www.saebok.net
         E-Mail: helper@saebok.net
등록번호 제1-1800호 (1994년 10월 29일)
총 판 처 예영커뮤니케이션
         Tel (02) 766-7912, Fax (02) 766-8934
I S B N 89-86424-65-7   03230

값 15,000원

ⓒ **도서출판 세 복**

■잘못 만들어진 책은 언제든지 교환해 드립니다.

최후의 승리

예수님의 영광스러운 재림에 관하여
누구나 알아야 할 내용

어네스트 젠타일 지음

이혜숙 옮김

도서출판 세 복

The
Final
Triumph

THE
FINAL
TRIUMPH

What Everyone Should Know
About Jesus' Glorious Return

Ernest B. Gentile

목 차

도 표

헌 사

51년 동안 함께 한
놀라운 삶을 기념하며
아내 조이 도브(Joy Dove)에게

서 론

그리스도의 재림은 성경을 믿는 모든 그리스도인들의 깊은 관심사이다. 흥미 있는 주제나 학문적인 과제 이상으로 이 주제는 그리스도인의 믿음의 체계에 매우 중요하다. 예수님의 재림은 대부분의 교회에서 믿음의 신조의 기본적인 교리로 분류되고 있다. 짧은 사도신경에서 우리는 다음을 암송한다: "(그는) 하늘에 오르사 전능하신 하나님 우편에 앉아 계시다가 저리로서 산 자와 죽은 자를 심판하러 오시리라." 아다나시우스신조(Athanasian Creed)는 덧붙인다: "그가 오실 때에 모든 사람들은 육체로 부활할 것이며, 자신들의 행위에 따라 심판을 받을 것이다."

기독교 교회 전체는 마지막 때에 관한 다음의 대 주제에 관해 세부적으로는 차이가 있음에도 불구하고 언제나 동의해 왔다: 그리스도의 재림, 죽은 자의 부활, 심판의 날 그리고 천국과 지옥. 세상의 다른 종교들과는 달리, 기독교는 그 창시자가 현재 살아 있으며 또한 그가 이 땅에 재림할 것임을 믿는다. 우주적인 교회는 이 중대한 사건을 기다리고 있다!

나는 1999년 6월에 텔레비전 사회자 래리 킹(Larry King)이 전도자 빌리 그래함(Billy Graham)과 면담하는 것을 들었다. 작고한 존 에프 케네디 (John F. Kennedy) 대통령에 관한 흥미 있는 면담 중에 그래함 박사는 케네디 대통령이 영적인 일과 성경이 말한 바에 매혹되었던 점을 언급하였다. 케네디 대통령은 특히 그리스도의 재림에 대한 것과 성경이 재림에 대하여 많이 말하고 있는지를 빌리에게 물은 적이 있었다. 빌리는 이 대 사건에 대해서 열정적으로 밝히면서 성경은 재림이 있음을 특별히 언급하고 있다고 강조했다. 케네디 대통령은 재림에 대해 깊은 관심을 가졌으나, 그의 교회가 재림을 믿었는지 그리고 왜 그는 재림에 대해서 들어본 적이 없었는지를 물으면서 좌절하였다. 빌리는 이 교리가 실로 로마 가톨릭교회가 믿는 교리의 일부임을 서둘러 그에게 확신시켰다. 성경을 경건하게 믿고, 신실히 교회에 출석하며 그리스도를 믿은 그는 이 심각한 주제에 대해 너무 무지한 것을 느꼈기 때문에 이 소식을 접하자 심히 당황하였다.

오늘날 많은 사람들도 이와 똑같이 느끼고 있다. 그들은 이 중요한 주제에 대하여 더 알기를 원한다.

예수님의 영광스러운 재림은 인류 역사상 가장 크고 가장 장엄한 사건이며, 성경 역사를 통하여 지속되어온 하나님과 사단 사이에 있는 영적 전투의 절정이 될 것이다. 이 책 제목인 *최후의 승리*는 그리스도의 재림이 어떠하리라는 것을 정확하게 말해 준다. 당신은 이 책을 읽으며 죄, 사단 및 사망을 이긴 이 궁극적인 승리에 동참할 수 있다. 나의 기도는 당신이 이 책을 읽어나가면서 이 놀라운 사건에 새로운 흥미를 얻게 되고, 또한 당신이 이 사건을 준비되지 않은 채 맞이하지 않도록 영적으로 깨어 있게 되기를 바라는 것이다.

이 주제에 대한 신약성경의 전문가 일곱 명—예수님, 바울, 베드로, 요한, 누가, 야고보와 유다—은 이 중요한 사건에 대해 놀라운

설명을 해 준다. 그들의 저술들은 뛰어난 명석함, 통일성과 긴박성
이 흘러넘친다. 부록 B에 빠른 참조를 위해 신약성경에 나오는 재
림에 관한 모든 자료를 부분적인 인용과 함께 기록해 놓았다. (나의
계산에 의하면) 453구절은 전체 주제에 대한 총 159개의 필수적인
개념을 산출해낸다. 이러한 구절들과 기본적인 개념들은 교회가 믿
는 그리스도의 재림 신앙을 구체화하며, 그것들이 이 책의 기초가
된다.

나는 신약성경을 여섯 부(部)로 나누었는데. 각 부는 한두 장(章)
으로 되어 있다. 각 부의 개념들과 구절들은 이야기 형식으로 배열
되어 있다. 13장은 이러한 여섯 부의 자료와 구절들의 흥미 있는
관점을 하나의 지속적인 이야기 형식으로 결합시켜 준다.

신약성경에서 이와 연관된 구절들을 골라서 그것들을 이야기 형
식으로 만들어내는 작업은 대단히 즐거운 모험이었다. 이 보기 드문
접근법은 우리로 하여금 정직하고 투명해지도록 도전한다고 나는
생각한다. 이 책의 부제, "예수님의 영광스런 재림에 관하여 누구나
알아야 할 내용"은 다소 야심적인 것 같아 보이지만, 그것은 신약성
경의 모든 참고 구절들을 사용한 것에 기초한다. 이러한 구절들은
진실로 당신과 내가 알아야 할 모든 것을 포함하고 있다!

그리스도의 재림에 대한 주요한 네 학파의 이론은 3장에서 편견
없이 제시해 놓았다. 각 견해의 기본 구성 요소를 도움이 되는 도표
와 함께 기록해 놓았으며, 또한 더 구체적인 참고를 위한 적절한
도서도 추천해 놓았다. 이러한 접근법은 정보와 앞으로의 참고를
위하여 이 책의 뒤쪽에 제시해 놓았다.

제 2부의 장들은 성경에 있는 전문가 일곱 명의 명확한 견해들을

집중적으로 다룬다. 그들의 분명한 개념들은 눈에 띄게 제시해 놓을 것이나, 현대적인 해석들은 바울이 인정하지 않는 용어와 자료와 함께 이차적인 위치에 제시해 놓았다.

대략 두 장 이상은 "감람산 설교"를 다루었다. 이것은 (비록 그 자료가 논쟁의 여지가 있기는 하지만) 예수님이 전하신 복음서의 예언적인 *한* 메시지를 위해서 적절한 것이다. 주후 70년의 예루살렘 멸망과 나타나지 않은 미래에 있을 주의 재림을 다루면서, 예수님은 이 주제에 대해 가장 중요한 내용의 일부를 전해 주셨다.

성경의 어떤 원리와 개념들은 그 구절에 해당되는 당시에만 분명한 반면, 요한계시록의 어떤 원리와 개념들은 항상 분명하다. 메시아가 베들레헴에서 탄생하리라는 미가의 예언과 같은 구약의 예언들은 흔히 분명하게 예언되었지만, 어떻게, 언제 그리고 어디에서 이루어지는가는 그 예언이 성취될 때에야 실제로 알게 된다. 선지자가 말한 대로 성취되었지만, 문자 그대로 이루어지는 것을 관찰한 모든 자들에게 그것은 놀랍고 경탄할 만한 일이었다. 내가 집중적으로 다룰 것은 요한계시록 전체를 자세하게 공부하는 것보다는 재림 구절들에 한정될 것이다.

예수님과 바울 그리고 기타 다섯 사람은 단 *한 번의* 재림에 대해 언급하였다. 그 때 영광스러운 재림, 즉 의로운 자들이 죽은 자들 가운데서 부활하여 살아 있는 성도들과 함께 공중에서 주를 만나게 될 것이다. 내 의견에는 예수님이 교회로 하여금 환난을 면하게 하려고 세상에서 데려가기 위하여 먼저 은밀히 오셨다가, 그 후 그 교회를 공개적으로 그리고 영광스럽게 세상으로 다시 보내기 위하여 오신 것도 아니다. 대부분의 권위자들이 받아들이는 그러한 결론은 다만 개인적인 추론에 의해서만 올 수 있는 것이지, 윤곽이 뚜렷한 성경으로부터 오는 것이 아니다. 여기에서 내가 다루는 방법은 신약성경 구절들이 말하는 것을 보여 주고 내가 이해한 결론이 자명하다는 것을 제시하려는 것이다.

나는 부록 D를 할애하여 본질적으로 기독교적인 문자 그대로의 천년왕국을 그 주제로 전개시켰다. 또한 나는 교회가 마지막 때의 환난을 승리 가운데서 맞이할 것을 믿는다.

그리스도의 재림은 매혹적인 주제이다. 나는 연구해 나갈 때 훌륭한 저자들의 많은 학문적인 논문과 저술문을 겸허하게 읽었다. 비록 전체적인 동의는 하지 않았지만, 이러한 자료들을 교회가 활용할 수 있게 만든 그들의 굉장한 노력은 간과할 수 없는 선물이다. 내가 바라는 바는 우리가 기도하는 마음으로 이 주제를 이해하려고 할 때 서로가 더욱 더 가까워지게 되는 것이다.

예수 그리스도의 최종적이고, 궁극적이고, 영광스러운 재림은 우리의 유산이다. 우리의 이차적인 문제들에 대해서는 서로 관대하고, 핵심 주제에 대한 진지하고 뜻에 맞는 대화로부터는 유익한 것을 얻자. 한 가족으로서 우리의 한 가지 축복된 소망인 주 예수 그리스도의 재림을 소유하고 선포하자.

제 1 부

이러한 배경의
자료가 중요하다

당신이 생각하는 것보다 더 늦다!

어느 날 아침에 나는 새로 얻은 모래시계의 정확성을 확인해
보기로 작정하였다. 나의 형 조(Joe)가 이 아름답게 장식된
시계를 나에게 보냈는데—아마도 나의 설교하는 시간을 잘 맞추도
록 친절하게 알려 주려는 의도로 준 것 같다! 나는 기도를 얼마동안
하는지 보기로 하였다.

모래시계는 좁은 통로로 연결된 두 개의 유리 진공관으로 구성되
어 있는 용기로, 가늘고 일정한 양의 하얀 모래가 한 진공관에서
다른 진공관으로 정확히 한 시간 만에 흘러들어 가는 데 걸리는 시
간을 재는 기구이다.

아주 작은 모래알이 좁은 통로로 흘러내려가기 시작했다. 나는
호기심에서 여러 번 지켜보았다. 모래시계가 커피 탁자 위에 놓여
있었는데, 나는 기도하려고 고개를 숙였기 때문에 내가 무심코 올
려다 본 부분은 유리 진공관의 위쪽이었다. 시계를 보니 반시간이
지났다. 이제 작은 모래 더미가 유리 진공관 밑쪽에 쌓여 있으나,
진공관 위쪽에 있는 모래가 빠지지 않은 것 같았다. 더 가까이 가
서 진공관 위쪽을 들여다보았더니 생각지도 않은 것을 발견하였
다. 모래는 원추형의 모래 안쪽으로부터 빠지는 것이었다! 약 2분

정도 후에 관찰해 보니, 조그마한 구멍이 위쪽 모래 더미 중간에 생겼다. 유리 진공관 벽에 기대어 있는 모래는 움직이지 않고 남아 있는 반면에, 구멍에서 가장 가까운 곳에 있는 모래는 먼저 빠져나 갔다.

과학자들은 이 원리를 "마찰 계수"라고 한다. 자유롭게 움직이는 다른 모래알에게 전적으로 둘러싸여 있는 중앙에 있는 모래알이 자유롭게 움직이거나 침식되는 경향이 있는 반면에, 유리 진공관에 기대어 있는 모래알은 유리벽이 움직이지 않기 때문에 덜 움직이는 경향이 있다.

위쪽 진공관을 들여다보니, 원추형의 모래 안쪽이 계속해서 빠져 나가는 것을 알게 되었다. 얇은 모래벽이 유리 진공관 벽 쪽에 기대어 남아 있어서, 마치 실제 보다도 더 많은 모래(또는 시간)가 남아 있는 것 같이 생각되게 하였다. 나는 3초점 안경으로 열심히 들여다보았지만 모래가 움직이는 것은 볼 수가 없었다. 나는 확대경을 집어 들고 위쪽 가장자리에 초점을 맞추어 보았지만, 모래벽의 가장자리에는 어떤 움직임도 볼 수가 없었다. 모래가 넘을 수 없는 한계선을 넘어서 빠져나갔단 말인가? 시계를 보니 단 4분이 남아 있는 것을 알았다! 모래시계는 마치 최소한 15분이나 남아 있는 것처럼 보였다. 다시 한 번 유리 진공관에 기대어 있는 얇은 모래층에 내가 속은 셈이다.

그러자 끝마치려는 순간, 남아 있던 모래가 소형의 모래 사태로 변했다. 나는 놀라워하며 눈을 깜빡거렸다. 모든 모래가 유리 진공관 위쪽에서부터 아래쪽으로 정확히 한 시간 만에 빠졌다. 외향에 상관없이 모래시계는 완전하게 작동했다.

그리스도의 재림에 대한 놀라운 실례를 내가 방금 보았다는 생각이 들었다. 각각의 모래알은 그리스도의 재림 전에 있어야만 하는 사건, 또는 하나님이 정하신 예언을 상징했다. 예수님은 모든 예언이 성취될 때 재림하실 것이다. 다음의 구절들을 주목하라:

"그러나 이렇게 된 것은 다 선지자들의 글을 이루려 함이니라."

마태복음 26:56

"선지자들로 기록된 모든 것이 인자에게 응하리라."

누가복음 18:31

"...모세의 율법과 선지자의 글과 시편에 나를 가리켜 기록된 모든 것이 이루어져야 하리라."

누가복음 24:44

"...너희를 위하여 예정하신 그리스도 곧 예수를 보내시리니, 하나님이 영원 전부터 거룩한 선지자의 입을 의탁하여 말씀하신 바 만유를 회복하실 때까지는 하늘이 마땅히 그를 받아 두리라."

사도행전 3:20-21

때때로 세상과 교회는 선지자들이 한 예언들이 아주 신속하게 성취되지 않는다고 생각해 왔다. 그러나 실제로 지금까지 그 성취되는 비율은 높고, 일관성이 있었으며 지속적이었다. 이제 종말이 가까워지는데 많은 사람들은 마치 유리 진공관에 기대어 있는 움직이지 않는 모래만 들여다보며 아주 많은 시간이 남아 있다고 느낀다. 그러나 실제로 그들은 곧 *미끄러질* 얇은 모래층만을 보는 것이다.

우리가 생각하는 것보다 더 늦다! 예언적인 운명은 교회와 세상의 국가들을 의존한다. 비록 당신이 읽어나갈 때에도 모래는 흐르며 각 낱알은 하나님의 기능을 잘 실행하고 있다. 예언적인 운명의 최후의 낱알이 역사 가운데로 지날 때, 지구상의 사람들은 "인자가 구름을 타고 능력과 큰 영광으로 오는 것을 보리라" (마 24:30).

그리스도의 재림

우리 주 예수 그리스도는 개인적이고 공개적으로 지상에 재림하실 것이며, 그리스도와 그의 교회를 위한 최후의 승리는 인류 역사상 가장 큰 사건이 될 것이다. 비록 성경 자체는 *재림*이라는 표현을 쓰지 않지만, 그것은 성경적인 가르침과 모순되지 않는 없다. 예수님은 말씀하셨다, "내가 다시 와서...너희에게로 오리라....내가 갔다가 너희에게로 온다" (요 14:3, 18, 28). 히브리서는 예수님의 첫 번째 나타나심은 십자가 위에서 죽기 위해, 그리고 또한 "자기를 바라는 자들에게 두 번째 나타나시리라"(히 9:28)고 말한다.

예수님은 부활하신 후에 제자들에게 여러 번 나타나셨다. 그의 마지막 나타나심에서 그는 제자들에게 성령이 임하시기를 예루살렘에서 기다리면 권능을 받고 땅끝까지 이르러 증인이 되리라고 하셨다. 그러자 그의 몸은 저희 보는 데서 땅으로부터 올리어 가시기 시작하였다.

제자들은 두려워하면서 자세히 하늘을 쳐다보고 있었다. 갑자기 흰 옷 입은 두 사람이 저희 곁에 나타나서 어찌할 바를 모르는 제자들에게 가볍게 책망하였다: "갈릴리 사람들아, 어찌하여 서서 하늘을 쳐다보느냐? 너희 가운데서 하늘로 올리우신 이 *예수는 하늘로 가심을 본 그대로 오시리라*" (행 1:11, 강조 첨가).

그리스도의 재림에 대한 교리는 신약성경 흠정역(King James Version)의 7,957절 중 453절을 할애한다. 다른 말로 하면, 대략 18절 중 한 절 가량이 주의 재림을 다루고 있다―확실히 신약 전체를 특징짓는 지배적인 주제이다.[1]

다음의 여섯 장이 그 주제에 대해서 가장 완전하게 설명해 준다고 전통적으로 이해되고 있다: 마태복음 24장과 25장, 누가복음 21장, 데살로니가전서 4장과 5장, 그리고 베드로후서 3장. 신약의 27권 중 다음의 세 권만이 재림을 언급하지 않는다 (빌레몬서, 요한이서, 요한삼서).

아무도 그리스도께서 언제 재림하실지는 정확히 모른다. "그 날과 그 때는 아무도 모르나니 하늘의 천사들도 아들도 모르고, 오직 아버지만 아시느니라....그러므로 깨어 있으라. 어느 날에 너희 주가 임할는지 너희가 알지 못함이니라....그런즉 깨어 있으라. 너희는 그 날과 그 시를 알지 못하느니라" (마 24:36, 42; 25:13; 또한 눅 12:39-40; 행 1:7 참조). 마가복음 13장 32절은 "그 날과 그 때는 아무도 모르나니, 하늘에 있는 천사들도 *아들도* 모르고, 아버지만 아시느니라" (강조 첨가).

그렇다면 죽을 운명의 인간, 불멸의 천사들과 심지어는 인자까지도 지상에 계신 동안 주의 재림하시는 정확한 날을 알지 못했다. 예수님은 이것을 몰랐지만 좌절하지 않으셨다; 왜냐하면 그것은 지상에서의 그의 사역에 직접적으로 중요한 것이 아니었기 때문이다.[2]

영광의 폭발

우리의 사랑하는 주님이신 예수님은 곧 지상에 재림하실 것이다. 그의 두 번째 강림은 묘사할 수 있는 모든 말 또는 아마도 할리우드의 정교한 모든 기술로 표현할 수 있는 어떤 것보다 더 영광스러울 것이다. 우리 인간이 지금까지 경험해 온 힘과 흥분으로 화합된 가장 큰 축하 행사들을 상상해 보라: 세계 제 2차 세계 대전 말의 파리로 입성해 가는 연합군의 군대들, 뉴욕의 높은 건물에서 테이프가 뿌려지는 행진, 미국 독립기념일의 폭발적인 축하 행사, 백주년 기념 행사, 미식 프로 축구의 챔피언 결정전의 흥분의 절정, 새 천년의 세계적인 축하. 이 중 어느 것도 그리스도의 재림과는 비교의 대상이 되지 않는다.

천문학자들은 우주 공간 밖에서의 불같은 힘의 거대한 폭발에 대해서 말한다. 그것은 마치 전 우주에 가득 찬 에테르가 불타오르는 것처럼 너무나 강렬하여 지상의 기준으로는 측량될 수 없다. 우리의 이해 능력을 초월하는 강렬함으로 별들이 폭발하고 성운(星雲)들이 파열한다. 그러나 예수님의 재림은 이러한 어마 어마한 능력과 영광의 웅장함보다 훨씬 더 클 것이다!

최후의 선지자적 예언이 성취될 날이 올 것이며, 그 때 우리 하나님은 모든 것이 성취되었음을 선포하실 것이다. 천군 천사들이 하나님의 영광의 눈부신 광채이신 그분 뒤에서 빛나는 의복을 입고 모일 것이다. 마치 졸업식에서 예복을 입은 교수들과 귀빈들이 장엄하게 식장으로 들어오려고 모인 것처럼, 천군 천사들은 지상으로 입성하기 위해 장엄한 광채 가운데로 모여들 것이다.

찰스 스펄전(Charles Spurgeon)은 다음과 같이 설교하였다:

그는 수행 천군 천사들과 함께 강림하시는데, 지상의 군주들보다 더 신분이 높은 이 천사들은 그들에게 경의를 표하도록 명할 수 있습니다. 그는 수많은 천사들, 그룹들, 스랍들과 모든 천군들과 함께 강림하십니다. 모든 자연의 힘, 뇌운(雷雲)과 폭풍우의 암흑과 함께 만주의 주는 세상을 심판하시려고 하나님의 나팔로 친히 하늘로 좇아 강림하십니다. 구름은 그 무서운 전투의 날에 그의 발의 티끌인데, 그 날은 그가 천둥으로 그의 적들을 땅으로부터 흔드시고 삼켜 버릴 듯한 번갯불로 태우시는 날입니다. 모든 하늘은 주의 위대한 나타나심에 지극히 성대하게 모일 것이며, 그 때는 모든 자연의 어마 어마한 장관이 모두 다 드러날 것입니다. 짙은 구름과 굉장한 암흑 가운데서 시내산에 여호와로 강림하셨던 예수님은 슬픔의 인자(人子)가 아닌, 인간으로부터 멸시받고 거절된 분이 아닌, 최후의 심판자로 재림하실 것입니다.3)

모든 것들이 성취될 때까지 천국에 "계셔야만" 하는 그리스도 예수는 영광스런 재림을 주관하실 것이다. 모든 강한 천사들과 모든 죽은 성도들의 영이 굉장히 장엄한 규모의 왕의 수행원으로 동행하게 되므로 천국은 텅 빌 것이다.

주님의 승리의 목소리가 모든 피조물 전체에 마치 수많은 핵이 폭발하는 것처럼 아주 요란하게 헤아릴 수 없는 속도로 울려 퍼질 것이다. 이러한 우렛소리는 마치 호수의 수면 이곳저곳에서 뛰어오르는 돌처럼 한 우주에서 다른 우주로 굉음을 내며 울려 퍼질 것이다. 예수님의 이 승리의 함성을 우주 전 영역에 있는 모든 살아 있는 피조물이 즉시 알게 될 것이다.

어떤 사람들은 예수님이 "나사로야, 나오라"(요 11:43)고 이름을 지적하여 부른 것은 예수님이 큰 소리로 부르셨을 때 무덤 전체에 있는 자들을 깨우지 않게 하려 함이라고 말한다. 아마도 그러하리라! 그러나 *이* 승리의 함성은 그리스도 안에서 죽은 모든 자들을 깨우고 부활하게 한다. 그리스도인들이 어떻게 죽었느냐에 상관없이—불에 타 죽었든지, 상어에게 먹혔든지, 폭발에 산산조각이 났든지, 전염병으로 썩었든지, 또는 조용히 숨을 거두었든지—그들의 생전의 활기 있던 몸은 부활할 때 의로운 자로 영화롭고 아름답게 썩지 않을 몸으로 기적적으로 재조성될 것이다. 성령은 그리스도 안에서 죽은 모든 자들을 소생시키거나 생기를 불어넣거나 또는 되살릴 것이다.[4]

다른 큰 소리도 또한 들릴 것이다. 천사장 가브리엘은 모든 성도들을 모으기 위해서 그의 큰 나팔 소리를 낼 것이다. 천국의 큰 나팔 소리가 인자의 재림을 선포할 것이며 모든 성도들을 모을 것이다. 하나님의 천사들은 갑자기 대열에서 빠져나와 새로 부활한 구속(救贖)받은 성도들을 살아 계신 전능하신 구세주 앞으로 인도하고 죽은 성도들이 있는 세상 방방 곳곳을 찾아가기 위해 흩어질 것이다.

예수님은 만왕(萬王)의 왕과 만주(萬主)의 주로 재림하실 것이다. 모든 자연적이고도 영적인 능력과 정사와 주권자들은 그 앞에 굴복할 것이다. 천국의 뛰어나고 빛나는 군대를 인도하면서, 인자는 지상으로 담대히 입성할 것이다. 그것은 얼마나 놀라운 행렬이겠는가! 빛나는 그리스도와 그를 믿는 자들은 마치 지구로 다시 들어오려고 지구를 선회하면서 마침내 용해되는 부분이 불에 타서 없어지고 새롭고 빛나는 지구가 나타날 때까지 기다리며 선회하는 우주선같이 지구로 하강할 것이다.[5] 깜깜한 경기장에 모든 조명이 켜질 때처럼 그의 순간적인 재림의 빛나는 광채가 지구의 대기권과 성층권(成層圈)을 순식간에 비칠 것이다. 전 우주는 하나님의 영광으로 밝게 비추어질 것이다.

부활의 변화는 큰 소리와 나팔 소리로 순식간에 일어날 것이다. 영광스럽고, 부패하지 않고, 없어지지 않을 몸이 밝은 하늘에서 주님을 만나기 위하여 이 땅의 어두운 무덤으로부터 솟아오를 것이다. 살아 있는 교회, 즉 예수님의 재림 이전에 죽지 않은 그리스도의 영적 몸의 일원들("우리 살아남은 자도," 살전 4:17)은 하나님의 능력에 의해서 그들의 몸이 놀랍게 변화되는 것을 기쁨으로 발견하게 될 것이다. 부패하고 상처받은 죽어 가는 몸이—순식간에 다시 조성되어—예수님의 영화롭고 부활된 몸과 똑같은 상태로 변화될 것이다! 살아 있는 성도들이 공중에서 주님을 만나기 위하여 구름 속으로 끌어 올려갈 것이다.

예수님의 재림은 로마 장군이 전쟁에서 승리하고 돌아오는 것을 생각나게 할 것이다. 로마 전역은 정복하고 돌아오는 영웅이 흰 우유빛 말이 끄는 빛나는 마차를 타고 왕의 도시로 재 입성하는 것을 보려고 행군하는 노선을 따라 혼잡을 이룰 것이다. 열광적인 군중들은 로마가 부여할 수 있는 최고의 모든 영광 가운데서 그 강력한 정복자와 그의 군대가 승리로 환희하며 행군해 나갈 때 큰 소리를 지르며 환성을 올렸다. 이와는 정반대로 당당한 정복자 뒤에 옷을 벗고 풀이 죽어 있는 포로들은 쇠사슬에 묶인 채 발을 질질 끌며 걸어갔다.

바울은 이 생동적인 예화를 그리스도가 십자가 위에서 어떻게 죄와 모든 영적인 능력들을 물리치고 승리하셨는지를 분명하게 하기 위해 사용한다 (고후 2:14; 엡 4:8; 골 2:15; 벧전 3:22). 그리스도의 재림은 이미 갈보리를 통해서 영적으로 이루어 놓으신 바가 문자적으로 다시 행해지는 일일 것이다; 그것은 전 세계가 볼 장엄한 공적인 표시일 것이다.

예수님의 재림 바로 직전에, 세상 조직들은 하나의 통일된 세계 정부로 연합될 것이다. 적그리스도, 무법자 또는 무정부주의자로 알려진 최상의 지도사는 바로 모든 악과 부패의 구현(具現)일 것이다. 비록 적그리스도 스스로 깨닫지는 못했을지라도, 그가 역사에 나타난 일은 최후 종말을 알리는 마치 천국의 모래시계를 통하여 미끄러져 내리는 한 알의 모래알이 될 것이다.

경건한 사람들은 모든 세대 중 가장 어렵게 시험받으면서 고통받을 것이다. 그럼에도 불구하고 그것을 극복한 나머지 사람들은 끝까지 보전될 것이다. 바울은 그들 중 어떤 사람들은 예수님이 재림하실 때 살아남게 될 것이라고 구체적으로 말했다. 그 시간의 정복자들은 보전해 주시는 하나님의 은혜와 임재를 특별한 방법으로 경험할 것이다. 그들은 최상으로 선발된 교회의 영적 전사들 중 가장 뛰어나고 훌륭한 자들일 것이다.

베드로와 바울은 재림을 무시무시한 심판의 시간으로 묘사한다. 적그리스도는 그리스도의 빛남에 의해서 멸망될 것이고, 깜깜함은 최상의 빛이신 예수님에 의해서 사라질 것이다. 하늘과 땅은 불에 타 없어질 것이고, 모든 것들이 강렬한 열에 녹아질 것이다. 모든 악과 부패는 하나님의 진노의 불꽃에 던져질 것이다. 악이 멸망되었다! 지구는 변화되었다! 하나님의 사람들은 예수님과 함께 안전하게 거한다! 성도의 육체적인 몸은 영화롭고 불멸하게 될 것이며, 땅과 그 구성 요소들은 저주로부터 구속될 것이다.

논리적 접근

나는 방금 짧은 기간 동안에 신약 전체를 네 번 독파하였다. 나는 관주나 주석이 없는 새흠정역(NKJV)의 표시하지 않은 새 성경을 사용하면서 그리스도의 재림에 관한 모든 구절을 찾아 표시했다. 이 것은 내가 58년 동안 나를 매혹시켜온 한 주제에 관한 나의 관념을 명확하게 해 주는 유쾌하고 결정적인 방법이었다. 부록 B에는 재림에 관한 성경 구절의 목록이 나열되어 있다—놀라운 453절!

내가 전에 읽은 용어 색인과 여러 주석 책에서 수집한 원래의 목록보다 상당히 확대되었다. 신약을 새로 읽을 때마다 더 많은 구절들이 발견되었다. 전에 간과했던 어떤 구절들은 목록에 포함해 달라고 나에게 애원하는 것 같아 보였다.

나의 새 목록에는 "주의 날," "심판의 날," "그 날" 같은 그리스도의 재림의 날에 대한 구절들이 포함된다. 부활에 관한 구절들 또한 포함하기에 적절한 것 같다. 비록 나는 아마겟돈을 언급하는 요한계시록에 있는 어느 구절 같이 논의의 여지가 있거나 불확실한 구절들을 포함시키는 것은 피했지만, 요한계시록에 있는 잘 알려진 14장과 19장은 목록에 포함했다.

그 목록은 우리에게 사도적 교회의 기본적인 견해를 제공해 준다. 그러나 어떤 구절들은 그리스도의 재림을 언급하지만 다소 불분명하다—예를 들면, 로마서 2장 16절: "하나님이 예수 그리스도로 말미암아 사람들의 은밀한 것을 심판하시는 그 날이라"와 같은 구절이다.

내가 서론에서 언급한 전문가 일곱 명—예수님, 바울, 베드로, 요한, 누가, 야고보와 유다—의 가르침이 우리의 초점이 될 것이다. 그들의 가르침은 이 교리의 명백한 기초가 되고 있다.

이 책의 여섯 부분—복음서, 사도행전, 데살로니가전후서, 다른 바울 서신들, 일반 서신들과 요한계시록—은 그리스도의 재림에 관한 구절들을 특별히 다루고 있다. 나는 이 모든 구절들에서 159개의 기본적인 개념들을 발췌하여 마지막 13장에서 다루었다.

재림에 관한 신약성경 구절의 요약

구 분	신약 구절 수	전체 구절의 %
1. 복음서	238	53%
2. 사도행전	16	3%
3. 데살로니가전·후서	29	6%
4. 바울의 다른 서신	84	19%
5. 일반서신	42	9%
6. 요한계시록	44	10%
총 계	453	100%

위대한 두 기도

현대 그리스도인들은 교리적인 토론에 있어서조차 기술적이고 전문적인 사항에 지나치게 치우치는 경향이 있다. 재림은 그 경우에 적절한 예이다. 우리의 초점은 예수님의 재림의 즐거운 소망 가운데서 단순하게 사는 것보다 오히려, "우리는 환난을 겪게 될 것인가?" 또는 "누가 적그리스도인가?" 또는 "내가 준비되려면 얼마의 시간이 남아 있는가?"에 있다.

초대 그리스도인들은 아마도 심한 핍박 때문인지 문자 그대로의 예수님의 임재를 기다린 것 같았다. 그들의 믿음은 머리는 물론 가슴에서 나온 믿음이었다. 첫 순교자 스데반은 죽어가면서, "주 예수여, 내 영혼을 받으시옵소서"(행 7:59)라고 부르짖었다. 그들은 그들의 구세주의 임재(*파루시아*)를 갈망했고, "죽기까지 자기 생명을 아끼지 아니하였도다" (계 12:11).

사도 바울과 요한은 진지하고 짧은 두 기도에서 이와 같은 정신을 보여 주었다. 이것은 각각 진지한 그리스도인의 정신에서 선지자적이고 열정적인 짤막한 부르짖음으로 울려 퍼졌다. 바울과 요한은 둘 다 예수님이 재림할 수 있을 때 재림하실 것임을 알았으며, 아마도 그들은 그들이 죽은 후까지는 재림하지 않으시리라는 것을 알았을 것이다. 그들은 환난이나 핍박 또는 적그리스도의 영을 두려워하지 않았다. 그들은 불타오르는 열정으로 하나님을 섬겼다. 그들의 기도에는 교회의 큰 소망과 열정이 들어 있었다.

바울이 일련의 교회 문제들과 의심할 바 없이 다소 지쳐 있는 것에 대해 도움이 되는 답변을 해 주면서 고린도전서를 마쳤을 때, 그는 모든 상황을 위한 궁극적인 해결을 위해 외쳤다: "주께서 임하시느니라!" (고전 16:22). 아람어로 이것은 *마라나다*(Maranatha)이다!

천국의 경이로운 사건의 예언적인 광대한 조망을 막 증거한 요한은 대 요한계시록을 모든 곳에 있는 그리스도인들의 마음 자세를 사로잡는 한 기도로 마쳤다: "주 예수여, 오시옵소서!" (22:20).

이러한 호소력 있는 기도들은 초대 교회가 흔히 현대인의 마음에 자리 잡고 있는 이차적인 문제들보다는 예수님의 재림과 그들에게

닥치리라 기대되는 것들에 더 초점을 맞추었다는 것을 말해 준다. 그들은 머리로의 교리가 아닌 마음으로의 교리를 갖추고 있었다. 그들이 진실하게 믿는 어떤 것들은 그들 스스로 발전시켰을 것이다. 교회는 그들에게 남겨진 근본적인 과제에 집중해야만 한다.

이러한 관점에서 베드로는 뜻이 통한다:

> 사랑하는 자들아, 주께는 하루가 천 년 같고 천 년이 하루 같은 이 한 가지를 잊지 말라. 주의 약속은 어떤 이의 더디다고 생각하는 것 같이 더딘 것이 아니라. 오직 너희를 대하여 오래 참으사 아무도 멸망치 않고, 다 회개하기에 이르기를 원하시느니라. 그러나 주의 날이 도적 같이 오리니, 그 날에는 하늘이 큰 소리로 떠나가고, 체질이 뜨거운 불에 풀어지고, 땅과 그 중에 있는 모든 일이 드러나리로다. 이 모든 것이 이렇게 풀어지리니, 너희가 어떠한 사람이 되어야 마땅하뇨? 거룩한 행실과 경건함으로 하나님의 날이 임하기를 바라보고 간절히 사모하라. 그 날에 하늘이 불에 타서 풀어지고, 체질이 뜨거운 불에 녹아지려니와, 우리는 그의 약속대로 의의 거하는 바 새 하늘과 새 땅을 바라보도다.
>
> 베드로후서 3:8-13

사도의 이 두 기도를 명심하자: "주께서 임하시느니라!"와 "주 예수여, 오시옵소서!" 아마도 우리는 "주 예수여, 속히 오시옵소서!"라는 부르짖음을 덧붙일 수도 있다.

2
왜 모두 이렇게 이상한 용어들인가?

재 림에 관한 연구에서 일곱 단어가 아주 중요하다. 세 단어는 헬라어 용어—*파루시아* (parousia), *에피파네이아* (epiphane-ia), *아포칼립시스* (apokalypsis)—인데, 이것은 예수 그리스도의 재림에 있어서 강림, 현시(顯示) 및 계시를 일컫는 말이다. 저명한 영국의 학자 브루스(F. F. Bruce)는 설명한다, "그것들은 동일한 한 사건에 대한 세 가지 선택적인 호칭이다."[1] 이제는 영어로 받아들여지고 있는 네 번째 단어, *휴거*(Rapture)는 라틴어에서 파생되었는데, 일반적으로 그리스도의 재림을 일컫는다. 다섯 번째 단어는 *임박한*(Imminent)인데, 그리스도의 재림의 가능성 있는 임박함을 묘사할 때 어떤 사람들이 사용하는 말이다. 마지막 두 단어는 *천년왕국*(Millennium)과 *환난*(Tribulation)인데, 대개는 재림과 관련된 일정한 기간을 일컫는 말이다.

1. *파루시아*: 강림, 재림, 출현, 임재

헬라어 신약성경에 24회 나타나는 명사 *파루시아*는 어떤 사람이 어떤 장소에 출현하는 것을 일컫는다. 더 구체적으로 그것은 "출현

과 그 결과로 생기는 임재"를 뜻한다."[2] 그 단어는 *파라* (para), 즉
"옆에, 곁에"와 *에이미* (eimi), 즉 "존재하기 위한"이라는 존재를 나
타내는 형태의 동사로 구성되어 있다. "그것은 기본적으로 '～의 옆
에 있다'를 뜻하며, 영어의 '임재'란 단어의 의미를 나타낸다. 그것
은 사람의 부재(不在)와 상반되는 임재를 의미할 때 신약에서 사용
되고 있다."[3]

예를 들면, 바울은 "디도의 옴으로" 그가 어떻게 지극히 행복해졌
는지를 묘사하고 있다 (고후 7:6-7). 바울은 그 자신이 빌립보인들과
같이 있는 것이 또한 격려가 되리라는 것을 믿었다 (빌 1:26). 바울
은 또 고린도전서 16장 17절, 고린도후서 10장 10절과 빌립보서 2
장 12절에서 사람의 도착 또는 임재를 언급했다. *파루시아*가 나타
나는 나머지 열일곱 번은 장차 그리스도의 오심과 임재를, 그리고
한 번은 악한 자인 적그리스도의 나타남을 가리킨다 (살후 2:9).

바울은 또한 그리스도의 오심을 논의할 때 *파루시아*에 대한 더
학술적인 의미를 염두에 두었다. 헬라어 학자 바우어(W. Bauer)는
설명한다, "[*파루시아*]는 높은 지위에 있는 사람, 특히 왕과 황제들
이 지방을 방문할 때 쓰는 공식적인 용어가 되었다."[4] 세금 또는
특별한 때를 위한 모금에 앞서서 종종 그러한 왕의 방문이 있었다.
한 기록은 왕이 도착할 때 드릴 왕관을 준비하기 위해 그러한 기부
가 있었음을 보여 준다.[5]

그러므로 *파루시아*는 신약의 그리스도인들을 위하여 두 가지 의
미가 있었다. 그것은 친밀한 교제의 따뜻하고 사랑스런 묘사였고
(한 친구의 귀환, 도착과 임재), 또한 우주의 최고 통치자의 영광스
러운 출현을 묘사하기도 하였다.

*파루시아*는 재림을 언급할 때 열일곱 번 사용되었다:

제자들이 한 번 물었다, "주의 임하심과...무슨 징조가 있사오
리이까?" (마 24:3).
예수님은 "인자의 임함"을 세 번 언급하셨다 (마 24:27, 37,
39).
사도들은 "그의 강림하실 때"를 다섯 번 언급하였다 (고전 15:
23; 살전 2:19; 살후 2:8; 벧후 3:4, 요일 2:28).
성경 말씀은 "(우리) 주의 강림하실 때" 또는 "주 예수 그리스
도"를 일곱 번 묘사한다 (살전 3:13; 4:15; 5:23; 살후 2:1; 약
5:7-8; 벧후 1:16).
"하나님의 날이 임하기를"이라고 한 번 나왔다 (벧후 3:12).

2. *아포칼립시스*: 계시, 드러냄, 공개, 노출

이 단어는 헬라어 신약성경에 열여덟 번 나오며, "노출, 드러냄,
발가벗음"이란 뜻이다. 그것은 "사물이나 상태 또는 사람들이 지금
까지 보이지 않다가 모두에게 보이는" 사건들을 가리킨다."[6]
그 의미는 동상의 덮개를 벗기는 예화에 비유될 수 있다. 이 장면
을 상상하라: 전쟁의 영웅을 그의 고향에서 자랑스럽게 여기고 마
을 주민들이 기념하기로 하였다. 동상 제작이 위탁되고 완성되어서
한 지역 공원에 세워진 후 잠시 덮개로 씌어 놓는다. 낙헌식 날에,
자랑스러운 마을 주민들이 모이자 시의 한 고관이 그 영웅에 대해
열렬하게 말한 후에 제어하는 줄을 잡아당긴다. 덮개가 벗겨지자
갑자기 장엄한 동상이 모습을 드러낸다. 벗겨진, 공개된 *아포칼립*

시스가 방금 일어난 것이다.

*아포칼립시스*는 신약성경에서 네 방법으로 사용된다:

진리의 계시를 묘사하는 데 세 번 (눅 2:32; 롬 16:25; 엡 1:17).
비전을 통한 영적인 계시를 묘사하는 데 여덟 번 (고전 14:6,
26; 고후 12:1, 7; 갈 1:12; 2:2; 엡 3:3; 계 1:1).
재림하실 때 무슨 일이 일어나는지를 묘사하는 데 두 번 (계
2:5; 8:19).
영광스러운 재림을 묘사하는 데 다섯 번 (고전 1:7; 살후 1:7;
벧전 1:7, 13; 4:13).

3. *에피파네이아*: 현현, 나타남, 현저

고대 세속적인 헬라어 저자들은 그들의 신화에서 보이지 않는 신
성을 보이고 드러내도록 표현할 때, 그리고 어떻게 그러한 신이 인
간의 관심사에서 중재하거나 도움을 줄 수 있는지를 표현할 때 *에
피파네이아*를 사용한다. 그 단어는 또한 헬라어 구약성경인 칠십인
역(Septuagint)에서는 하나님의 영광을 묘사하는 데 사용된다. 기본
의미는 전쟁터에 있는 군대에게 적이 나타나는 것 같이, 빛 가운데
로 가져가는 것 또는 보게 하는 것이다. 의학적인 의미에서 그 단어
는 증세를 묘사했다. 영어 단어는 *에피파니*(epiphany)이며, 문자 그
대로 "앞쪽으로 빛나다"를 의미한다. 로드만 윌리엄스(Rodman Wil-
liams)는 설명한다: "그 헬라어는 또한 밝음, 찬란한 빛, 심지어는
광채의 개념을 포함한다."[7]

*에피파네이아*는 신약성경 가운데 목회 서신에 다섯 번 그리고 데

살로니가후서에 한 번, 모두 여섯 번 나온다. 그것은 두 가지 방법으로 사용된다:

지상에서 예수님의 첫 출현에 대하여 (딤후 1:10).
심판을 위한 예수님의 재림에 대하여 (살후 2:8; 딤후 4:1, 8; 딛 2:13).

예수님의 재림은 비밀이나 숨겨진 사건이 아닐 것이며, 하나님의 영광 또는 광채의 역사 가운데로 들어가는 사건이다.

4. *휴거*: 들리어 올라감

*휴거*라는 단어는 라틴어 *라피오*(rapio)에서 유래하며, 데살로니가전서 4장 17절의 라틴어 성경에 나오는데, "들리어 올라감"으로 번역되었다. 그것은 하나님의 교회가 이 세상에서 끌어 올려 갈 때를 가리켜 말한다:

주께서 호령과 천사장의 소리와 하나님의 나팔로 친히 하늘로 좇아 강림하시리니, 그리스도 안에서 죽은 자들이 먼저 일어나고, 그 후에 우리 살아남은 자도 저희와 함께 구름 속으로 *끌어 올려* 공중에서 주를 영접하게 하시리니, 그리하여 우리가 항상 주와 함께 있으리라.

데살로니가전서 4:16-17 (강조 첨가)

현대 그리스도인들의 질문은 다만 이 본문을 읽고 바울이 의미한 바가 예수님이 그의 재림시에 전체 교회가 끌어 올려 함께 영광 가운데 공개적으로 재림하실 것인가이다. 아니면 *후에* 영광스러운 그리스도의 재림이 뒤따르는 대 환난이 시작되기 바로 전에 특별히 비밀리에 그리스도인들을 데리고 가는 것을 바울이 언급하는 것인가?

통상적으로 알려진 이 두 번째 해석은 약 170년 전에 시작된 해석이지만, 이것은 아주 강한 추종 세력이 있다.[8] 그 구절의 명확한 의미를 알려고 이것을 많이 읽는 것은 대답할 가치가 있는 중요한 질문들을 갖게 한다. 예를 들면, 예수님과 바울이 재림에 관하여 가르쳤을 때 두 가지 국면의 재림을 마음에 둔 것인가? 이러한 문제들에 관한 사고의 전개가 현대 교회로 하여금 초대 교회가 지니지 못한 신앙을 갖게 해 주었는가?

조지 래드(George E. Ladd)는 휴거의 진정한 의미에 관한 훌륭한 통찰력을 제시한다: "휴거의 첫 번째 목적은 살아 있는 교회가 재림하시는 주님과 연합하는 것이다....휴거의 두 번째 의미는 믿는 자들의 육체의 변화이다."[9]

5. *임박한*: 언제든지

때때로 성직 안수식 또는 교수진을 선택할 때나 교회에서 직원을 임명할 때 일반적으로 그리스도의 "임박한" 재림을 믿는 진술서에 서명을 요구한다. 그것은 쉽게 오해되고 있다. *임박한*의 영어 용법은 무엇인가 곧 발생하려는, 특히 머리 위에 위협적으로 무엇인가를 걸어놓은 것을 제시해 준다.

종교적인 상황에서 그 단어가 사용된 경우를 보면 그리스도의 재림이 필연적으로 즉각적인 것이 아니라, 그리스도는 언제든지 재림하실 수 있다는 뜻이다. 한 저자는 그것을 "항상 존재하는 가능성"

이라고 정의한다.10) 이 정의에 의한 임박성은 그리스도가 교회를 끌어 올려 가기 위해서 재림하시기 전에 성경이 예언한 사건이 아직 발생하지 않아야 하며, 도중에 예언된 사건이 일어나지 않아야 됨을 의미한다. 예수님, 베드로와 바울은 예수님이 언제든지 재림하실 수 있다는 것—성취될 남아 있는 예언이 아무 것도 없다는 것—을 믿었는가? 사도들은 교회가 휴거되리라는 비밀스런 그리스도의 재림을 항상 기대하면서 그들의 사역을 견디어 냈는가?

임박한 휴거를 믿는 신앙을 보통 *전환난설*이라 일컫는데, 그것은 그러한 휴거가 환난 전에 일어나기 때문이다. 실로 그것은 교회가 환난을 피할 수 있게 해 준다. 이 신앙과 밀접하게 연관된 것은 신약에서 강하게 강조하는 재림을 "지켜보는 것"과 "기다리는 것"이다. 효과적인 토론이 될 수 있다고 내가 느끼는 이 개념은 "그의 재림이 임박할 때에만 우리는 그의 재림을 지켜볼 수 있다."11)

그리스도가 환난 후 (또는 끝에) 재림하실 것을 믿는 자들을 *후환난설 신봉자*들이라고 지칭한다.

내가 지금까지 보아온 임박성(특별히 왜 예수님이 우리에게 지켜보고 기다리라고 말씀하셨는지를 말한)에 관한 최고의 평론은 트리니티복음신학교(Trinity Evangelical Divinity School)의 더글러스 무(Douglas J. Moo) 교수에 의한 것이다. 비록 그는 세대주의자이지만, 연구를 하면서 후환난설의 입장을 갖게 되었다. 그는 "*파루시아*의 가까움, 또는 그것을 믿는 자의 기대를 묘사하는 데 사용된 많은 단어 중 어느 것도 임박함의 '어떤 순간'의 감각을 요구하는 것은 없다"고 말한다.12)

오직 그의 재림이 임박한 때에만 우리가 그의 재림을 지켜볼 수 있다는 것은 맞는 말인가? 우리는 앞으로 4장부터 7장에서 예수님이 친히 가르치신 것을 다룰 것인데, 거기에서 *지켜보라*를 신약에서 사용할 때 그것은 "~을 찾다"란 뜻이 아니고, 오히려 영적이고 도덕적인 의미에서 "방심하지 않는다"는 것을 의미함을 보게 될 것이다.[13]

예수님, 베드로와 바울이 임박한 재림을 믿지 *않은* 것을 잠시 숙고해 보라.

예수님이 믿으신 것

예수님은 그가 언제든지 다시 올 수 있다는 것을 믿지 않으셨다. 왜냐하면 그는 다음과 같이 이미 말씀하셨기 때문이다:

> 그의 재림이 지체되다 (눅 19:11-27; 마 24:45-51; 25:5, 19).
> 주후 70년의 예루살렘의 멸망 (마 24; 눅 21).
> 예루살렘이 "이방인의 때가 차기까지" 밟힘 (눅 21:24).
> 제자들이 "예루살렘과 온 유대와 사마리아와 땅 끝까지 이르러" 증인이 됨 (행 1:8).
> 베드로가 늙어서 순교하게 됨 (요 21:18-19).
> 복음이 모든 민족에게 전파되고 끝이 옴 (마 24:14).[14]
> 해와 달의 반응 (마 24:29).

베드로가 믿은 것

베드로는 예수님이 그의 생전에 재림하시리라고 믿지 않았다. 왜냐하면 그는 다음과 같이 말했기 때문이다:

예수님이 베드로에게 그가 늙어서 순교하게 되리라고 말씀하셨다 (요 21:18-19).

베드로는 교회에게 그의 죽음 후에 어떻게 살아야 할지를 말했다 (벧후 1:13-15).

베드로는 선지자들이 한 모든 예언들이 다 성취될 때까지 예수님이 천국에 남아 있어야 한다고 믿었다 (행 3:20-21).

바울이 믿은 것

바울은 예수님이 언제든지 오시리라고 믿지 않았다. 왜냐하면:

바울은 성취해야 할 사도의 사명을 가졌었다고 생각했다 (행 9:15).

바울은 아직도 그가 왕들 앞에 나타나야 했음을 알았다 (행 9:15).

바울은 앞으로 고린도에서 위대한 사역을 한다는 말을 들었는데, 그 사역은 일 년 육 개월 동안 계속되었다 (행 18:9-11).

바울은 그가 로마에서 복음을 전하게 되리라는 것을 알았으며, 이것은 만 2년 후에 이루어졌다 (행 23:11; 27:24).

바울은 그가 죽은 후에 거짓 지도자들이 일어나리라는 것을 알았다 (행 20:29;[15] 딤후 4:3-6).

바울은 예수님이 적그리스도가 나타난 후에 오시리라고 가르쳤다 (살후 2:3).[16]

어떤 사람들은 바울이 데살로니가전서 4장 17절에서 "그 후에 우리 살아남은 자도 저희와 함께 구름 속으로 끌어 올려 공중에서 주를 영접하게 하시리니"라고 말했을 때, 그 자신과 주의 재림 때까지 살아남아 있을지도 모르는 어떤 다른 사람들에 대해서 말하고 있다고 생각한다. 이 본문의 결론과 고린도전서 15장 51절에서 52절에 있는 *우리*의 사용에 근거한 한 주석가는, "[바울의] 마음에는 그의 생애 동안에 주의 재림의 가능성이 있었다: 실제로, 그는 그가 죽음의 문을 전혀 통과하지 않고, 주의 영광스러운 재림시에 주를 보도록 살게 되리라는 기대가 있었던 것 같다..."라고 말한다.[17] 대조적으로, 바울이 *우리*를 사용한 것은 모든 진지하게 믿는 자들이 이 소망을 지니고 있는 것을 보여 주는 아주 단순한 문학적인 고안이라고 나는 생각한다. 바울 자신은 (내가 이미 서술한 바처럼) 분명히 그리스도의 재림 전에 죽을 것을 예상했다.

예수님, 베드로, 바울과 사도 시대 교회의 모든 남은 자들은 빠르고 곧 도래하는 재림을 믿었다—그러나 언제든지 일어날 수 있는 재림을 믿은 것은 아니었다. 예수님은 진정으로 재림하기를 원하시며, 그가 하실 수 있다면 언제든지 재림하실 것임을 숙고하라. 그러나 모든 예언이 성취되어야만 한다; 모든 모래알들이 예언적인 모래시계를 통과해야만 한다 (행 3:21). 그의 재림은 임의적인 것이 아니라 오히려 하나님 아버지의 뜻에 의해서 정해진 것이다.

"임박한"의 해석은 "언제든지" 휴거 이론에 근거를 둔다. 이 이론은 그리스도가 교회를 위해서 언제든지 비밀리에 오실 수 있으며, 그런 다음 대 환난의 시기 후에 영광스러운 재림으로 돌아오신다는 것이다. 신약성경을 자세히 읽으면 그렇게 교회로 비밀리에 오시고 세상으로 영광스럽게 오시는 것—다시 말하면, 두 가지 국면의 재림—이 있으리라는 것은 심각한 의심을 불러일으킨다. 또한 이 접근법은 필연적으로 부활을 최소한 세 부분(휴거, 의로운 자들의 부활, 믿지 않는 자들의 부활)으로 나누어지게 만들며, 그러한 해석은 성경의 간단한 제시를 무례하게도 복잡하게 만든다. 이미 언급한 전문가 일곱 명은 다만 한 번의 재림만 있을 것이며, 영광스러운 예수님의 재림은 모든 예언이 다 성취된 후에 있을 것이라는 인상을 준다.

나는 리젠트대학교(Regent University)의 로드만 윌리엄스 교수의 다음 진술을 좋아한다: "'곧 일어날 듯한'이 '임박한'보다 더 나은 용어이다. '임박한'은 언제나 있는 재림의 개념을 내포한다; '곧 일어날 듯한'은 접근 또는 가까이라는 개념을 내포한다."[18]

이 장에서 다루고 있는 일곱 개의 핵심 단어 중 네 단어가 일치한다: 그리스도의 한 번의 유일한 재림은 *강림, 계시, 현현(顯現), 들리어 올라감*이 될 것이다—모든 것들이 성취될 때.

6. *천년왕국*: 일천 년

이 용어는 두 라틴어에서 파생되었다: 일천의 뜻인 *밀레*(mille)와 년의 뜻인 *애넘* (annum). 천년왕국이란 단어는 좋은 영어 단어이지만, 그것은 실제로 성경에 나타나지 않는다. *천 년*이 본문의 여섯 구절(계 20:2-7)에 여섯 번 나오므로, 영어의 첫 글자를 대문자로 쓴 단어 천년왕국(Millennium)은 논쟁의 여지가 많은 이 시기를 토론할 때 종교적인 의미에서 사용된다.

어떤 사람들은 이 시기는 주의 재림에 의해서 소개된 기간, 즉 문자적으로 그리스도의 천 년 동안의 지상 통치 기간이 될 것이라고 생각한다. 다른 사람들은 전에 나온 성경 구절에 그것에 대한 전례를 보지 못했으므로, 그리스도의 첫 강림으로 소개되었고 주의 재림으로 끝이 날 복음 선포 시대인 현재의 교회 시대에 그것을 상징적 또는 영적으로 적용해야만 된다고 생각한다.

그러한 본문으로부터—일반적으로 그러한 일천 년의 기간에 대한 *유일한* 성경적인 진술로 인정되는—천년왕국은 종말론의 체계를 지배하고, 형성하고, 정의하게 만들었다. 각 학파의 견해는 하나님 나라의 프로그램 안에서 천년왕국의 역할을 맞추려고 한다. 예수님도 바울도 일천 년의 기간이 무엇인지를 구체적으로 명시하지 않았으므로, 인가된 신약성경의 말(末)에 소개된 이 개념은 성경을 사려 깊게 읽는 독자들의 마음에 정당한 질문이 생기게 한다: 예수님과 바울은 천년왕국을 믿었는가? 천년왕국은 예수님과 바울 둘 다 가르친 "다가올 세대"일 가능성이 있는가? 천년왕국을 믿는 것은 초대 교회에서 공통된 것이었는가? 그것은 문자적 또는 상징적인 의미가 있는가? 언제 그것이 시작되고 언제 끝날 것인가? 더 간단히 말하면, 각 접근법은 다음의 질문에 대답을 해야만 한다: 천년왕국이 *언제인가*?

어떤 사람들은 예수님이 문자 그대로 천년왕국 *전*에 재림하실 것이라고 주장하는데, 이러한 자들을 *전천년설 신봉자들*이라고 지칭한다. 주님이 영적으로 해석된 이 지상에서의 천년왕국이 교회 시대를 종결한 후에 오실 것을 믿는 사람들은 *후천년설 신봉자*들로 분류된다. 천년왕국을 복음 시대라고 영적으로 해석하고 우리가 현재 그것을 경험하고 있다고 믿는 자들은 *무천년설 신봉자*들이라고 불린다. 이 요약이 너무 간결하다는 것을 인정하지만, 그것은 이제 우리가 목표한 것을 충족시켜 준다.

천년왕국에 대한 토의가 부록 D에 더 있다.[19] 거기에서 왜 문자 그대로의 일천 년의 기간 동안에 성도들이 지상에서 그리스도와 함께 살며 통치하는 것을 내가 믿는지에 대한 이유들을 열거하였다. 왜 이것이 일어날 것이며, 그것은 성경적으로 정당성이 있는 것인가?

7. *환난* : 대 환난의 시기

환난은 영광스러운 재림 바로 직전에 일어나는 지상에서의 환난(삼 년 반, 칠 년 또는 정해지지 않은 때)의 시기를 가리킨다. 하나님은 세상에 심판 그리고 심지어는 진노를 쏟아 내실 것이다.

어떤 사람들은 규정해 놓은 환난의 구체적인 기간이 있으리라는 것을 믿지 않고; 다른 사람들은 칠 년 기간의 환난이 있을 것이라고 믿는다. 한 해석가는 (재림에 의해서 끝이 나는) 삼 년 반의 하나님의 진노 후에 삼 년 반 동안 인간의 극심한 환난이 있을 것이라고 말한다.[20]

환난을 믿는 자들은 보통 그것을 다니엘이 말한 유명한 칠십 이레 예언(다니엘 9)의 마지막 주의 마지막 삼 년 반 (일주일의 반) 또는 칠 년(일주일)이라고 해석한다.[21] 부록 C를 보라.

다음 장은 그리스도의 재림 사건의 네 가지 주요 해석을 간략하게 요약해 놓았다. 우리가 신약성경의 참조문들을 분석하기 전에, 주석가들이 해 놓은 기본적인 방향을 조망해 보는 것도 이치에 합당하다고 생각한다. 네 가지 제안은 간단하며 편파적이지 않은 설명을 해놓았고, 더 연구를 원하면 참고 도서를 활용할 수 있게 해 놓았다.

3

해석자들은 무엇이라고 하는가?

비록 모든 그리스도인들이 그리스도의 재림을 믿지만, 그 대 사건을 둘러싸고 있는 세부 사항에 대한 의견들은 계속 다양하였다. 미래를 다루는 신학 분야를 종말론(eschatology: "종말"이란 *eschatos*에서 나옴)이라 칭하며, 그것은 우리 그리스도인의 신앙 체계의 중요한 부분이다.

그러나 더 중요한 것은 우리가 분명하고 근본적인 기독교의 교리를 이해하는 것이다. 우리의 종말론은 성경을 통해 모호한 부분이 없도록 명확하게 가장 잘 이해하면서 전개시켜나가야 한다. 그리스도의 재림의 사실은 기독교의 중요한 교리이며, 교리적인 기초의 한 부분이다. 그리스도의 재림과 관련된 사건들의 이론적인 국면은 연구해야 할 필요가 있지만, 그것들은 우리를 다른 그리스도인들로부터 분리시켜 주는 문제를 일으키지 않도록 해야 한다. 그것들은 정통 신앙을 시험해 보는 것도 아니고, 우리의 신학적인 믿음의 근거가 되는 절대적인 진리의 국면도 아니다.

이 장은 그리스도의 재림에 관해 도움이 될 만한 네 가지 주된 학파의 개관과 참고 자료를 활용할 수 있도록 고안된 것이다. 이러한 광범위한 범주를 분류하기 위해서 통상적으로 사용되는 이름들은 천년왕국—요한계시록 20장 2-7절에 언급된 일천 년의 기간—
이 각 신앙의 체계 안에서 지니고 있는 입장에 기초를 둔다:

1. 역사적인 전천년설
2. 무천년설
3. 세대주의적 전천년설
4. 후천년설

우리들 대부분은 천년왕국이라는 영어 단어 철자를 제대로 쓰기
도 힘들며, 그 해석도 갖가지이다! 세속적인 선전(영화, 텔레비전,
책 그리고 2000년의 도래)을 통해 갑자기 유명해진 그 단어는 억지
로 꾸며낸 의미를 나타내는 경향이 있으므로, 그리스도인들을 위한
이 주제는 새로운 의미를 부여해 준다.

내가 그랬듯이, 각 해석의 체계는 문제되지 않고 그냥 넘어가면
성경적인 자료를 너무 간략하게 만들고, 심지어는, 어떤 가치 있는
성경적 통찰력을 제시할 때조차 그런 경향이 있음을 당신도 발견할
것이다. 각 접근법은 강점과 약점이 있다; 유감스럽게도, 모든 질문
에 충분하고 만족할 만하게 대답하는 학파는 어디에도 없다. 많은
그리스도인들은 여러 다른 학파들의 견해들을 결합한 신앙을 가지
고 있다.

나는 몇 년 전에 종말론에 관한 어느 회의에 참석했는데, 거기에
서 두 유능한 학자들이 천년왕국에 대한 그들의 견해를 제시하고
토론하였다. 한 학자는 문자 그대로의 천 년의 기간에 대한 견해를
대표했으며, 다른 학자는 무천년설 접근법을 제시했는데, 그것은
그리스도의 천 년 동안의 통치는 문자적이고 지상의 왕국이라기보

다는 보이지 않고 영적인 실제라고 말했다. 모든 해석의 학파들이 심사숙고했으며, 두 토론자들은 신뢰할 만하게 잘 하였다. 나는 단지 그 강사들에 대한 나의 존경심과 관계 때문에 그들이 제시한 내용의 어떤 면들을 깊이 생각하게 되었다. 나는 또한 재미있는 사실을 발견하였는데, 그 회의 후에 어느 누구도 자신의 마음을 바꾼 사람이 없는 것 같아 보인 점이다! 그러나 우리는 서로를 존경하였기 때문에 계속 좋은 친구로 남아 있으며, 다른 사람들의 의견을 더 건전하게 존중하는 관계로 발전시켜 나갔다.

천년왕국에 대한 질의자의 질문에 답하면서 브루스 교수는 말했다, "우리가 성경의 타당성 있는 구절들이 나오는 대로 따라 가는데 만족한다면, 우리는 해석적인 보충 설명이 필요 없게 될 수 있다; 나로서는 그것들 중 어느 것이라도 마음에 간직하는 것을 거리끼지 않는다."[1]

내가 브루스의 진술에 동의하는 만큼, 나는 천년왕국에 대한 다른 입장에서의 해석과 또 어떻게 그리스도의 재림이 그것과 연관되어 있는지를 지적하는 것은 아주 정직하고 중요하다고 생각한다. 이 연구를 하면서 기쁜 소식은, 차이점에도 불구하고, 우리 모두는 예수 그리스도의 영광스러운 문자 그대로의 재림을 믿는다는 것이다!

1. 역사적 전천년설

기본 정의. "초대 교회에서 처음으로 표현된 견해: 그리스도인들은 환난(반드시 칠 년은 아님)을 견디어 내며, 그 후에 그리스도가 재림하신다. 오늘날 이 견해를 지지하는 많은 사람들은 '휴거'는 재림에 수반하여 일어날 것이라고 믿는다."2)

논평. 역사적 전천년설은 그리스도의 영광스러운 재림이 단 한 번 있다고 믿는다. 이 재림은 그리스도가 지상에서 문자적으로 일천 년의 통치를 시작하는데, 이 기간 동안에 사단의 세력은 완전히 결박될 것이며, 유대인이든 이방인이든 모든 성도들은 그리스도와 함께 통치할 것이다. 몸의 부활이 문자적으로 두 번 있을 것이며, 첫 번째는 그리스도가 재림하실 때인 천년왕국의 시초에 의인의 부활, 두 번째는 천 년 마지막에 구원받지 못한 자의 부활이다.

역사적 전천년설

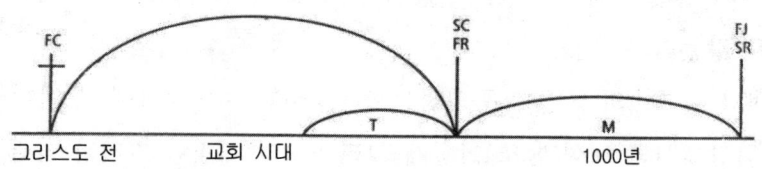

기호 설명: FC=초림; FR=첫째 부활; FJ=최후의 심판; M=천년왕국;
T=환난; SC=재림; SR=둘째 부활

이 학설은 그리스도의 재림이 두 가지 국면, 즉 휴거 전의 국면과 환난 후의 국면으로 나누어질 것이라는 개념에 대한 성경적인 지지가 없다. 대부분의 전천년설 신봉자들은 교회의 휴거는 환난 말에 그리스도의 재림시에 일어날 것이라고 믿는다.

고(故) 조지 래드는 이 접근법의 권위 있는 진술로 간주되는 책, 『축복된 소망』(The Blessed Hope)에서 이 입장을 다음과 같이 요약하였다:

축복된 소망의 어휘는 그리스도의 재림의 두 국면, 하나는 비밀의 국면, 또 하나는 영광스러운 국면의 어떤 것도 알지 못한다. 그와 반대로, 그 용어는 나눌 수 없는 단 한번의 그리스도의 재림을 시사한다. 성경은 비밀리에 임하는 주님의 재림에 대하여 아무 것도 말해주지 않는다.[3]

역사적 그리고 세대주의적 전천년설 신봉자들의 입장은 둘 다 문자 그대로의 천년왕국을 믿는다. 세대주의적 입장은 천년왕국을 국가적인 유대교를 새롭게 하는 기간으로 보며; 이와는 달리, 역사적인 입장은 이 기간을 하나님의 백성 (유대인이든 이방인이든 믿는 자들), 사회 그리고 피조물인 자연의 완전 구속에 대한 영광스러운 표현의 기간으로 본다.

역사적인 전천년설은 하나님 나라의 현재와 미래의 국면을 강조한다. 그리스도는 이제 다윗의 보좌 위에 앉아 계시고, 하나님 나라는 이제 교회(유대인과 이방인 둘 다)의 영적인 삶에 있어서 활동적이며, 복음 전파는 교회의 당면한 과제이다. 그럼에도 천국에 대한 완전한 문자 그대로의 표현은 천년왕국 또는 장차 올 시대에 있을 것이다. 교회는 하나님의 백성의 현대적인 표현이며, 교회는 예수 그리스도를 믿는 모든 유대인들과 이방인들로 구성되어 있다.

역사적 전천년설(과 후천년설)의 견해를 증진시킬 참고 도서

조지 비슬리-머레이 (Beasley-Murray, George R.).『예수님과 최후의 날들: 감람산 설교의 해석』(Jesus and the Last Days: The Interpretation of the Olivet Discourse; Hendrickson, 1993). 마가가 제시한 감람산 설교의 철저한 토론.

케빈 코너 (Conner, Kevin J.). 『기독교 교리의 기초』(The Foun-
dations of Christian Doctrine; Bible Temple, 1980). 코너는 사실
상 유대교적이라기보다 기독교적인 문자 그대로의 천년왕국을
믿는다.

로버트 건드리 (Gundry, Robert H.). 『교회와 환난』(The Church
and the Tribulation; Zondervan, 1973). 전천년설의 입장을 강하
게 표현한 이 권위 있는 책은 지금 절판되었지만, 건드리는 그의
내용을 최신판으로 새롭게 하여, 평신도 지도자에게 호소하는 새
책, 『먼저 적그리스도』(First the Antichrist; Baker, 1997)에서 몇
가지 논쟁을 첨가했다.

아더 캐터존 (Katterjohn, Arthur). 『환난의 백성』(The Tribula-
tion People; Creation House, 1975).

조지 래드. 『축복된 소망』. 래드는 대 환난은 여전히 미래의 일이
고, 그것은 휴거와 그리스도의 재림 (똑같은 사건의 국면) 전에 일
어나야만 한다고 믿었다.

로버트 마운스 (Mounce, Robert H.). 『요한계시록: 신약성경 새 국
제 주석』(The Book of Revelation: The New International Com-
mentary on the New Testament; Eerdmans, 1977).

바턴 페인 (Payne, J. Barton). 『성경적 예언 백과사전』(Encyclope-
dia of Biblical Prophecy; Harper & Row, 1973). 바턴은 임박성,
전천년설의 재림 그리고 환난을 영적으로 보는 후환난설의 견해
를 믿는다.

알렉산더 리스 (Reese, Alexander). 『그리스도의 접근하는 강림』
(The Approaching Advent of Christ; Marshall, Morgan & Scott,
1937). 리스는 후환난설의 가장 포괄적인 답변서 중 하나를 제시
했다. 그는 교회가 진정한 이스라엘이고, 교회는 모든 시대의 성
도들을 포함한다고 믿었다.

잘 알려진 역사적 전천년설 신봉자들. 비슬리-머레이, 어드만 (W. J. Erdman), 프레데릭 고뎃 (Frederic L. Godet), 이레니우스 (Irenaeus), 순교자 저스틴 (Justin), 조지 앨든 래드, 로버트 마운스, 파피아스 (Papias), 바턴 페인, 터툴리안 (Tertullian), 토레이 (R. A. Torrey) 그리고 디오도 잔 (Theodor Zahn).

2. 무천년설

기본 정의. "어거스틴(Augustine)과 로마 가톨릭교(그리고 대부분의 경우, 장로교, 루터교 등의 주요한 전통)의 견해: 현 시대는 비록 세상에 악이 증가 일로에 있기는 하나, 그리스도가 그의 교회 안에서 그리고 그리스도인들의 마음 안에서 통치하고 있는 '천년왕국'이다.[4]

무천년설의 해석은 요한계시록 20장의 천년왕국을 부인하지는 않지만, 미래에서보다 오히려 지금 방금 일어나는 것으로 해석한다. 하나님의 백성들이 믿음으로 양육되고 하나님과 함께 좌정하여, 그리스도가 하나님의 우편 손에서 현재 영적인 통치를 하는 것과 동일시한다; 그러므로 문자 그대로의 천년왕국은 없을 것이다. 그리스도의 강림은 천년왕국 (또는 교회 시대) 후에 있을 것이다. 사단은 현재 그리스도의 사역을 통하여 제한되어 있다. 어떤 사람들은 그리스도의 초기 사역의 시초에 또는 그의 부활시에 그리스도의 통치가 있다고 본다. 무천년설 신봉자들은 이스라엘에게 한 왕국의 약속을 상징적인 것으로 보며, 그것을 교회 시대에 적용하든지 또는 영원한 것에 적용한다.

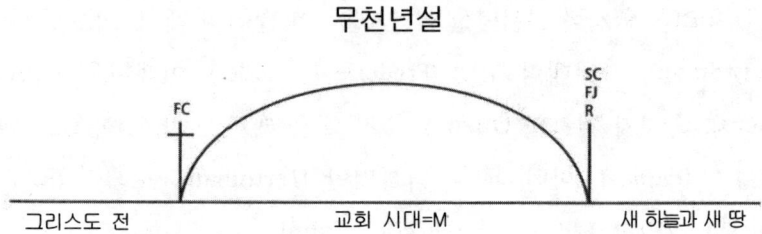

무천년설

그리스도 전 　　　　　교회 시대=M 　　　　　새 하늘과 새 땅

기호 설명: FC=초림; FJ=최후 심판; M=천년왕국; SC=재림; R=부활 (일반)

논평. 안토니 호크마(Anthony Hoekema)는 무천년설에 대한 사례를 제시하면서 다음과 같이 쓴다:

> *무천년설*이라는 용어는 행복한 용어는 아니다. 그것은 무천년설 신봉자들이 어떠한 천년설도 믿지 않거나 또는 그들이 단지 천년왕국의 통치를 말하고 있는 요한계시록 20장의 첫 여섯 구절을 무시한다는 것을 암시한다. 이 두 진술은 어느 것도 진실이 아니다. 비록 무천년설 신봉자들이 그리스도의 재림이 뒤따라 올 문자 그대로 지상에서 천 년 동안의 통치를 믿지 않는 것은 사실이지만, *무천년설*이라는 용어는 그들의 견해를 정확하게 묘사한 것은 아니다....“무천년설 신봉자들”은 요한계시록 20장의 천년왕국은 장래에만 국한되는 것이 아니라 지금 실현의 과정에 있다고 믿는다.[5]

호크마는 “점진적 평행”의 원칙을 사용하면서 어떻게 천년왕국을 해석해야 하는지를 계속해서 설명한다: “이 견해에 의하면, 요한계시록은 서로 평행을 달리는 일곱 부분으로 구성되어 있는데, 그 각 부분은 그리스도의 초림의 시기부터 재림의 시기까지의 교회와 세상을 묘사한다.” 요한계시록 20장에서 22장까지는 이 일곱 부분의 마지막이므로 그리스도의 재림을 뒤따르는 것이 무엇인지를 묘사하지 않는다. “요한계시록 20장 1절은 우리를 다시 신약 시대의

초기로 데려다 준다."

요한계시록 20장을 비문자적인 (비천년왕국의) 방법으로 해석하려는 최초의 진지한 노력은 5세기 초 어거스틴에 의한 것이었다고 일반적으로 이해되어진다. 그는 요한계시록 20장의 천 년의 기간은 그리스도의 초림과 재림 사이의 기간임을 확신했기 때문에, 실제 세상이 성경에서 왕국에 대해 묘사한 것과 일치되지 않기 때문에 그는 환멸을 느끼게 되었다. 그러자 그는 왕국은 문자 그대로가 아닌 영적이어야만 한다고 느끼게 되었다. 그의 논문 『하나님의 도성』(The City of God)에서 그는 천 년을 초림과 최후의 전투 사이의 기간으로 묘사했다.[6]

무천년설의 지도적인 대표적 인물 윌리엄 콕스(William Cox)는 그 자신의 입장을 정의하려고 애쓰는 반면 존 왈보어드(John Walvoord)의 정의를 호의적으로 인용한다:

> 무천년설의 좋은 정의는 그것을 혹평하는 자들 중 한 사람의 문장에서 나온다. "그것의 가장 일반적인 특징은 지상에서 문자 그대로 그리스도의 통치를 부인하는 것이다. 사단은 그리스도의 초림 때에 결박되도록 고안되어 있다. 초림과 재림 사이에 있는 현 시대는 천년왕국의 성취이다. 그것을 지지하는 자들은 천년왕국이 지금 지상에서 성취되고 있는지 (어거스틴), 아니면 천국에 있는 성도들에 의해서 성취되고 있는지(클리포스)에 대해서 의견이 나뉘어 있다. 아마도 지금 있는 천년왕국 말고 다른 것은 없을 것이며, 또한 영원한 상태가 즉각적으로 그리스도의 재림 다음에 온다는 개념으로 이 입장이 요약될 것이다."[7]

무천년설 신봉자들은 요한계시록 20장에 있는 사단의 결박은 십자가 위에서 일어난 것이라고 믿는다. 하나님은 이제 복음 시대 동안

에 사단의 영향을 박탈하였지만, 그러나 전멸시킨 것은 아니다. 이것
은 사단이 모든 나라 사람들을 속여서 그들에게 복음 전파를 못하게
할 수 없고, 또한 그들이 교회를 정복하는 것을 사단이 하지 못하게
할 수 없음을 뜻하는 것이다.[8] 그러므로 천년왕국은 그리스도의 초
림과 재림 사이의 불명확한 기간(현 시대)이다. 이 두 강림 사이에서
그리스도는 인간의 마음 가운데서 영적 왕국을 통치하신다.

무천년설은 최후의 부활이 둘이 아니고 모든 죽은 자들의 일반
적이고 육체적인 부활이 하나 있다고 가르친다. 첫째 부활은 새로
운 탄생인 영적인 부활이다. 둘째 부활은 모든 자들의 최후 심판
이 있을 때 그리고 각 사람이 자기의 최종 상태로 들어갈 때, 악한
자와 의로운 자, 즉 모든 죽은 자들의 육체적인 되살림이다.

무천년설의 견해를 증진시킬 참고 도서

오스왈드 엘리스 (Allis, Oswald T.). 『예언과 교회』(Prophecy and
the Church; Presbyterian and Reformed, 1945). 저명한 무천년설
신봉자인 엘리스는 교회가 진정한 이스라엘이며, 모든 시대의 성
도들을 포함하며, 환난을 통과할 것이라고 믿었다.
허만 바빙크 (Bavinck, Herman). 『최후의 일들: 현세와 내세를 위
한 소망』(The Last Things: Hope for This World and the Next;
Baker, 1996). 세기의 전환기의 저명한 네델란드의 신학자 바빙
크는 "아마도 이십 세기의 개혁 무천년설을 일으키는 데 가장 책
임감이 있는 신학자 중 한 사람이었다" (마티슨).
루이스 버크호프 (Berkhof, Louis). 『조직신학』(Systematic Theol-
ogy; Eerdmans, 1941). 표준 개혁적 입장의 조직신학.

버크누워 (Berknouwer, G. C.).『그리스도의 재림』(The Return of Christ; Eerdmans, 1972).

윌리엄 콕스『오늘날의 무천년설』(Amillennialism Today; Presbyterian and Reformed, 1966). 또한,『세대주의의 검토』(An Examination of Dispensationalism; Presbyterian and Reformed, 1971). 그의『최후의 일들에 대한 성경적 연구』(Biblical Studies in Final Things; Presbyterian and Reformed, 1967)는 이 입장에 대한 서론적인 설명을 전해 준다.

윌리엄 헨드릭슨 (Hendriksen, William).『정복자들 그 이상』(More than Conquerors; Baker, 1939).

안토니 호크마.『성경과 미래』(The Bible and the Future; Eerdmans, 1979). "출판 서적 가운데서 무천년설에 관한 가장 훌륭하고 가장 포괄적인 내용" (마티슨).

필립 마우로 (Mauro, Philip).『칠십 이레와 대 환난』(The Seventy Weeks and the Great Tribulation; Bible Truth, 1944). 또한『천국복음』(The Gospel of the Kingdom; Grace Abounding, 1988).

잘 알려진 무천년설 신봉자들. 제이 아담스 (Jay Adams), 오스왈드 엘리스, 버크누워, 루이스 버크호프, 윌리엄 헨드릭슨, 안토니 호크마, 아브라함 카이퍼 (Abraham Kuyper), 필립 마우로, 브루스 월트키 (Bruce Waltke) 그리고 에드워드 영 (Edward Young).

3. 세대주의 전천년설

기본 정의. "많은 현대의 근본주의자들과 보수적인 복음주의자

들의 견해. 휴거가 중요한 역할을 하며 칠 년 환난 (또는 환난 도중
—그리고 어떤 학자들에게는 환난 말에) 전에 일어난다. '교회 시대'
는 하나님께서 이방 교회를 세우시는 동안에 이스라엘을 다루시는
것을 보류하시는 참으로 '괄호 안에 삽입'된 시대이다."9)

세대주의는 교회의 임박한 환난 전의 휴거와 같은 종말에 관한
탁월한 가르침 때문에 널리 보급되어 왔다. 이 경우에서 *임박한*은
그리스도가 언제든지 재림하시지 못하도록 미성취된 채 남아 있는
성경의 예언이 없음을 의미한다. 환난 전에 일어나는 휴거는 교회
를 비밀리에 끌어 올려 가서 교회가 심판과 하나님의 진노를 경험
하지 않게 하는 것이다.

그리스도의 영광스러운 재림은 환난 후에 있을 것이며, 아직은
미래의 시간에 이곳 지상에서 문자 그대로 천 년 동안 천년왕국이
시작될 것이다. 이 기간 동안에 그리스도는 예루살렘에서 세상을
지배하면서 지상에서 통치하실 것이다. 이스라엘 백성에게 한 모
든 약속들은 이 때에 문자 그대로 성취될 것이며, 구약성경의 경
제를 사실상 회복시키실 것이다. 모든 믿는 자들은 그리스도의 재
림시에 그리스도가 천년왕국을 통치하는 일에 동참하기 위해 육
체적으로 부활할 것이다. 요한계시록 20장은 여전히 미래의 일로
남는다.

이 학파는 모든 역사를 일곱 세대 또는 일정한 시간으로 나눈
다. 우리는 이제 여섯 번째 시대인 은혜가 특징인 소위 교회 시대
—예수 그리스도의 초림과 재림 사이에 있는 복음 선포의 시대에
있다.10)

세대주의 전천년설

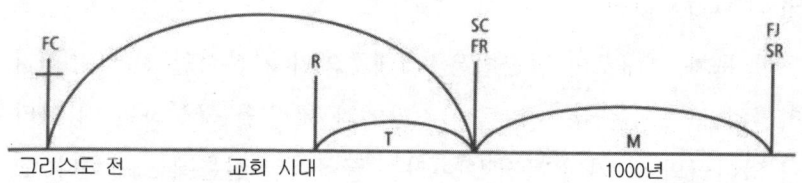

그리스도 전   교회 시대   1000년

기호 설명: FC=초림; FJ=최후의 심판; FR=첫째 부활; R=휴거; SC=재림;
SR=둘째 부활; T=환난; M=천년왕국

논평. 이 접근법을 옹호하는 자들은 전천년설 신봉자로 알려지기를 더 좋아한다. 왜냐하면 문자 그대로의 천년왕국이 그들의 신앙의 주요한 구성 요인이 되기 때문이다. 그리스도의 재림은 천년왕국을 소개할 것이다. 존 왈보어드는 이 신앙 체계의 중요성에 대하여 다음과 같은 강한 (그리고 논쟁의 여지가 있는) 진술을 했다: "천년설이 성령의 감동, 그리스도의 신성, 대속적 속죄 그리고 육체의 부활의 교리에 필적할 만큼 중요한 성경적 해석의 결정적인 요소라고 말하는 것은 그리 지나친 것은 아니다."[11]

세대주의 신봉자들에게는 천년왕국이란 역사적인 다윗 왕국이 되살아나서 실제 왕이 물질적인 보좌 위에 앉음으로 그 왕국이 계속되는 문자 그대로 천 년의 기간이다.[12] 왕국과 땅에 대한 구약성경의 예언의 문자적인 성취는 세대주의의 중요한 특징이다. "그리스도의 시대까지, 아니면 적어도 오순절 때까지 성취되지 않았던 모든 구약성경의 예언들은 천년왕국으로 들어가면서 사실상 성취된 것이다."[13] 천년왕국에 관한 이 개념과 연결된 강한 유대교 특유의 개념이 있다: 성전이 재건되고 전 구약성경의 희생 제사 제도가 회복된다.[14] 이 기간 동안에 사는 사람들의 영적인 상태에 대한 것은 불확실하다.

이 문자 그대로의 접근법은 "세대주의의 기본적인 전제(前提)가 영원히 구별되는 두 사람들[이스라엘과 교회]을 구성하는 데 나타난 하나님의 두 가지 목적"[15]이라는 궁극적인 결론에 도달한다. 교회는 구약성경에 예언되어 있지 않거나 심지어는 언급조차 되어 있지 않다. 이스라엘이 예수님이 제공하신 왕국을 거절했기 때문에, 그 다음에 하나님은 왕국을 교회에게 제공하셨다. 교회는 이스라엘의 대체물이었지만, 왕국은 이방인의 때가 찬 후에 다시 이스라엘에게 제공될 것이다. 교회는 다니엘의 예언의 육십 구 이레와 칠십 이레 사이의 역사에 잠시 나타나면서 한 쌍의 삽입구로 간주된다. 구약성경의 예언적인 시계는 오순절 이후에 똑딱거리며 가지 않았고, 어떠한 예언도 그리스도의 시대 이후로는 성취되지 않았다.[16]

예수님을 구세주로 여기는 잘 알려진 유대인 선생인 졸라 레빗 (Zola Levitt)은 말한다:

> ...전천년설/세대주의 견해는 교회가 이 시대에 복음을 선포하는 주님의 새로운 창조물이기는 하지만, 하나님과 그의 백성의 언약 관계에 있어서 교회가 이스라엘을 대신하지는 않는다. 이스라엘과의 언약은 모든 유대인들을 위한 개인의 구원을 보장하지 않는다. 그러나 그것은 교회 시대를 포함한 모든 시대에서 유대인의 "남은 자"들을 위한 개인의 구원은 보장한다. 또한 그것은 환난과 그리스도의 재림에 대비하여 그 땅에서 이스라엘의 보전과 회복을 보장한다.[17]

1950년대와 60년대의 라디오 성경 클래스(Radio Bible Class)의 유명한 대변자인 작고한 드한(M. R. DeHaan) 박사는 강한 세대주

의 신봉자였다. 그는 재림에 대하여 다음과 같이 말했다:

> ...모든 것이 세상을 위해 검고 어두울 때, "주께서 하늘로 좇아 강림
> 하시리니..." (살전 4:16-17). 이것을 우리는 그의 교회를 위해서 비
> 밀리에 갑자기 그리스도가 강림하는 교회의 '휴거'라고 부른다. 교
> 회가 휴거된 직후에, 적그리스도가 나타날 것이며, 세상의 가장 큰
> 슬픔과 고뇌의 시간이 시작될 것이며, 칠십 년 동안 그 환난이 지속
> 될 것이다. 이 때는 세상이 역사상 가장 큰 슬픔, 전쟁, 피흘림과 멸
> 망을 경험할 것이다....지상에서의 이 환난의 기간 동안에 교회는 주
> 님과 공중에서 만나게 될 것이다. 그런 다음에, 이 짧지만 강렬한 환
> 난의 기간 말에 주님은 환난 전에 끌어 올려간 그의 영화로운 교회
> 와 함께 구름 가운데 공개적으로 다시 오실 것이다.[18]

이 주제에 관해 해박한 찰스 라이리(Charles Caldwell Ryrie)는 세
대주의 전천년설을 다음과 같이 요약한다:

> 전천년설 신봉자들은 교회의 역사적인 믿음이 있다고 믿는다. 그들
> 은 문자 그대로의 성경 해석을 간직하면서 아브라함과 다윗에게 한
> 약속들은 무조건적이며, 그리고 문자 그대로 성취되었든지 또는 성
> 취될 것이라고 믿는다. 이러한 이스라엘에게 한 약속들은 이스라엘
> 과 다른 운명과 약속을 가지고 있는 이 시대의 독특한 집단인 교회
> 에 의해서 결코 취소되어 왔거나 또는 성취되어온 것이 아니다.[19]

세대주의 전천년설 신봉자의 견해를 증진시킬 참고 도서

아처 (Archer, Gleason L.), 페인버그 (Charles Feinberg), 무, 라이
터 (Ricard R. Reiter). 『휴거에 관한 세 가지 견해』 (Three Views
on the Rapture; Zondervan, 1984).
루이스 채퍼 (Chafer, Lewis Sperry). 『세대주의』 (Dispensational-

ism; Dallas Theological Seminary, 1936).

드한.『예수님의 재림』(The Second Coming of Jesus; Zondervan, 1944).

클래어랜스 라킨 (Larkin, Clarence).『세대주의적 진리』(Dispensational Truth; Larkin, c. 1920).

팀 라헤이 (LaHaye, Tim)와 제리 젠킨스 (Jerry B. Jenkins).『우리는 마지막 때에 살고 있는가?』(Are We Living in the End Times?; Tyndale, 1999).

졸라 레빗.『상한 가지들: 교회가 이스라엘을 대신하는가?』(Broken Branches: Has the Church Replaced Israel?)

할 린드세이 (Lindsey, Hal).『최근의 대 지구』(The Late Great Planet Earth; Zondervan, 1970).

존 맥아더 (MacArthur, John F.).『재림』(The Second Coming).

찰스 라이리.『현대 세대주의』(Dispensationalism Today).

스코필드 (Scofield, C. I.), 편집.『스코필드관주성경』(The Scofield Reference Bible; Oxford University Press, 1967).

존 왈보어드.『축복된 소망과 환난』(The Blessed Hope and Tribulation)과『천년왕국』(Millennial Kingdom). 또한『휴거에 대한 궁금증』(The Rapture Question).

잘 알려진 세대주의 전천년설 신봉자들. 글리슨 아처, 도날드 반하우스 (Donald G. Barnhouse), 루이스 채퍼, 다비 (J. N. Darby), 찰스 페인버그, 노만 게이슬러 (Norman L. Geisler), 데이브 헌트 (Dave Hunt), 토미 아이스 (Tommy Ice), 해리 아이언사이드 (Harry A. Ironside), 그랜트 제프리 (Grant Jeffrey), 월터 카이저(Walter C. Kaiser), 팀 라헤이, 할 린드세이, 존 맥아더, 펜트코스트 (J. D. Pentecost), 찰

스 라이리 그리고 존 왈보어드.

세대주의의 기원을 비평적으로 연구할 참고 도서

윌리엄 콕스. 『세대주의의 검토』(Examination of Dispensation-
alism; Presbyterian and Reformed, 1971).
아더 캐터존. 『환난의 백성』.
조지 래드. "전환난설의 발생과 전파" (The Rise and Spread of
Pretribulationism), 『축복된 소망』, 2장.
데이브 맥퍼슨 (MacPherson, Dave). 『믿을 수 없는 숨김: 전환난
휴거의 진실된 이야기』(The Incredible Cover-Up: The True Story
of the Pre-Trib Rapture; Logos, 1975).
리처드 라이터. "휴거 입장의 발전 역사" (A History of the Devel-
opment of the Rapture Positions), 『휴거에 관한 세 가지 견해』,
1장.

점진적 세대주의

밀라드 에릭슨(Millard Erickson)은 세대주의의 등급 안에서의 새
로운 발전에 관해서 설명한다:

> 이십 세기 중반 이후, 세대주의는 다소 변화를 겪어서 "점진적 세
> 대주의 신봉자들"이라고 스스로 일컫는 일련의 신학자들과 성경학
> 자들의 출현에 이르게 되었다. 이들 중 더 탁월한 사람들은 달라스
> 신학교(Dallas Theological Seminary)의 다렐 보크 (Darrell Bock),
> 남침례교신학교(Southern Baptist Seminary)의 크레이그 블레이징
> (Craig Blaising), 그리고 탈봇신학교(Talbot School of Theology)의 로

버트 소시(Robert Saucy)가 있다. 전통적인 세대주의의 교의(敎義)를 재정의하거나 또는 그 일부를 삭제하는 반면, 그들은 그 사고 체계의 독특한 특징의 보전을 유지한다.[20]

세대주의에 생겨난 현재 재정의된 내용을 간단히 요약하면 다음과 같다:

하나님 나라는 성경 역사의 통일된 주제이다.

메시아/다윗의 통치는 그리스도가 천국에서 주도해 왔다.

새 언약은 천년왕국에서 실현되기로 한 충만한 축복과 함께 이미 진행 중에 있다.

전에 천년왕국에 속해 있는 많은 예언들이 재림의 완전한 성취와 함께 천국에서 다윗의 보좌 위에 계신 예수님의 통치 (죄의 용서와 성령의 사역처럼) 때문에 현재 성취되어 있는 것을 볼 수 있다.

이스라엘과 팔레스타인에서 이스라엘의 장래의 중요성이 경시되고 있으며, 하나님의 계획 안에서 교회와 교회의 현재와 미래의 역할에 훨씬 더 많은 강조를 하고 있다.

교회는 단지 새로운 사람들의 모임이 아니고, 유대인들과 이방인들을 포함한 구속받은 인류이다. 그러나 문자 그대로의 이스라엘에게 하신 하나님의 특별한 약속들을 위한 여지는 아직도 있다.

이스라엘과 이스라엘 땅에 관련된 예언들은 문자 그대로 해석되며, 천년왕국은 유대교 특유의 특징을 갖게 될 것이다.

성경 역사의 관례에 의한 시대는 네 기간으로 재구성되었다: 족장 시대 (아담에서 시내산까지), 모세 시대 (시내산에서 그리스도의 승천까지), 교회 시대 (승천에서 재림까지), 시온 시대 (1부—천년왕국; 2부—영원한 상태).

모든 시대는 최종 시대와 관련이 있으며, 그 목표를 향한 점
진적인 발전이 점진적 세대주의라고 일컫게 되었다.[21]

점진적 세대주의 접근법을 증진시킬 참고 도서[22]

크레이그 블레이징, 다렐 보크.『점진적 세대주의』(Progressive
Dispensationalism; Victor/BridgePoint, 1993).
_____, 편집.『세대주의, 이스라엘과 교회: 정의의 추구』
(Dispensationalism, Israel and the Church: The Search for
Definition; Zondervan, 1992).
로버트 소시.『점진적 세대주의를 위한 사례』(The Case for Pro-
gressive Dispensationalism; Zondervan, 1993)

4. 후천년설

기본 정의. "대부분의 19세기 복음주의자들과 일부 현대 개혁
주의자들의 견해: 그리스도인들은 사회를 비록 완전한 상태는 아
니지만 하나님의 도우심으로 축복된 사회로 점진적으로 전환시
키고 개혁할 것이다."[23]

그리스도의 강림은 천년왕국 후(즉, 천년왕국이 끝난 다음)에 있을
것이다. 어떤 후천년설 신봉자들은 "천년왕국의 기간은 그리스도의
초림과 재림 사이의 전체 기간에 걸쳐 있다"고 믿는 반면, 다른 사람
들은 "천년왕국은 현 시대의 마지막 천 년, 아니면 재림 바로 전의

긴 기간을 가리킨다고 논쟁한다."[24] 케이스 마티슨(Keith Mathison)은 이 입장을 대변하는 최근의 변증에서 다음과 같이 말한다:

> 후천년설 종말론의 기초는 메시아 왕국이 시작되었고, 그리스도가 이 왕국을 초림의 사건과 관련하여 주셨다는 교리에 있다. 사단이 결박되었고 성도들은 이제 그리스도와 함께 통치하고 있기 때문에, 후천년설은 그리스도의 두 강림 사이의 전체 기간이 요한계시록 20장의 "천 년"과 동일시된다. 왕국이 이미 존재하고 있기 때문에 교회가 "왕국을 끌어 들일" 필요가 없다.[25]

이 천년왕국 기간은 지상에서 평화와 의의 기간이고, 교회 시대의 가장 영광스러운 부분이다. 어떤 후천년설 신봉자들은 비록 이 황금시대는 정확히 언제 시작되었는지는 알 수 없지만, 그것은 이미 시작되었다고 믿는다. 그것은 복음의 전 세계적인 선포와 수용의 결과로 일어날 것이다. 지도적인 대표적 인물인 케네스 젠트리 2세(Kenneth Gentry Jr.)는 말한다, "그리스도는 영적으로 축복된 복음이 세상에서 기독교를 믿게 하는 일에 압도적인 성공을 거둔 후에 지상으로 재림할 것이다."[26] 어떤 사람들은 "세상 거민들이 증가되는 비율로 세상 사람들이 기독교 신앙을 갖게 되기 때문에 현 시대는 점점 더 천년왕국으로 몰입되어 왔고 또 계속적으로 몰입될 것이다."[27] 비록 그리스도가 육체적으로 재림하시지는 않을 것이지만, 하나님 나라는 지상에 있게 될 것이다. 그리스도는 천국 보좌에서 지상의 왕국을 통치하실 것이고, 지금도 통치하신다. 마지막으로 그는 지상으로 재림하실 것이며 최후 심판을 선언하실 것이다.

논평. 지도적인 대변인, 마셀러스 키크(J. Marcellus Kik)는 이 입장에 관한 전통적인 진술문을 썼다. 그의 책 『승리의 종말론』(An Eschatology of Victory)은 사회에서 기독교의 궁극적인 승리에 관한 낙천적인 견해이다. 그는 말한다:

후천년설

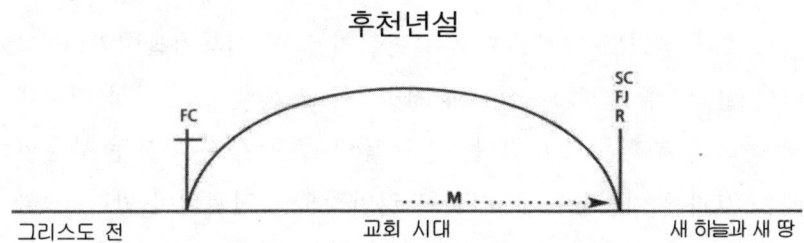

기호 설명: FC=초림; FJ=최후 심판; M=천년왕국; SC=재림; R=부활 (일반)

> *후천년*(postmil)은 성령의 능력 아래서 복음을 전파함으로 지상에 영광스러운 교회 시대에 대한 구약성경의 예언들이 성취되는 것을 기다리며, 모든 국가가 그리스도인이 되며 서로 평화롭게 사는 것을 기대한다. 후천년은 모든 예언들을 역사와 시간에 관련시킨다. 지상 전체에 걸친 기독교의 승리 후에 후천년은 주의 재림을 기다린다.[28]

키크는 후천년설을 "역사적 개혁 종말론"(Historic Reformed Eschatology)이라고 일컫는다; 그것은 프린스턴신학교(Princeton Theological Seminary)의 역사적 입장이다.

이 입장에 대해 또 다른 강한 주창자는 로래인 보에트너(Loraine Boettner)이다:

> 후천년설은 이제 복음 전파와 개인의 심령 가운데서 성령으로 인한 구원의 역사를 통하여 하나님의 나라가 세상에 확장되어 가며, 세상은 결국 기독교화되며, 그리스도의 재림이 일반적으로 천년왕국이라 불리는 의와 평화의 긴 기간 끝에 일어나리라는 것을 신봉하

는 종말에 관한 견해이다. 후천년설의 원리에는 그리스도의 재림이 일반 부활, 일반 심판 그리고 천국과 지옥의 충분한 소개 바로 직후에 있음을 첨가해야만 한다.29)

17세기 청교도 학자들은 후천년설의 강한 신봉자들이었다. 그러한 설교자들, 그들의 설교와 저술은 스코틀랜드, 영국과 미국에서 놀라운 부흥을 부추겼다. 이 운동의 주요 특징은 모두 부흥이라는 결과를 가져왔는데, 이것이 일반적으로 간과되어 왔다. 그들은 종교의 부흥이 교회가 세상에서 전진하며 궁극적으로 승리할 위대한 수단이라고 굳게 믿었다.30)

스프로울(R. C. Sproul)은 그의 최근의 책인 『예수님에 의한 종말』(The Last Days according to Jesus)에서 후천년설을 케네스 젠트리가 대변한 것처럼 일곱 가지 중요한 특징을 열거하면서 요약했다:

메시아 왕국은 구약성경의 예언을 성취하여 그리스도의 지상 사역 동안에 지상에 세워졌다. 교회는 "하나님의 이스라엘"이 되었다.
그 왕국은 정치적이고 육체적이라기보다 구속적이고 영적이다.
그 왕국은 역사에서 변형의 사회 문화적인 영향을 끼칠 것이다.
그리스도의 왕국은 그리스도가 지상에 임하시지 않고 왕의 능력으로 때를 맞추어 지상에서 점차적으로 확장될 것이다.
지상 명령은 계속될 것이다―국가의 실질적인 기독교화.
사회에서 성경의 율법을 적용할 것이다. 신에 의한 통치를 믿

는 자들이 절대적인 변화를 확신하는 반면, 경건파 교도들은
문화의 절대적인 변화를 부인한다.

영적으로 계속 번영되는 기간은 아마도 천 년 동안 지속될
것이며, 그 후에 그리스도의 개인적이고, 눈에 보이는 재림에
의해서 역사의 종말이 가까워지게 될 것이다. 그의 재림은 문
자 그대로 부활과 일반적인 심판을 동반할 것이다.[31]

후천년설 견해를 증진시킬 참고 도서

로래인 보에트너.『천년왕국』(The Millennium; Presbyterian and
Reformed, 1957).

데이빗 칠턴 (Chilton, David).『회복된 낙원: 통치의 성서신학』
(Paradise Restored: A Biblical Theology of Dominion; Dominion,
1987).

케네스 젠트리 2세.『그가 통치하실 것이다』(He Shall Have Do-
minion; Dominion, 1991).

찰스 핫지 (Hodge, Charles).『조직신학』(Systematic Theology,
Vol. IV; Scribner's, 1871).

마셀러스 키크.『승리의 종말론』.

케이스 마티슨.『후천년설』(Postmillennialism; Presbyterian and
Reformed, 1999).

스튜어트 러셀 (Russell, J., Stuart).『파루시아: 우리 주님의 재림
에 관한 신약성경 교리』(The Parousia: The New Testament Doc-
trine of Our Lord's Second Coming; Baker, 1999). 이것은 원래의
이름을 전통적으로 제시해 준 1887년도 초판의 재판이다. 나는
그가 좀 지나치다고는 생각하지만, 진지하게 임하는 독자라면 누

구나 그가 감람산 설교와 주후 70년의 예루살렘의 멸망을 특이하
게 다룬 것을 알아야만 한다.
셰드 (Shedd, W. G. T.). 『교의학』(Dogmatic Theology; Scribner's,
1888).
어거스터스 스트롱 (Strong, Augustus H.). 『조직신학』(System-
atic Theology; Griffith & Roland, 1907).

잘 알려진 후천년설 신봉자들. 오스왈드 엘리스, 아다나시우스,
성 어거스틴, 존 칼빈(John Calvin), 조나단 에드워즈 (Jonathan Ed-
wards), 케네스 젠트리 2세, 핫지 (A. A. Hodge), 마셀러스 키크, 그
레샴 마첸 (Gresham Machen), 아인 머레이 (Iain H. Murry), 존 오웬
(John Owen), 러쉬두니 (R. J. Rushdoony), 셰드, 어거스터스 스트
롱과 워필드 (B. B. Warfield).

사랑을 위한 호소

교회의 한 가지 큰 소망은 예수 그리스도의 영광스러운 재림이
다. 바울은 그것을 "복스러운 소망과 우리의 크신 하나님 구주 예수
그리스도의 영광이 나타나심"(딛 2:13)이라고 부른다.

앞에서 언급한 하나님의 말씀에 대한 하나님의 종들의 헌신은 아
주 명백하며, 그들은 한 가지 기본적인 것에 동의한다: 예수 그리스
도가 재림하신다! 휴거, 환난과 천년왕국에 대한 우리의 사고가 토
론을 위해 열려있는 것처럼, 우리의 태도에 있어서도 자유와 사랑

의 태도를 나타내어야 한다. 극단적인 입장은 교제를 제한시키며, 정통파의 학설에 따른 비성경적인 시험이 요구되며, 기독교 교리에 있어서 의심이 가는 요소에 집중적인 전념이 요구된다. 나는 요즈음 그리스도인들과 목사들이 이러한 중요한 사건들을 토의할 때 서로가 더욱 열려진 자세를 보는 것이 기쁘다.

어떤 사람들은 내가 제시한 것이 네 학파의 해석을 지나치게 단순화시켰다고 느낄지도 모르는데, 아마도 그럴 것이다. 분명히 각 접근법은 다른 특징들을 가지고 있다. 여기에서 나의 견해는 방어하거나 의심하게 하려고 의도된 것이 아니고, 오히려 기본적인 것들이 포함된 개관(槪觀)을 빨리 알기 쉽게 해 주려는 것이다. 나는 내가 언급해 온 헌신된 학자들의 학문 때문에 더 진지하게 생각하고 더 깊이 반영하도록 도전을 받았다. 우리 모두가 주님의 뜻과 목적과 의도를 더 많이 인식하도록 주께서 우리를 인도해 주옵소서.

자, 이제 상고해 보자: 재림에 관한 신약성경에 나오는 모든 구절의 55퍼센트가 복음서에서 발견된다. 그러므로 우리가 상고할 다음 장은 이 주제에 관한 예수님의 풍부한 가르침을 소개할 것이다.

제 2 부

기쁜 소식!
예수님은
재림하실 것이다

4

예수님은 재림에 관하여 많이 말씀하셨다

그리스도의 재림에 대한 다수의 의미심장한—어떤 것은 아주 놀라운—개념들은 사복음서에 엮어져 있다. 이 놀라운 창을 통해서, 우리는 그의 장래, 그의 백성 그리고 어떻게 이 현 시대가 끝날 것인가에 대한 예수님의 견해를 볼 수 있다.

예수님은 재림을 갑작스럽고, 공개적이며, 영광스럽고, 각처에서 보이는 사건으로 묘사한다. 그의 생생하고 진실한 삶의 이야기들은 우리가 이 놀라운 사건에 대비하기 위하여 무엇을 준비해야 하는지, 그리고 *우리가 준비되지 않는다면* 그 결과가 무엇인지를 말해준다.

신약성경에 있는 이 주제에 관한 159개의 주요 견해 중 대략 65개는 복음서에 있다. (이들 개념 중 어떤 것들은 복음서에만 있는 것은 아니다.)

제 2부의 열 장, "기쁜 소식! 예수님은 재림하실 것이다"는 신약성경에 나오는 그리스도의 재림에 관한 모든 자료가 다 들어 있다. 더 나은 형식과 순서를 제공하기 위하여 신약성경을 여섯 부분으로 나누었다: 복음서, 사도행전, 데살로니가전후서, 바울 서신, 다른 서신 그리고 요한계시록. 각 부분은 신약성경의 그 부분에서 제시

된 구절들과 개념들만 활용하여 재림에 관해 요약하고 기록한 것을 이야기 형식으로 제시했다. 13장의 마지막 이야기 형식은 전에 나온 더 소규모의 이야기 형식에 있는 모든 자료—다시 말하면, 신약 성경 전체에 제시된 그리스도의 승리로운 재림에 대한 모든 자료—를 요약해 놓았다.

이 장은 복음에 관한 자료를 소개하므로, 첫 번째 이야기 형식의 기록은 65개의 중요한 개념을 복음서의 238절에서 설명할 것이다. 나는 각 개념에 번호를 적고, 주된 개념은 진한 글씨체로 표시했으며, 조화를 이루는 사고의 단락으로 이야기 형식을 분류해 놓았다.

복음서의 기록

예수님께서 그의 영광스러운 재림에 대하여 제자들이 알기를 원하셨던 모든 내용

1. **예수 그리스도는 다시 오실 것이다**	요 14:3
2. 능력과 큰 영광으로	마 6:13; 24:3, 27, 30; 막 13:26; 눅 21:27
3. 아버지의 영광으로	마 16:27; 막 8:38
4. 자기 영광으로	마 25:31; 눅 9:26
5. 거룩한 천사들과 함께 오실 것이다.	마 16:27; 24:31; 25:31; 막 8:38; 눅 9:26; 요 1:51
6. 하늘 구름을 타고	마 24:30; 26:64; 막 13:26; 14:62; 눅 21:27
7. 하나님의 권능의 우편에 앉아 계실 것이며	마 26:64; 막 14:62;

	눅 22:69
8. 모든 족속들이 그를 볼 것이다.	마 24:30
9. 저가 큰 나팔 소리와 함께 오실 것이다	마 24:31
10. 그리고 하나님의 아들의 음성과 함께	요 5:25-29
11. 그가 천사들을 보내실 것이며	마 24:31; 막 13:27
12. 그가 땅끝으로부터 하늘 끝까지 사방에서 모을 것이다.	마 24:31; 막 13:27; 눅 13:28-30
13. 천사들이 와서 의인 중에서 악인을 갈라낼 것이다.	마 13:39-42, 49-50
14. 그가 자기 영광의 보좌에 앉을 것이요,	마 19:28; 25:31
15. 그가 도시와 국가들을 심판할 것이다.	마 12:18; 25:31-46; 눅 10:14
16. 그리고 이 세대 사람을 정죄하리니	눅 11:31, 51
17. 땅의 모든 족속들이 통곡할 것이다.	마 24:30; 눅 21:35
18. 의인들의 부활시에 우리는 "갚음"을 받을 것이라.	눅 14:14
19. 사도들이 열두 보좌에 앉아 이스라엘 열두 지파를 심판할 것이다.	마 8:12; 19:28
20. 그가 각 사람의 행한 대로 갚으실 것이라.	마 15:13; 16:27; 막 10:30-31; 눅 13:30
21. 우리는 예수님께서 하신 말씀에 의하여 심판 받을 것이다.	요 12:48
22. 장차 알려지고 나타나지 않을 것이 아무 것도 없다.	마 18:35; 눅 8:17
23. 그가 오실 것이며, 그의 추종자들을 섬기실 것이다.	눅 12:37-40
24. 그리고 그들과 함께 새 포도나무의 열매를 마시고 유월절을 드실 것이다.	마 26:29; 눅 22:16, 18, 29-30
25. 그가 우리를 위하여 처소를 예비하면 우리를 영접하실 것이다.	요 14:3

26. 그러나 그가 믿지 않는 자들과 불순종하는 자
들을 심판하실 것이다.

마 7:23;
12:32, 41-46;
24:37-41

27. **이것이 영적 "새로움"을 주도할 것이다.**　　마 19:28

28. **의인의 부활은 그 마지막 날에 있을 것이다.**

마 22:28, 30-32;
막 12:25-26;
눅 20:33-38;
요 6:39-40, 44, 54;
11:23-26

29. **그리스도의 재림은 인자의 날이 될 것이다.**

마 25:13;
눅 17:24, 30

30. -저 날에　　　　　　　　　　　　　　　　눅 10:12

31. -그 날까지　　　　　　　　　마 26:29; 막 14:25

32. -그 날　　　　　　　　　　　마 7:22; 24:36;
눅 21:34

33. -심판 날　　　　　　　　　　마 11:22; 12:36

34. **그의 재림은 천문학적인 징조가 앞설 것
이다.**

마 24:29-30;
막 13:24-25;
눅 21:25-26

35. 그리고 땅의 징조에 곤고할 것이다.　　　눅 21:25

36. 믿는 자들이 그들의 "구속이 가까웠음"을 알게
될 것이다.　　　　　　　　　　　　　　눅 21:28

37. **그의 재림은 교회가 온전히 알고 간절히 기
다린 사건이고,**　　　　　　　　　　　　마 24:42

38. 그리고 때의 시기와 징조를 이해하는 사람
들과

마 24:32-33;
눅 21:29-31

39. "이런 일이 되기를 시작하거든"을 주목하는 자
가 알고 기다린 사건이다.　　　　　　　눅 21:28

40. **그의 재림은 갑자기, 돌연히 그리고 깜짝
놀라게 하는—세상 사람들이 예견하거나 기
대하거나 또는 예기하지 않은 (눅 17:28,**

30) -다음의 열 네 개의 실례에 묘사된 것처럼 될 것이다. 그의 재림은 다음과 같을 것이다:

41. -번개의 번쩍임   마 24:27; 눅 17:24

42. -덫의 걸쇠 또는 함정   눅 21:34-36

43. -주검이 있는 곳에 독수리가 나타남   마 24:28; 눅 17:37

44. -여름이 가까움 (무화과나무의 만발)   마 24:32-33

45. -노아의 때의 홍수   마 24:37-39;
     눅 17:26-27

46. -롯의 때의 심판   눅 17:28-30

47. -일하는 중에 있거나 또는 잠자는 중에 있다가 데려감을 당한 자   마 24:40-41;
     눅 17:34-36

48. -도적이 집에 침입하여 도적질함   마 24:43;
     눅 12:37-40

49. -종들을 조사하는 주인   마 24:45-51;
     눅 12:42-48

50. -종들의 행위를 검사하는 주인   막 13:35-36;
     눅 12:35-37

51. -돌아온 어느 귀인 (貴人)   눅 19:12-27

52. -어느 신랑의 도착   마 25:1-13

53. -자기 소유를 맡긴 후에 돌아온 어떤 종의 주인   마 25:14-30

54. -갑작스러운 해산의 고통과 기쁨과 같을 것이다.   요 16:21

55. **그의 재림의 날과 때는 아무도 모른다.**   마 24:36, 42;
     25:13; 막 13:32-37

56. 그러므로 깨어 있으라.   마 24:42;
     막 13:35, 37

57. **그는 "당신"(즉, 예루살렘, 유대인)이 "주의 이름으로 오시는 이는 복된 자"라고 말할 때 재림하실 것이며,**   마 23:39; 눅 13:35

58. 온 세상이 복음의 증거를 들을 때 오실 것이다.   마 24:14; 막 13:10
59. **그가 오실 때 세상에서 믿음을 보겠는가?**   마 28:20; 눅 18:8
60. 우리는 다른 사람들의 헌신에 대해서 염려하지   요 21:22-23
    않고, 그가 오실 때까지 그를 섬기는 것이다.
61. 그는 믿는 자들을 영접하실 것이다.   요 14:3, 18, 28-29;
                                            6:16-22
62. 수확이 있을 것이다.   막 4:29

주의: 다음의 구절들은 특별한 집중을 요한다.

63. 제자들은 그가 오시기 전에 이스라엘의 모든 동   마 10:23
    네를 다 다니지 못할 것이다.
64. 당시의 살아 있는 사람 중에 인자가 그 왕권을   마 16:28; 막 9:1;
    가지고 오는 것을 볼 자들도 있을 것이다.   눅 9:27
65. 이 세대가 지나기 전에 이 일이 다 이루리라.   마 24:34; 막 13:30;
                                                    눅 21:32

예수님과 바울이 기본적인 것에 동의하다

　예수님이 재림에 관해 묘사하신 것은 바울이 그의 서신에서 묘사한 것과 아주 유사하다: 그리스도는 호령과 천사장의 소리와 하나님의 나팔로 구름 위에 장엄한 영광 가운데서 친히 강림하실 것이다. 예수님과 바울 둘 다 그리스도가 재림하실 때, 모든 사람은 각자의 행한 대로 상급을 받을 것이며, 예수님을 믿는 자들은 거룩하고, 헌신적이며 깨어 있는 삶을 살아야 한다고 강하게 강조한다.

　다음의 도표는 재림에 관한 예수님과 바울의 기본적 가르침에 있어서 예수님과 바울이 조화된 점과 유사점을 보여 준다.[1]

예수님과 바울의 비교

요한복음 14:3	데살로니가전서 4:16-17
"내가 다시 와서" "너희를 내게로 영접하여" "나 있는 곳에 너희도 있게 하리라."	"주께서 강림하시리니" "그 후에 우리도...구름 속으로 끌어 올려 공중에서 주를 영접하게 하시리니." "그리하여 우리가 항상 주와 함께 있으리라."

마태복음 24:30-31	데살로니가전서 4:16-17
"그들이 인자가 오는 것을 보리라." "공중에서 친히 영접하게 하시리니" "큰 나팔 소리와 함께" "저희가 그 택하신 자들을 모으리라."	"주께서 친히 강림하시리니" "구름을 타고...큰 나팔 소리와 함께" "하나님의 나팔로" "...〔우리〕도 저희와 함께 구름 속으로 끌어 올려"

예수님은 이 정보를 어떻게 얻으셨는가?

예수님은 어디에서 그의 개념을 얻으셨는가? 히브리 성경은 자연히 그에게 강한 영향을 주었지만, 예수님 당시의 기록된 말씀은 예수님 자신이 그러한 권위로 선포하셨다는 구체적인 설명을 하고 있지 않다.

예수님이 확실히 아셨던 독특한 참조 구절은 다니엘 7장 13절과 14절인데, 이 본문은 재림에 관해서 예수님이 하셨던 묘사와 유사하며, 어떤 주석가들은 이것을 예수님이 직접 하신 예언으로 간주하였다:

"내가 또 밤 이상 중에 보았는데, 인자 같은 이가 하늘 구름을 타고 와서, 옛적부터 항상 계신 자에게 나아와 그 앞에 인도되매, 그에게 권세와 영광과 나라를 주고, 모든 백성과 나라들과 각 방언하는 자로 그를 섬기게 하였으니, 그 권세는 영원한 권세라. 옮기지 아니할 것이요, 그 나라는 폐하지 아니할 것이니라."2)

예수님은 기도를 통하여 시상 사역과 장래 재림에 대한 굉장한 성경적 통찰력을 얻으셨다. 그는 하나님의 놀라운 의식과 그의 사역의 임무에 예리한 초점을 두는 경험을 하셨다. 예수님은 문자 그대로 이사야 50장 4-6절의 메시아적 본문을 성취하셨다— 즉, 그는 매일 아침 그의 아버지의 교훈적인 음성을 깨달아서 그날의 영감을 받은 영적인 명령을 수행하는 법을 배웠다. 재림에 대한 그의 예리한 이해는 그것의 자연스런 결과였던 하나님의 임재와 계시가 있던 그 당시로 거슬러 올라가면 가장 잘 알 수 있다.3) 이사야의 예언은 예수님의 경험의 진수를 사로잡아 주는 것 같다:

"보라, 전에 예언한 잎이 이미 이루었느니라. 이제 내가 새 잎을 고하노라. 그 잎이 시작되기 전이라도 너희에게 이르노라."

이사야 42:9

"네가 이미 들었으니 이것을 다 보라. 너희가 선전치 아니하겠느뇨? 이제부터 내가 새 잎 곧 네가 알지 못하던 은비한 잎을 네게 보이노니, 이 잎들은 이제 창조된 것이요 옛적 것이 아니라. 오늘 이전에는 네가 듣지 못하였느니라. 그렇지 않았다면 네가 말하기를 내가 이미 알았노라 하였으리라."

이사야 48:6-7

그리스도의 최대 관심사

몇 가지 관심사가 그리스도의 가르침을 특징짓는다. 그는 특별히 제자들에게 하나님의 백성의 부활에 대하여 확신시키셨다 (눅 20: 33-38; 요 5:25-29; 6:39-40, 44, 54; 11:23-26). 생명이 죽음을 이길 것이다! 예수님은 재림시에 일어날 의로운 죽은 자의 이 부활을 "의인들의 부활"(눅 14:14)이라고 일컬었다.

예수님은 예기치 않은 때에 속히 오실 것이며, 각 사람을 그가 한 행위대로 보응하실 것임을 강조하셨다. 그는 오히려 그를 따르는 자들의 영성과 준비된 자세의 중요성을 주의 깊게 강조하면서 이상하게도 그의 재림과 부활에 관한 기술적인 자세한 내용은 설명하지 않으셨다. 『해석자의 성경』(The Interpreter's Bible)은 다음과 같이 요약한다: "예수님은 그를 따르는 자들이 그들의 달란트를 사용하고 (25:14-30), 자비를 적극적으로 베풀면서 (25:31-46), 모든 면에서 준비되어 (25:4), 언제라도 대비할 자세가 되어 있기를 기대하신다 (마 24:43-44)."[4]

열네 개의 실제 삶의 일련의 예화들(앞에 나온 40번에서 54번 참조)은 제자들에게 그의 재림이 세상 사람들에게는 갑자기, 돌연히, 깜짝 놀라게—그리고 보이지 않게, 예기치 못할 때, 원하지 않은 상태에서 임할 것임을 특별히 경고해 준다. 예수님을 믿는 자들은 준비되어야만 한다. 강한 강조와 반복적으로 지적하고 제시하면서, 예수님의 진술은 우리에게 *선생이 그의 학생들이 이해하기를 가장 원하는 강조점은 준비된 상태라는* 결론을 내리게 만든다.

비행기가 이륙할 때 당신은 비행기 안에 있게 될 것인가?

예수님은 그의 재림을 인간의 준비된 상태와 책임의 관점에서 설명하시는 데 많은 시간을 할애하셨다. 그의 열네 개의 예화는 우리에게 최소한 네 가지 중요한 교훈을 준다:

1. 쥐덫의 결쇠와 같다: 재림의 갑작스러움

번개의 번쩍임 (마 24:27; 눅 17:24)
덫의 걸쇠 (눅 21:34)
동물의 주검이 있는 곳의 하늘에 갑작스럽게 나타난 독수리
(마 24:28; 눅 17:37)

예수님은 다만 거짓 그리스도와 거짓 선지자들만 발견되기 때문에 우리가 나가서 주를 찾아서는 안 된다고 말씀하셨다. 예수님의 실제 재림은 너무나 갑작스러운 일이기 때문에 우리가 준비하고 어디론가로 여행할 수 없을 것이다. 우리가 그에게로 가야 되는 것이 아니고, 그가 우리에게로 오실 것이다. 래드는 말한다, "그리스도의 재림은 단지 소수의 무리만 알아 볼 수 있는 비밀의 사건이 아니라, 번개의 번쩍임 같이 모든 사람에게 분명한 사건이다.5)

2. 고양이 도둑의 침입과 같다: 재림의 예기치 않음

집을 턴 도둑 (마 24:43; 눅 12:37-40)
종에게 소유를 맡기고 갔다가 돌아온 종의 주인 (마 25:14-

30)

일하던 곳과 잠자리에서 갑자기 데려감을 당한 사람들 (마 24:
40-41; 눅 17:34-36)

우리는 아마도 살아 있는 동안에 그 사건이 일어날 것임을 알고
살아야만 하지만, 그것은 우리가 예기치 않은 때에 일어날 수도 있
다. 마치 예수님이 오늘 오실지도 모르는 것처럼 살라; 당신의 삶
전체가 당신 앞에 있는 것처럼 계획하고 일하라.

3. 확인된 정확한 도착과 같다: 재림의 예기

여름이 가까이 이른 때의 무화과나무의 만발 (마 24:32-33)
방주가 완성되었을 때의 노아의 홍수 (마 24:37-39; 눅 17:
26-27)
롯이 떠났을 때의 소돔과 고모라의 심판 (눅 17:28-30)

세상 사람들은 예수님의 재림에 대한 믿음 또는 관심이 없기 때
문에 세상은 예수님의 강림에 대비하여 준비하지 못할 것이다. 이
와는 대조적으로, 교회는 시대의 징조를 분별하도록 깨어 있어야
하고, 사역을 계속하면서 재림의 접근을 인식해야 한다. 노아 시대
의 사회가 치명적인 도덕적인 몰입을 가차 없이 추구했던 반면에,
노아와 가족은 구원의 방주를 짓는 일에 인내하며, 지칠 줄 모르고,
열심히 계속하였다. 교회가 정확한 날과 때는 알지 못하지만, 그 시
기가 가까이 이르렀음을 지적해 줄 것이다.

우리는 모두 개인적으로 준비해야만 한다. 예수님은 이것을 무화

과나무의 만발을 언급함으로 예증하셨다; 우리는 이것이 여름에 일어나는 것을 안다. 예수님은 또한 말씀하셨다, "이런 일이 되기를 시작하거든 일어나 머리를 들라. 너희 구속이 가까웠느니라" (눅 21:28).

ㄴ. 소득세 감사(監査)의 최종 보고와 같다: 재림의 책임

종을 점검하는 주인 (마 24:45-51; 눅 12:42-48)
종의 행위를 조사하는 주인 (막 13:35-36; 눅 12:35-37)
집으로 돌아오는 귀인 (눅 19:12, 15)
준비되어 있는 처녀들을 위해서 도착하는 신랑 (마 25:1-13)
갑작스러운 해산의 고통과 기쁨을 경험하는 여자 (요 16:21)

우리는 세상적인 삶의 분주함에 몰두되기보다 오히려 하나님의 일과 뜻을 실천하는 일에 분주하면서 깨어 있어야 한다.

깨어 있고 준비된 삶의 중요성은 열 처녀의 비유에서 강조되고 있다 (마 25:1-13). 다섯 처녀는 슬기 있었고, 나머지 다섯은 미련하였는데, "슬기 있는 자들은 그릇에 기름을 담아 등과 함께 가져갔다" (4절). 태만하고 슬기롭지 못한 처녀들은 그들의 등불에 기름이 부족한 상태로 결혼식에 들어가거나 참여할 수 없었다. 그 분명한 뜻은 그리스도의 재림을 기다리는 자들은 깨어 있어야 함은 물론 영적으로 준비해야만 (성령의 기름으로 채워져야) 한다는 것이다. 준비하는 것은 우리 개인의 책임이다. 왜냐하면 "절대적으로 기름을 양도할 수 없기" 때문이다[6]—어느 누구도 자기 자신이 준비된 것을 보증하기 위하여 다른 사람이 준비해 놓은 것에 의존할 수 없다.

예수님은 다른 비유를 계속 하셨다. 그는 우리가 주를 위해서 한 일의 전말을 밝히게 될 것을 분명히 말씀하시고 강조하셨다 (마 25: 14-30). 주님은 우리의 손에 "달란트"7)를 주셨고 우리가 하나님 나라에 열매를 맺고 축복을 가져다 주도록 이러한 능력과 은사들을 사용하기를 기대하신다. 주를 위하여 더 많은 열매를 맺기 위해서 은사를 지혜롭게 사용한 부지런한 자들에게는 놀랍고 만족할 만한 보상이 있을 것이고...그리고 이와는 아주 대조적으로, 나태한 자들을 위해서는 무서운 징벌이 있을 것이다 (마 24:44-51). 그 비유에서 "충성하지 못한 종에게 가한 엄한 형벌은 가혹하다."8)

예수님은 재림에 대해서 어떤 것을 간과하셨는가?

예수님은 이 주제 전체를 다루지는 않으셨지만, 그러나 무지, 무심결에 또는 무시 때문에 어떤 부분들을 빠뜨리지는 않으셨다. 초대 교회에 있어서 적어도 문자로 된 기록에 의하면, 점진적인 이해가 있었던 것은 분명하다. 예수님이 지상 사역을 하시는 동안에 그를 믿는 자들이 그 당시에 알아야 할 적절하고 기본적인 것을 가르치셨다: "오직 아버지께서 가르치신 대로 이런 것을 말하는 줄도 알리라" (요 8:28). 후에 다른 저자들(특히 바울, 베드로와 요한)은 성령에 감동되어 그림 전체를 채우기 위하여 난제 부분들을 추가하였다. 최종적으로 예수님은 이전의 모든 가르침을 매듭짓고 기록을 보증하겠다는 것을 요한에게 마지막으로 가르쳐 주셨다.

여러 저자들에 의해서 생략된 부분들은 13장에서 인용된 "신약성경의 기록"의 참조 구절들과 함께 제시된 각 개념을 비교함으로 쉽게 관찰해 볼 수 있다. 복음적인 참조 구절이 없는 기록의 내용은 명확하고, 예수님의 가르침에서 포함시키지 않으신 생각을 나타낸다. 다음의 목록에서 괄호 안의 숫자는 13장에 있는 "신약성경의 기록"에 사용된 참조문의 숫자이다.

예수님은 다음을 언급하지 *않으셨다:*

1. 바울이 재림을 "축복된 소망"이라고 일컬은 반면, *소망의 관점에서 재림을* 언급하지 않으셨다 (8).
2. 재림의 선구자로서 *적그리스도의 나타남을* 언급하지 않으셨지만, 바울은 데살로니가서에서 그것을 언급하였다 (30).
3. "*마지막 나팔*" 또는 "일곱 번째 천사"를 언급하지 않으셨지만, 요한이 요한계시록과 바울이 고린도서에서 그것들을 언급하였다 (31, 54).
4. "*천사장의 소리*"를 언급하지 않으셨지만, 그것은 데살로니가서에 언급되어 있다 (55).
5. 그가 재림하실 때 *성도들의 동행을* 언급하지 않으셨지만, 유다는 그리스도가 "수만의 그의 성도들"(42)과 함께 오실 것임을 진술하였고, 바울은 "모든 그의 성도들"(43)이라고 상술하였다.
6. 요한이 후에 말한 대로 "*그를 찌른 자들*"이 그를 볼 것이라는 것을 언급하지 않으셨다 (45, 46).
7. *그가 같은 몸으로 재림하시리라는 것을* 언급하지 않으셨지만, 그의 승천 시에 있었던 사자(使者)들은 이것을 강조하여 진술하였다 (47).
8. *그가 죄 없이 나타나시리라는 것을* 언급하지 않으셨지만,

후에 관련 구절들에 의하면 그렇게 되었다 (59).

9. 바울이 그렇게 하였듯이, *"뜨거운 불"이라는 표현* 또는 "무법한 자들의 죽임"에 관련된 말씀을 언급하지 않으셨다 (63, 64).

10. *땅이 불에 타서 풀어진다는 것*을 언급하지 않으셨다. 베드로는 이것을 진술했는데, 그러나 아마도 이 개념은 어느 정도 예수님으로부터 얻었는지도 모른다 (66-68).

11. 부활할 때 *우리 몸의 변화*와 끌어 올림을 언급하지 않으셨지만, 바울은 그것들을 언급하였다 (70-72).

12. *그리스도의 심판대*(그는 심판과 심판의 날에 대해서 말씀하지 않으셨다)를 언급하지 않으셨다. 바울은 이 표현을 사용하였다 (117-124).

13. 그는 보상에 대해서 말씀하지 않으셨다. 그는 *보상으로서의 면류관*을 언급하지 않으셨다. 이 표현은 서신서에서 사용된다 (123).

우리는 예수님이 가르치지 않으신 것을 가르쳐서는 안 된다고 때때로 진술한다. 그러나 내가 이제 발견한 바는 신약성경의 어느 곳에서 가르친 어떠한 내용이라도 교회를 가르치도록 의도된 것이라는 점이다. 앞의 열세 항목은, 기록된 설명에 의하면, 예수님이 재림에 관한 모든 국면을 가르치지 않으셨음을 지적해 준다. 마찬가지로, 바울, 베드로, 요한, 야고보, 누가와 유다도 복음서에 기록되지 않은 것들을 가르쳤다. 전체적으로 온전히 이해하기 위해서 우리는 전문가 일곱 명의 모든 증거로부터 관련된 정보를 가지고 있어야만 한다!

흔한 논쟁점은 예수님이 일천 년의 천년왕국에 대해서 가르치거나 언급하지 않으셨다는 것이므로 요한계시록 20장에 있는 내용은 비유적이거나 영적인 언어이어야만 한다는 것이다. 이 중요한 사고에 대한 직접적이고 간단한 답변이 여기에, 그리고 더 자세한 설명이 부록 D에 나와 있다.

나는 예수님이 문자 그대로의 천년왕국을 언급하셨다는 입장을 지킨다; 그는 단지 그것을 그렇게 일컫지 않으셨을 뿐이다. 왜냐하면 그는 유대인 청중에게 말씀하셨고, 그들이 이해하고 연관시킬 수 있는 용어를 사용하셨고 묘사하셨기 때문이다. 예수님은 유대인들에게 잘 알려진 "오는 세상"(마 12:32)에 대해서 말씀하셨다. 그는 또 다른 친숙한 용어인 *새롭게 되어*(마 19:28)라는 용어를 사용하셨고, 그 때를 요한계시록 20장 4절과 비슷한 용어로 묘사하셨다.

이 될 일에 대한 구체적인 때가 언제인가에 대해서는, 비록 그것이 승천 후에 이루어진 일이지만 (계 19:28), 예수님이 요한에게 가르치셨던 내용이다. 요한에게 가르치신 승천 후의 가르침은 복음서의 가르침만큼 신뢰성 있는 것으로 간주해야만 한다.

예수님이 특정한 때와 그 때와 관련된 모든 것을 가르치신 것은 그의 지상 사역 동안에 비생산적인 일이었을 것이다. 교회가 이방인들을 포함하도록 열어 놓은 후에, 예수님은 요한계시록 20장에 열거되어 있는 구체적인 것들을 요한에게 가르치므로 그 주제에 관하여 교회가 폭 넓은 지식을 갖게 하셨다.

다음의 세 장은 예수님의 영광스러운 재림에 관한 예수님의 가르침을 계속 이어나갈 것이다. 위에 나온 내용에 있는 일련의 참조 구절들을 알기 쉽게 해석해 놓을 것이다. 그리고 5장의 첫 부분에서 예수님께서 하신 가장 해석하기 어려운 진술 내용을 다룰 것이다.

5

예수님은 재림을 어떻게 묘사하셨는가?

예 수님은 재림에 관한 최고의 전문가이시다. 자연히 우리는 또
한 야고보, 요한, 유다, 누가, 바울과 베드로가 쓴 성경의 기
록들도 살펴볼 것이지만, 예수님 자신이 우리의 가장 좋은 증거자
가 되실 것이다. 그는 말씀하셨다, "내가 나를 위하여 증거하는 자
가 되고" (요 8:18), "...내가 이를 위하여 세상에 왔나니, 곧 진리에
대하여 증거하려 함이로라" (요 18:37). 요한은 예수님을 "충성된
증인"(계 1:5)과 "충성되고 참된 증인"(계 3:14)이라고 불렀다.

비록 예수님은 재림의 정확한 시기를 모르셨음을 말씀하셨지만
(나는 그가 그의 지상 사역 동안에 몰랐음을 의미한다고 믿는다),
그는 실제로 위의 일곱 명의 증인들 중 재림에 관해서 가장 깊이
이해하셨다. 예를 들면, 변화산 상에서 그의 얼굴이 해처럼 빛났고,
그의 옷은 강렬한 빛으로 번쩍였을 정도로 예수님은 찬란한 하나님
의 영광을 경험하셨다.

예수님이 하늘에 계신 아버지와 친밀한 관계를 지속하셨듯이, 그
의 지상과 천국 사역의 놀라운 의식이 예수님 안에서 전개되었다.
재림의 예언적인 특이한 인식이 점점 그의 마음 속에 가득 찼고,
그것은 마침내 지상 사역의 마지막 주간 동안에 제자들을 깜짝 놀

라게 한 말로 폭발적으로 나타났다.

예수님의 모든 가르침이 다 이해하기 쉬운 것은 아니다; 그것은 기도를 많이 하면서 사려 깊게 접근해야 가능한 것이다. 성경을 공부하는 학생들에게 지속적으로 난제였던 다음 세 구절을 고찰함으로 이 연구를 시작하고자 한다.

해석하기 어려운 세 가지 진술

마지막 장에 나오는 이야기 형식의 진술은 예수님이 하신 말씀 중 해석하기에 가장 어려운 세 가지 진술로 끝난다 (63-65번). 그는 대략 사십 년—한 세대—안에 그가 지상에 재림하실 것을 진정으로 의도하셨는가?

> "이 동네에서 너희를 핍박하거든 저 동네로 피하라. 내가 진실로 너희에게 이르노니 이스라엘의 모든 동네를 다 다니지 못하여서 인자가 오리라"
>
> 마태복음 10:23

> "진실로 여기 섰는 사람 중에 죽기 전에 인자가 그 왕권을 가지고 오는 것을 볼 자들도 있느니라."
>
> 마태복음 16:28

> "내가 진실로 너희에게 말하노니, 이 세대가 지나가기 전에 이 일이 다 이루리라."
>
> 마태복음 24:34

예수님은 개인적이고 문자 그대로 예언된 그 시간에 영광스럽게 재림하지 않으셨다. 예언과 역사적 사실 사이에 눈에 띄는 이러한 불일치는 예수님이 무엇을 의미하셨는지를 설명하려는 성경 해석자들이 활동하는 데 혼란을 일으키는 원인이 되어왔다. 스프로울이 지적한 것 같이 외관상의 모순은 그리스도의 신뢰성에 의문을 가져왔다. 스프로울은 다음과 같이 주장한다, "예수님의 신뢰성과 성경의 영감을 확신시켜 주어야만 하는 바로 그 예언—예수님의 감람산 설교—이 얄궂게도 예수님과 성경을 헐뜯는 [버트란드] 러셀(Bertrand Russell)과 같은 비평가들이 사용하던 예언이다....감람산 설교에서 예수님의 예언의 주된 문제는 놀랄 만큼 정확하게 일어난 예루살렘과 성전에 관한 예언뿐만 아니라 또한 그 자신의 영광스러운 재림 또는 파루시아에 대한 예언도 그들이 포함시킨 점이다."[1]

예수님의 감람산 설교는 물론 앞의 세 가지 진술은 다음의 네 가지 방법 중 어느 한 가지 방법으로 다룰 수 있다:

1. 예수님은 재림의 때에 대하여 실수하셨다.
2. 시간의 틀에 대한 참조 구절들은 비유적으로, *파루시아*의 참조 구절들은 문자 그대로 사용되었다.
3. 시간의 틀에 대한 참조 구절들은 문자 그대로 진실이고, *파루시아*와 관련된 사건들은 비유적으로 사용되었다.
4. 문자 그대로 시간의 틀에 대한 두 기간과 문자 그대로 두 사건이 포함된다: 하나는 한 세대 동안에 발생하기로 된 문자 그대로의 예루살렘의 멸망이고; 또 하나는 특별히 정해지지 않은 시간 안에 발생하기로 된 영광스러운 재림이다. 추가 사건들은 두 사건의 발생에 앞서 있고 교회 시대에 널리 걸쳐 있다.

위의 4번이 내가 다루는 방법이지만, 우리의 연구와 관련이 있기 때문에 나는 3번도 간단하게 다루기를 원한다.

이 접근법은 "과거 시제"라는 의미가 있는 문법적인 용어를 따라서 명명된 *과거적* 해석법이라고 불린다. 위의 세 참조 구절의 경우에 (그리고 감람산 설교에 있는 *시대의 종말*이란 말의 사용에 있어서), 과거적 해석자들은 시간의 틀에 대한 참조 구절들을 문자 그대로 과거 안에서 해석한다. 왜냐하면 그것들은 표면적으로 솔직하게 표현되기 때문이다. 시간의 틀에 대한 정의는 그것이 아주 명확하게 진술되도록 나타나기 때문에 전체의 해석을 결정짓는다. 이 접근법은 그리스도의 재림에 관한 참조 구절들이 자동적으로 상징적 또는 비유적이어야만 한다. 그리고 그 구절들은 그리스도의 최후의 영광스러운 강림을 언급하는 것이 아니고, 명확하게 진술된 시간의 틀 안에 있는 역사적인 어떤 상황을 언급하는 것임을 암시해 준다.

과거적 해석자들에게 이 상황은 주후 70년의 예루살렘의 멸망이다. 그것은 예수님이 말씀하신지 대략 한 세대 쯤 후에 일어난 것으로 "유대인의 시대"에 꼭 맞는 극적인 결말이라고 간주된다. 예수님이 성전을 파괴시키려고 심판의 주로 오셨으며, 모든 것이 그것을 나타낸다고 주장한다. 예수님이 언급하신 우주적인 증거와 영광스러운 재림은 단지 심판을 상징화하기 위한 종말론적인 표현이었다.[2]

어떤 역사적 전천년설 신봉자들은 물론 무천년설 신봉자들과 후천년설 신봉자들은 이 과거적 접근법을 사용하지만, 그러나 가지각색으로 사용한다. 어떤 사람들은 논쟁의 여지가 있는 세 구절들은 재림을 포함하여 감람산의 전체 설교가 이미 성취되었다고 가르치는 반면에, 또 다른 사람들은 단지 예루살렘의 멸망만이 성취되었다고 결론을 맺는다.

예수님이 예언하신 것처럼 예루살렘의 멸망에 대한 이 해석은 논리적으로 잘 만들어진 것이다. 사려 깊은 독자는 (다음의 두 장에서 논의할 것인데) 예루살렘과 성전에 대한 *문자 그대로의* 언어를 받아들일 수 있지만, 그리스도의 *파루시아* 또는 재림이 다만 *비유적*이라는 것을 분명하게 표현하려는 부단한 노력에는 혼돈될 것이다.

나는 예루살렘의 멸망에 대한 예수님의 묘사처럼 솔직한 방법으로 (우주적인 대변동과 함께) 재림에 대한 예수님의 언어를 받아들이는 것은 그럴 듯하다고 생각한다. 예루살렘의 멸망 *그리고* 묘사된 대로 문자 그대로 영광스러운 예수님의 재림을 받아들이는 것은 가장 분별 있는 것 같아 보인다. 예수님은 의심할 여지없이 현명하고 적절하게 해석된 진술을 기대하셨다.

과거적 해석의 주요한 취지는 "하나님 나라가 현재의 실재"라는 것이다. 나는 우리 가운데 지금 여기에 그리스도가 통치하는 하나님의 나라를 강조하는 것을 찬성한다. *그러나 나는 바로 이 목표를 달성하기 위하여 문제시되는 재림에 대한 예수님의 분명한 가르침을 제시해야만 한다고는 생각하지 않는다.* 의문의 여지없이 신약성경은 *지금* 역사하는 현재의 능동적이고 영적인 왕국을 제시한다. 똑같이 분명하게, 하나님 나라는 (예수님이 말씀하신 대로) 미래에 일어날 더 큰 표현을 필요로 한다. *지금* 그러나 후에 있을 왕국에 대한 주님의 언급은 그러한 논의에 대한 균형 있는 접근과 이치에 맞는 해결책이다. 우리는 여러 가지 참조 구절들을 논의해 나가면서 이것에 대한 더 많은 내용을 보게 될 것이다.[3]

이제 그 세 구절을 더 자세히 살펴보자.

Ⅰ. 열두 제자를 파송할 때

마태복음에만 있는 이 "아주 난해한 구절"(타스커: R. V. G. Tasker)
은 예수님이 열두 제자를 둘씩 보내실 때 하신 예수님의 파송 설교
의 일부분에 포함되어 있다. 그는 그들에게 어려움이 있을 것이라고
말씀하셨으며, 그리고는 이 생각을 자극하는 진술을 덧붙이셨다:

> "이 동네에서 너희를 핍박하거든 저 동네로 피하라. 내가 진실로 너희
> 에게 이르노니 *이스라엘의 모든 동네를 다 다니지 못하여서 인자가 오
> 리라.*"
>
> 마태복음 10:23 (강조 첨가)

예수님이 지상에 재림하시기 전에 그들이 이스라엘의 모든 동네
에서 복음을 다 전파하지 (또는 "다니지") 못한다고 예수님이 말씀
하셨는가? 이 진술은 그들이 미리 볼 수 없는 미래에 그가 재림하
신다는 것을 말해 주는 것인가?

이 질문에 답하기 위하여, 예수님의 지상 사역의 전후 순서를 고
찰해 보라:

> 예수님은 다른 사람들의 도움을 받지 않고 그의 사역을 시작
> 하셨다 (마 4:17, 23).
> 예수님은 그와 함께 할 제자들을 모으기 시작하셨으며 그들
> 에게 그의 방법을 발표하셨다 (눅 8).
> 예수님은 그를 따르는 열두 제자에게 하나님의 나라의 사역
> 을 계속하고 확장시키는 데 그를 대표하도록 권한을 주셨다.
> 예수님은 복음을 전파하는 데 도울 다른 칠십 명에게 대리
> 역할을 하게 하셨다. 그들에게 준 예수님의 지시는 이방인들

에게가 아니라 유대인들에게만 가라고 하신 것이다.

마지막으로, 마태복음 28장의 지상명령에서 예수님은 모든 족속에게 천국 메시지를 전하라고 그를 믿는 자들을 보내셨다.

제자들은 예수님의 지상 사역 동안에 하나님의 나라 확장의 모형으로, 조그마한 이스라엘 나라에 복음 전파의 영향을 미치는 역할을 하였다. 그 후에 모든 국가에 그와 유사한 방식으로 복음이 전파되었다.

이 중요한 사실을 주목하라: 예수님이 열두 제자와 칠십 명을 임명하고 내보내시기 전에 (제자들이 여전히 사역의 초기 단계에 있었을 때에), 예수님은 *이미* 이스라엘의 모든 동네를 다 다니셨다. 이것은 우리가 다루고 있는 본문을 해석하는 것과 직접적인 관련이 있다.

예수께서 *온 갈릴리*에 두루 다니사 저희 회당에서 가르치시며, 천국 복음을 전파하시며...갈릴리와 데가볼리와 예루살렘과 유대와 요단강 건너편에서 허다한 무리가 좇으니라.

마태복음 4:23, 25 (강조 첨가)

예수께서 *모든 성과 촌*에 두루 다니사 저희 회당에서 가르치시며, 천국 복음을 전파하시며, 모든 병과 모든 약한 것을 고치시니라.

마태복음 9:35 (강조 첨가)

이 후에 예수께서 *각 성과 촌*에 두루 다니시며 하나님의 나라를 반포하시며, 그 복음을 전하실쌔 열두 제자가 함께 하였고...*각 동네* 사람들이 예수께로 나아와 큰 무리를 이루니 예수께서...말씀하시되.

누가복음 8:1, 4 (강조 첨가)

마태복음 10장의 파송은 팔레스타인의 전도가 유대인들에게만 보내진 그 당시의 제자들과 관련이 있음을 암시해 준다. 그러나 예수님은 그러한 직접적인 경계를 초월하여 궁극적으로 사도들이 복음의 확장을 위해서 영향력을 미칠 수 있도록 그들의 마음에 씨를 뿌려 놓으셨다. 18절에서 그는 말씀하신다, "너희가 나를 인하여 총독들과 임금들 앞에 끌려가리니, 이는 저희와 이방인들에게 증거가 되게 하려 하심이라." 이것은 성전 파괴가 극도에 이르렀던 그 기간이 예수님이 진술하신 전체적인 시간의 틀이 아니라는 강한 논쟁점이다.

파송 다음에 마태복음 11장 1절에 이 진술이 나온다: "예수께서 열두 제자에게 명하시기를 마치시고, 이에 *저희 여러 동네에서* 가르치시며 전도하시려고 거기를 떠나가시니라" (강조 첨가). 그 당시에 팔레스타인의 모든 동네에 복음을 전파하는 것은 그리 어려운 과업이 아니었을 것이다. 팔레스타인어와 아람어의 전문가인 조지 람사(George Lamsa)는 "예수님은 단지 제자들이 팔레스타인의 모든 동네에 몇 달 안에 복음을 전파할 수 있기 때문에 그들을 팔레스타인의 동네로 파송한 것을 의미하지 않으셨다"고 이 구절에 의문을 제기하였다. 또한 람사는 "동방 교회의 본문에는 '너희는 인자가 오기 전에 이스라엘 집의 모든 동네를 회심시키는 것을 끝마치지 못하리라'"[4]고 한 것을 지적하였다.

누가가 쓴 파송에 관한 구절(눅 9:1-5)은 이 진술 바로 다음에 나온다: "제자들이 나가 각 촌에 두루 행하여 *처처에* 복음을 전하며 병을 고치더라" (6절, 강조 첨가). 인용된 이 구절에 의하면 예수님 당시 팔레스타인의 모든 동네와 촌에 복음이 전파된 것을 확증하는 것 같아 보인다.

그렇다면 우리가 고찰하고 있는 의문시되는 그 구절은 주님의 지상 사역 기간 동안에 그 당시에 존재하는 팔레스타인의 동네에 모두 천국 복음의 메시지가 전파되었다는 이유 때문에 제자들의 가까운 미래에 있는 예수님의 영광스러운 재림을 가리킨다고 할 수 없다.

그 본문 자체는 마태복음 10장 23절의 의미를 분명하게 해 주지는 않는다. 헬라어 학자 로버트슨(A. T. Robertson)은 "모펫(Moffatt)은 그것을 마치 예수님이 이 특별한 갈릴리 여행을 언급하신 것처럼 '인자가 오기 전에'라고 기록한다. 예수님은 그들을 앞지르실 수 있다. 아마도 그렇다. 그러나 그것은 결코 분명하지 않다"고 설명한다.[5]

유명한 신학자이고 의료 선교사인 알버트 슈바이처(Albert Schweitzer)는 이 구절의 두 번째 부분을 논쟁의 여지가 있고 유감스러운 그의 종말론의 초점이 되는 논쟁점으로 삼았다. 그는 이 구절에서 예수님이 제자이자 선교사들에게서 위대한 영적인 결과를 기대하셨는데, 그들은 그렇게 하지 못한 것을 의미했다고 생각했다.

예수님은 이스라엘이 회개하며 하나님께로 돌아와서, 그들이 선교 여행을 마치기 전에 하나님의 나라가 임하기를 기대하셨다. 아마도 예수님은 그것이 실현되지 않았고 그가 그것을 이루지 못하셨기 때문에 실망되셨을 것이다.[6] 『틴데일 신약성경 주석』(Tyndale New Testament Commentaries)의 편집장인 타스커는 이 구절은 "예수님이 사도들에게 나타나서 그들에게 모든 족속으로 제자를 삼으라고 명하신 부활 직후에 승리 가운데 인자가 재림하는 것에 관한 참조 구설을 이해할 때 가장 잘 이해할 수 있다"[7]고 생각한다.

여러 해석자들은 예수님이 영광스러운 재림을 언급하신 것이 아니라 성전을 파괴시키기 위해서 심판 가운데 재림할 것을 언급하신 것이라고 믿는다 (그러한 해석가 둘은 유대인 역사가 알프레드 이더샤임[Alfred Edersheim][8]과 전천년설 신봉자 데이빗 칠턴[9]이다). 카슨(D. A. Carson)은 『해설자의 성경 주석』(The Expositor's Bible Commentary)에서 "그들은 이스라엘을 심판하러 인자가 재림하기 전에 이스라엘의 동네를 복음화하는 것을 끝내지 못할 것이다"[10]라고 쓰고 있다.

무천년설 신봉자 윌리엄 콕스는 이와는 달리, 이 구절은 인자가 최후에 구름 속으로 재림하는 것을 언급하는 것이 아니고, 또한 예루살렘의 멸망을 언급하는 것도 아니라고 믿는다. 그는 그 구절을 더 실제적으로 설명한다: "주님은 열두 제자를 선교 사역 차 파송하셨으며, 그들이 주어진 과제를 끝마치기 전에 그들과 합류하리라는 것을 그들에게 약속하셨다."[11]

조지 래드는 주장한다: "현재의 구절은 예수님의 제자들의 이스라엘 선교가 인자의 재림 때까지 지속될 것이라는 사실에 지나지 않음을 말해 준다. 또한 이스라엘의 눈 먼 상태에도 불구하고 하나님은 이스라엘을 포기하지 않으신 것을 말해 준다. 하나님의 새 백성은 세상 끝이 올 때까지 이스라엘에 대한 관심을 가져야 한다."[12] 브루스는 이와 유사하게 말한다: "그것은 단순히 이스라엘의 복음화는 인자의 강림과 함께 오는 현 세대 말 전에 완성되지 않을 것임을 의미한다."[13]

각 해석은 (슈바이처의 해석은 제외하고) 어떤 호소력과 논리가 있다. 나 자신은 어떤 엄격한 해석을 하지 않지만, 나는 래드와 브루스에 동의하는 편이다. 언급된 도시들은 팔레스타인에만 국한된 것은 아니지만, 전 세계적으로 이스라엘인들이 있는 곳을 대표한다. 예수님 당시의 (팔레스타인에 있는) 문자 그대로의 이스라엘 도시들은 다 예수님의 지상 사역의 범위 안에서 그의 메시지로 복음이 전파되었기 때문에, 예수님은 더 넓은 의미의 선교를 마음에 두고 계셨음에 틀림없는 것 같아 보인다.

마태복음 11장 20-24절에 있는 예수님의 말씀이 마태복음 10장 15절의 파송 말씀과 일치하는 것을 주목하라. "예수께서 권능을 가장 많이 베푸신 고을들이 회개치 아니하므로 그 때에 책망하시되"(마 11:20). 그는 "심판 날에" 화가 있을 것이라고 말씀하시면서, 특별히 고라신, 벳새다와 가버나움을 책망하셨다 (22절). 그러므로 천국 복음이 전해진 각 도시는 그리스도가 재림하시는 날에 그에 대한 답변을 해야 할 것이다. 내가 믿기로는, 이것은 이스라엘의 광범위한 모든 장소가 복음화되기 전에 일어날 것이다.

2. 예루살렘 노상에서

예수님은 담대하고 열정적인 방법으로 그를 따르는 자들에게 타협하지 않고 그들의 십자가를 지고 그를 따르라고 부르셨다. 만일 누가 예수 그리스도와 그의 말씀을 이 세상에서 부끄러워하면, 예수님도 재림시에 그 사람을 부끄러워할 것이라고 선언하셨다. 이 때에 예수님은 그가 거절당하고, 십자가에 못박히고, 부활한다는 직접적인 첫 예언을 하셨다. 그런 다음에 그는 다음의 난해한 진술을 하면서 재림에 대해서 말씀하셨다:

"진실로 너희에게 이르노니 여기 섰는 사람 중에 죽기 전에 인자가 그 왕권을 가지고 오는 것을 볼 자들도 있느니라."

마태복음 16:28

예수님의 재림에 관한 그의 말씀은 가이사랴 빌립보 근처의 지역에서 하셨는데, 아마도 헤르몬산(9,200 피트의 높이)이 보이는 지역일 것이다. 일주일 여 안에 예수님과 몇몇 제자들이 그 산 중턱까지 올라가서, 거기에서 주님께서 눈부신 빛으로 변화되어 모세와 엘리야와 말씀하셨을 때 하늘로서 소리를 들으셨다고 많은 사람들이 믿는다.

예수님의 말씀은 그가 아버지 하나님의 영광 가운데서 재림하는 것을 묘사한 것처럼 개인적인 신분에 대한 궁극적인 선언이었다. 예수님이 *아버지*란 말을 담대하게 사용하신 것은 종교 지도자들과의 끊임없는 논쟁의 근원이었다. 예수님은 하나님이 서기관들과 바리새인들이 믿지 못하고 불가능하다고 알고 있는 친밀한 관계를 보여 주시는 개인적인 사랑의 아버지라고 주장하셨다.

영광이란 말의 영어의 의미는 예수님이 묘사하신 것을 거의 정확하게 나타내지 못한다. 그는 아버지의 영광, 그 자신의 영광, 그리고 거룩한 천사들의 영광 가운데서 재림하실 것이다 (마 24:30; 눅 21:27). 대개 영광이란 단어는 어떤 철학적인 가치-(인간적인 자격에 근거한) 명예, 능력, 좋은 지위, 명성, 평판과 환호를 암시한다. *영광*은 왕과 고관에게 주는 권위, 인정, 승인이라고 할 수 있다. 이 하나님의 영광(본질)은 또한 장엄하고 빛나는 구름을 물리적, 현실적이고 눈에 띄는 존재로 묘사할 때 가장 적합한 말이기도 하다. 히브리어로 하나님의 현현 또는 시현(示現)을 *쉐키나*(shekinah)라고 부른다.

예수님의 재림 때 이 영광은 하나님의 빛, 광휘(光輝) 또는 광채로, 눈에 보이고 물리적으로 나타나는 현상이다. 최후의 영광스러운 하나님, 그의 아들과 그의 천사들의 무제한적인 자기 현시(現示)는 예수님이 재림하실 때 일어날 것이다.[14] 두 가지 국면, 즉 그의 위엄의 물리적인 장엄함과 공개적인 승인은 영광에 대해서 일찍이 표현된 어떠한 것보다도 가장 위대한 우주적인 표현이 될 것이다!

그러나 성경을 배우는 많은 학생들이 이해하기 어려워한 마태복음의 그 내용에서, 예수님은 무심결에 성경을 읽는 사람들에게 제자들이 살아 있는 동안에 재림하실 것을 약속하고 있다는 인상을 주신다. 다른 두 공관복음 저자들의 기록을 살펴보자:

"또 저희에게 이르시되, 내가 진실로 너희에게 이르노니 여기 섰는 사람 중에 죽기 전에 하나님의 나라가 권능으로 임하는 것을 볼 자들도 있느니라 하시니라.

마가복음 9:1

"...여기 섰는 사람 중에 죽기 전에 하나님의 나라를 볼 자들도 있느니라."

누가복음 9:27

예수님은 죽음과 부활 후에 실로 다시 오셔서, 제자들에게 나타나셨다. 그러나 명백한 역사적인 사실은 눈에 보이는 영광 가운데서 예수님의 재림을 보리라는 약속을 들었던 거기 섰던 사람 중에 아무도 재림을 목격한 사람이 없었기에 성경 해석자들이 그가 하신 말씀을 다루기가 힘들게 되었다. 그 의미를 설명하기 위해서 여러

가지 이론이 전개되어 왔다. 아들의 오심과 그의 왕국은 여러 가지로 동일시되어 왔다:

　　그리스도의 부활과 승천
　　오순절날과 성령의 강림
　　기독교의 전파
　　복음의 내적 발전
　　주후 70년의 예루살렘의 멸망

　십구 세기의 유명한 설교자 찰스 스펄전은 "나는 그것을 분명하게 이해하지 못했기 때문에 그것[이 구절]을 재빨리 건너뛰었다"라고 인정했다. 마침내 그는 단순한 그 의미가 다음과 같다는 생각에 이르렀다: "그리스도가 영광스럽게 나타나실 때 죽음을 맛볼 어떤 [불의한] 자가 있다." 스펄전은 "죽음을 맛보는 것"은 [불의한] 자가 주께서 오실 때까지 맛보지 않을 둘째 사망을 언급"한 것이라고 생각했다. 거기에 서 있는 자들을 언급할 때, 그는 "아마도 그가 말씀하신 대로 유다를 뽑으실 것이다...." 예수님이 "사람이 내 말을 지키면, 그는 결코 죽음을 맛보지 않으리라"고 말씀하셨기 때문에, 그것은 육체적인 죽음이 아니라 회개하지 않은 각 죄인을 기다리고 있는 하나님의 진노를 주께서 언급하시는 것이라고 스펄전은 결론을 맺었다.[15]

　또 다른 해석은 하나님의 나라는 실로 제자들이 살아있는 동안에 능력 있게 나타났다고 강조한다. 데이빗 칠턴은 말한다:

　...하나님 나라는 재림 후 수천 년 멀리 떨어져 있는 미래의 것이 아니었다. 예수님은 선언하셨다: *"때가 찼고, 하나님 나라가 가까웠으니; 회개하고 복음을 믿으라"* (막 1:15). 예수님은 이스라엘에게 하나님 나라가 곧 오고 있기 때문에 지금 회개하라고 분명히 말씀

하셨다. 하나님 나라가 *가까웠다*. 그는 하나님의 나라가 이미 그들 앞에 임하였다고 하셨으며 (마 12:28; 눅 10:9-11; 17:21 참조), 곧 그가 하나님의 나라의 보좌에 앉기 위해 아버지께로 승천하실 것 이었다.16)

하나님의 나라에 대한 칠턴의 견해는 이제 확고한 신약성경의 견 해이지만, 내가 우려하는 것은 어떤 현대의 복음주의자들은 이 심 오한 견해를 무시하는 경향이 있는 것이다. 그러나 살펴본 바로 그 본문에서, 그러한 해석은 또한 인자의 재림에 대한 신뢰할 만한 설 명을 해 주어야만 한다. 이 말씀이 주후 70년의 예루살렘의 멸망으 로 성취되었다는 칠턴의 해석은 그 상황을 처음으로 평이하게 읽는 사람들에게는 잘 이해가 되지 않는 것 같다.

내가 보건대 한 접근법은 역사적 사실, 본문의 조건과 베드로가 한 관찰을 만족시켜 준다: "우리 주 예수 그리스도의 *능력과 강림하 심*을 너희에게 알게 한 것이 공교히 만든 이야기를 좇은 것이 아니 요, 우리는 *그의 크신 위엄을 친히 본 자라* (벧후 1:16, 강조 첨가).

예수님의 말씀은 곧 일어날 변화산의 사건을 언급한 것이었다. 변화산의 사건에 대한 공관복음에 나오는 세 본문은 그 예언을 깨뜨리지 않고, *그 사건이 그 말씀과 관련이 있음을 지적해 주면 서17)* 밀접하게 이어지는 것을 주목하라. 또한 이 선언이 그 한 주간 안에 펼쳐지는 특별 계시의 형태에 어떻게 꼭 맞는지를 주 목하라:

예수님을 그리스도라고 한 베드로의 고백
교회에 대한 최초의 예언
십자가의 죽으심과 부활에 대한 최초의 고백

예수 그리스도가 재림하실 때 그의 영광이 확실히 나타남

예수님과 동행한 세 제자들에게 예수님이 변화되신 것은 압도되는 장관이었다. 그들은 주님이 하나님의 영광의 눈부시고 밝은 빛의 찬란함으로 휩싸인 것을 보았다. 그의 얼굴은 해처럼 타오르면서 변화되었고, 그의 옷은 희고 밝은 천국의 빛으로 빛났다. 누가는 "베드로와 및 함께 있는 자들이...예수의 영광을 보더니"(9:32)라고 기록하고 있다. 확실히 그 세 사람은 예수님의 재림의 예고편을 보았었다는 것을 후에 깨달았다.

그 세 제자 중 하나인 사도 베드로는 이것을 베드로후서 1장 16절(앞에 인용)에 이 해석을 확실하게 기록하였다. 교회의 이 핵심 지도자들은 그리스도의 재림에 대한 다른 자료를 신뢰하지 않았다; 그들은 개인적으로 예고편을 보았던 것이다. 그들이 재림에 대해서 그렇게 열정적이었던 것은 당연한 것이다!

예수님이 재림하실 때 무슨 일이 일어날 것인가에 대한 추가된 견해가 마태복음에 삽입되어 있다: "인자가...각 사람의 행한 대로 [행위와 행실대로] 갚으리라" (16:27). 이것은 시편 62편 12절과 잠언 24장 12절을 성취할 것이다. 또 다른 구절들은 예수님이 재림하실 때 하나님의 종들의 충성에 대한 심판과 보상이 있을 것이라고 지적해 준다.

3. 감람산에서

예수님의 이 세 번째 말씀 또한 많은 논란을 일으켜 왔다; 그것은

감람산 설교 중 가장 논쟁의 여지가 있는 구절이다:

"내가 진실로 너희에게 말하노니, 이 세대가 지나가기 전에 이 일이
  다 이루리라."

마태복음 24:34

그 설명은 "이 세대"와 "이 일이 다"란 말의 뜻에 달려 있다.

그 구절의 해석은 마태복음 24장에 예수님이 묘사하신 내용, 즉
그 당시에 살아 있던 세대가 예루살렘의 멸망과 그와 관련된 사건
들을 볼 것이라는 내용을 명확하게 해석하는 데 있다 (우리는 이것
을 7장에서 더 자세히 다룰 것이다). 내가 알기에, 어떤 해석가들은
세대란 단어는 그 시간의 틀 안에서 범위를 넓혀야 된다고 생각하
지만, 나는 이 논법이 효과적인 답변을 해왔다고 생각하며, 우리는
예수님이 그 당시에 살아 있던 사람들을 언급하신다는 사실을 받아
들일 수 있다. 어떤 해석을 수용하기 위해서 그 말의 단순한 의미를
변화시킬 필요는 없다. 실제로, 칠 년 환난의 처음 반을 줄곧 사는
미래의 세대에게 그 구절을 적용하는 것은 본문을 획기적으로 곡해
하는 것이다.

"이 일이 다"는 예루살렘 멸망 전에 일어난 일들을 가리킨다. 예
수님이 이 말씀을 하신 때와 디도 장군 밑의 로마인들이 실제로 성
전을 파괴시킨 때 사이의 약 사십 년 간을 말한다. (시편 95편 10절
에서 성경적인 세대는 사십 년과 같음을 참조하라.) 일이란 재림—
시간의 성취가 불분명하고 예루살렘의 멸망과 연관되는 일과 혼동
해서는 안 되는 분명히 다른 시간의 틀에 속한 재림—을 언급하는
말이다.

예수님의 제자들은 예루살렘 멸망에 이르기까지와 그것을 포함하는 사건들이 발생한 약 사십 년 (문자 그대로 한 세대) 안을 의미한다고 이해했을 것으로 나는 확신한다. 이 견해에 대한 더 자세한 설명은 7장에 나온다. 바울과 다른 사람들이 앞으로 올 그리스도의 영광스러운 재림에 대하여 똑같은 묘사를 한 사실은 재림에 대한 예수님의 묘사가 미래의 세대의 것이며, 확실히 주후 70년의 예루살렘의 멸망이 지난 후를 의미*하신* 것임을 지적해 준다.

재림에 대한 예수님의 묘사

다음의 도표에 있는 구절들은 예수님이 인자의 영광스러운 재림에 관하여 말씀하신 최상의 실제적인 자료의 목록이다. 우리는 다음 도표의 네 번째와 다섯 번째 항목의 매혹적인 감람산 설교(마 24, 막 13, 눅 21)를 다음 두 장에서 다룰 것이다.

사복음서 모두가 성령의 감동으로 기록되었고 또한 서로 다른 유리한 관점에서 본 사람들이 썼기 때문에, 올바로 이해된 여러 가지 이야기는 서로에 관한 가장 좋은 주석서라고 나는 주장한다. 성경 그 자체에서보다 더 권위 있는 성경의 해석을 찾아볼 수는 없다. 그러므로 나는 예수님이 말씀하신 당시의 기본적이고 복잡하지 않은 의미를 추구하려고 될 수 있는 대로 많이 노력할 것이다. 모든 주석가가 이것을 성취하고 싶어 하지만, 그것은 칠턴이 말한 "우리는 성경이 마치 20세기의 하늘에서 떨어진 것처럼 성경을 해석해서는 안 된다. 신약성경은 1세기에 기록되었으므로 우리는 그것을 1세기의 독자들의 관점에서 이해하려고

노력해야만 한다"는 것을 기억할 때에만 가능한 것이다.[18]

재림에 대한 예수님의 묘사

상 황	마 태	마 가	누 가	요 한
1. 요단 건너편 베다니	—	—	—	1:51 (NASB)
2. 가이사랴 빌립보 근처	16:27-28	8:38-9:1	9:26-27	—
3. 요단 건너편 유대	19:28			
4. 감람산	24:27, 30-31	13:26-27	21:27	—
5. 감람산의 결론	25:31-32	—	—	—
6. 대제사장 앞	26:64	14:62	22:69	

우리가 다루고 있는 어떤 구절들은 이해하기가 쉬운 것이 아니므로, 만일 당신이 어느 정도 불확실한 점을 발견하더라도 놀라지 않기를 바란다. 어떤 경우에는 우리가 선택할 수 있는 범위를 넓히기 위하여 대안이 될 만한 해석을 제안해 놓았다.

이제 그 도표에 있는 두 가지를 살펴보자.

Ⅰ. 요단 너머의 베다니

흥미 있는 구절인 요한복음 1장 51절은 어디에서도 정확하게 대등한 구절이 없으며, 그것은 재림을 언급하는 말일 수도 있거나 또는 적어도 그 주제와 관련된 말이다. 나다나엘이 다섯 번째 제자로 부름을 받았을 때 그 에피소드가 발생했다. 빌립이 소개한 나다나엘은 사실상 예언적인 예수님의 개회사에 놀랐다. 브루스는 정확한

(그러나 보기 드문) 번역을 해 준다:

예수님은 그에게 대답하셨다, "내가 너를 무화과나무 아래서 보았다 하므로 믿느냐? 이보다 더 큰 일을 보리라." 그는 계속해서 그에게 말씀하셨다, "하늘이 열리고 하나님의 사자들이 인자 위에 오르락내리락 하는 것을 *보리라*"19)

(강조 첨가)

이 구절은 야곱이 "사닥다리[계단, 난간, 경사로]가 땅위에 세워졌는데, 그 꼭대기가 하늘에 닿았고, 또 본즉 하나님의 사자가 그 위에서 오르락내리락하는 것"(창 28:12)을 보았을 때, 벧엘에서 본 야곱의 비전을 상기시켜 준다. 사닥다리처럼 예수님은 천국과 지상을 연결해 주는 분, 하나님과 사람 사이의 중보자이시다 (딤전 2:5). 로더햄(James Bryant Rotherham)은 위의 본문에서 "하나님의 사자들이 그들의 주님'에게'가 아닌 주님 '위에' 오르락내리락한다"고 하면서 의미심장한 통찰력을 더해 준다.20)

예수님의 말씀은 인자가 어떻게 큰 권능과 영광으로 나타나실 것인지 그리고 어떻게 하늘 구름을 타고 그 천사들과 함께 오시는지를 묘사하는 공관복음의 내용과 일치한다.21) "너희 모두가 볼 것이다"라는 헬라어 본문은 예수님이 *그의 거룩한 천사들과 함께* 재림하실 때 각 사람이 그를 볼 것이라는 복음 시대의 대 절정을 지적해 준다.

그리스도는 그가 거룩한 천사들—실제로 모든 천사들(막 16:27; 24:31; 막 8:38; 눅 9:26)—과 함께 재림하실 것임을 분명히 말씀하셨다 (마 25:31). 바울은 후에 "주 예수께서 저의 능력의 천사들과 함께 하늘로부터…나타나실 때에"(살후 1:7)라고 하고, 천사들은 상징적인 것이 아니라 문자 그대로라는 또 다른 지적을 하면서 이 사실을 지지하였다.

예수님의 재림은 모든 천상의 존재들을 완전히 볼 수 있는 외관상 영광스러우며 장엄한 전시가 될 것이다.[22] 그들은 눈부신 수행원으로서 예수님을 호위할 것이며, 지상의 사방으로부터 구속받은 자들을 모으기 위해서 굉장한 영광 중에 열을 흐트러뜨리며 앞으로 나아갈 것이다. 예수님은 인자가 "천사들을 보내어 자기 택하신 자들을 땅 끝으로부터 하늘 끝까지 사방에서 모으리라"(막 13:27)고 설명하셨다. 이 장면은 우리 인간의 마음으로는 이해할 수 없지만, 그것은 계시적인 형상 이상의 것이며, 가장 심오한 말씀의 의미를 가진 실체이다.

천사의 무리는 항상 예수님을 위해서 수시로 수종들었다. 천사의 무리는 그의 탄생 시에도 그의 곁에 있었다 (눅 2:9, 13-15). 그들은 예수님이 사십 일 간 힘든 금식과 계속되는 마귀의 시험 (마 4:11) 후에도 그를 수종들며 그의 힘을 도왔다. 한 천사가 예수님이 겟세마네 동산에서 애써 기도하시는 위대한 순간에도 그의 힘을 도왔다 (눅 22:43).

그리고 여기에 예수님을 수반한 천사들의 또 다른 놀라운 그림이 있다. 그가 동산에서 기도를 마치셨을 때, 대제사장과 장로들이 보낸 무장한 한 무리의 사람들이 도착하였다. 성급한 베드로가 검을 빼어 대제사장의 종 말고에게 일격을 가하면서 주님을 보호하려고 시도하였다. 이에 그 가엾은 종의 귀가 떨어졌는데, 예수님은 그를 신속하게 복원시켜 낫게 하셨다. "이에 예수께서 [베드로에게] 이르시되, '네 검을 도로 집에 꽂으라. 검을 가지는 자는 다 검으로 망하느니라. 너는 내 아버지께 구하여 지금 열두 영 더 되는 천사를 보내시게 할 수 없는 줄로 아느냐?'" (마 26:52-53). 한 영은 육천 군대와 같으므로, 예수님은 그 순간에 72,000 천사들을 가지실 수도 있으셨다!

우리는 전부 얼마나 많은 천사들이 있는지 모르지만, 예수님이 재림하실 때 그들은 모두 하늘 도처에서 웅대한 호위에 참여할 것이다. 나는 예수님이 재림하실 때의 천사들에 관해서는 문자 그대로를 믿는다. 우리는 그들을 볼 것이고, 그들은 우리를 예수님께로 모을 것이며, 우리는 그들과 합세하여 우리 주님을 찬양할 것이다.[23]

2. 요단 너머의 유대

그 청년은 그리스도와 그리스도를 따르는 자로부터 낙담되어 떠나갔다. 그가 방금 들은 것은, 그가 완전해지기 위해서는 그의 모든 소유를 팔아서, 그것을 가난한 자들에게 주고, 그리고는 예수님을 따라야 한다는 것이었다. 슬프게도 그는 그의 소유를 팔라는 주님의 도전을 받아들일 수가 없었다. 그가 떠난 후에, 예수님은 "약대가 바늘귀로 들어가는 것이 부자가 하나님의 나라에 들어가는 것보다 쉬우니라"(마 19:24)는 깜짝 놀랄 말씀을 하셨다.

깜짝 놀란 제자들은 (명백히 제자들과 부자 청년은 대조를 이룸) 베드로를 능력 있는 대변자로 인정하였기에, 베드로가 예수님께 그들이 모든 것을 버리고 예수님을 따랐으므로 그들의 상급이 무엇이겠는가를 물었다. 예수님의 대답은:

"내가 진실로 너희에게 이르노니 세상이 *새롭게 되어* 인자가 자기 영
광의 보좌에 앉을 때에 나를 좇는 너희도 열두 보좌에 앉아 이스라엘
열두 지파를 심판하리라."

마태복음 19:28 (강조 첨가)

이 구절은 (비록 누가복음 22:28-30이 가장 가까운 의미를 지니
고 있지만) 다른 복음서와 직접 관련되는 구절은 없다. 세상이 "새
롭게" 될 때 예수님은 그의 영광스러운 보좌에 앉으실 것이며, 각
제자들은 자기 자신의 보좌에 앉을 것이다─얼마나 놀라운 상급인
가! 이 새롭게 된다는 것은 무엇이며 언제 이루어지는가?

*영적 신생(新生)*은 헬라어 *팔린제네시아*(palingenesia)의 번역으
로, 그것은 "신생"(*팔린*은 "다시," *제네시스*는 "탄생")을 의미할 수
있다. 헬라어 신약성경에 단 두 번 사용된 이 말은 또한 디도서 3장
5절에 "중생의 씻음"이라는 말로 나온다. 맨슨(T. W. Manson)은 그
의 잘 알려진 주석 책에서 이 말을 "우주의 과정에 있어서 새로운
주기의 시작을 의미하는 스토아학파의 기술적인 용어"라고 지적한
다. 그는 "유대인의 기대는 달랐다. 그들 또한 존재하는 질서의 끝
과 새 질서의 시작을 기대했다. 그러나 그 새 질서는 진정으로 새로
운 것이지 단지 전에 지나갔던 반복이 아닐 것이다....중요한 것은
그것이 새로운 시대일 것이라는 점이다"라고 설명한다.[24]

마태복음 19장 28절에서 *영적 신생*은 사도행전 3장 21절에 있
는 "만유를 회복"한다는 의미에서 사용된다.[25] 여기에서 그 뜻은
또한 모든 것이 "새롭게 된다"는 의미를 포함한다.[26] 프리드리히
브셀(Friedrich Büchsel)은 "죽은 자의 부활과 세상이 새롭게 되는
것에 대한 유대인의 믿음은 이 용어로 표현된다"고 설명한다.[27]

나는 예수님이 그의 재림과 지상에서의 천 년 동안의 통치를 위한 취임을 가리킨다고 믿는다. 그것은 문자 그대로 실제적이고 지상에서의 영적인 하나님 나라의 달성과 영광스러운 전시이다. 그리스도는 이스라엘의 열두 지파를 심판하시면서 그의 보좌에 앉으실 것이고, 열두 사도는 그들의 열두 보좌에 앉을 것이다.

마태복음 25장 31절은 그리스도의 보좌의 *시기*를 정확하게 지적해 준다: "인자가 자기 영광으로 모든 천사와 함께 올 *때*에 자기 영광의 보좌에 앉으리니" (강조 첨가). 그 때에 그리스도는 모든 민족을 "그 앞에 모으고 각각 분별하기를 목자가 양과 염소를 분별하는 것 같이" 하실 것이다 (32절). 영적 신생은 단지 이스라엘만이 아니라 세계의 모든 민족을 포함할 것이다.

물론 그리스도는 지금 그의 메시아의 보좌에 앉아 계시지만, 그가 재림하실 때 그의 영광스러운 통치는 의가 고양되고 사단의 영향이 제거된 깨끗해진 세상에서 공표될 것이다. 본문은 분명히 요한계시록 20장의 천년왕국인 것 같다. 특히 그리스도와 함께 한 보좌와 통치에 대한 개념은 두 군데에서 다 언급하고 있다.

어떤 사람들은 그리스도가 지금 통치하고 계시므로 천년왕국은 실제로 지금의 교회 시대를 언급하며, 그러므로 "영적 신생"은 실제로─지금 효력이 있는─교회 시대라고 생각한다.[28] 나는 그리스도가 지금 통치하고 계시는 것에 완전히 동의한다; 바울은 우리가 그리스도 예수 안에서 함께 하늘에 앉는다고 가르친다 (엡 2:6). 그러나 이 모든 중요한 개념을 강조함에 있어서 우리는 하나님의 나라의 중대성을 간과해서는 안 된다. 우리는 하나님의 나라를 지구상의 문자 그대로 명백한 영역으로서 최대한으로 궁극적인 표현을 하면서 그 중대성을 간과해서는 안 된다. 문자 그대로 하나님 나라에 대한 천 년의 표현은 우리가 지금 알고 있는 바와 같이 그리스도의 나라에 필요하고 적절한 표현의 절정이다.

어떤 사람들은 유대인의 천년왕국을 세대주의적으로 강조하는 것 때문에 이 개념을 거부한다. 그러나 이스라엘의 열두 지파를 심판하는 사도들에 대한 예수님의 말씀은 우리가 이 유대적인 것에 초점을 고정시켜서 해석하지 말아야 할 필요가 있다. 천년왕국은 마치 그의 현재의 통치에서와 같이 모든 하나님의 백성을 포함할 것이다. 사도들뿐만 아니라, 견디어 낸 모든 성도들도 그와 함께 통치할 것이다 (신약성경에서 보기 드문 개념이 아님; 고전 6:2 참조).

맨슨이 지적한 것처럼 "심판"은 "이 경우에 그 말의 의미는 열둘이 최후의 심판에서 평가자가 된다는 (마 25:31 이하; 고전 6:3 참조)" 문자 그대로의 의미로 고려해 볼 수 있다. 또한 그 말은 "'통치,' '지배'의 의미로 구약성경에서 흔히 나오는" 더 광범위한 의미로 고려해 볼 수도 있다.[29] 아마도 가장 좋은 해결은 두 가지 접근법을 결합한 것이다.

그리스도의 영광의 보좌가 지상에 세워지는 세상의 새로운 탄생 때는 깨끗해진 지구와 완전한 교회가 하나님 나라에서 무한하고 찬란한 광채로 빛나는 가운데 놓이는 것처럼 밝은 새 날이 될 것이다. 그리스도는 전에 영적 전쟁터에서 승리하여 점령한 각 나라에서 온 유대인과 이방인 모두 똑같이 모든 세대의 구속받은 자들과 함께 나타나실 것이다.

다음 장은 예수님께서 이제까지 하신 답변 중 가장 긴 답변을 소개할 것이다. 제자들의 질문은 놀라운 예언적인 설교를 시작하게

되는 발판을 만들었다. 예수님의 아홉 가지 "진통"은 아마도 당신을
놀라게 할지 모르나, 그것들은 감람산의 예수님의 제자들을 위한
것처럼 오늘날의 사람들에게도 의미심장하며 관련이 있다.

6

다가오는 진통

예수님은 예루살렘에게 마지막 말씀을 하셨다. 유대인 사회의 수도를 향한 그의 소명은 절정에 달했다. 예수님의 공적인 가르침의 마지막 씨앗은 이스라엘의 단단한 돌밭에 뿌려졌었다. 그러므로 거부당한 구세주 예수님은 강도의 소굴을 황폐하게 남겨둔 채 그 곳에서 나와 엄숙하고 단호하게 걸어가셨다. "자기 땅에 오매 자기 백성이 영접지 아니하였으나" (요 1:11). 그의 공생애의 마지막 날이 다가오자, 예수님과 제자들은 성전을 떠나, 기드론 골짜기를 건너서 감람산으로 천천히 올라갔다.

길에서 갑자기 돌아서면서, 제자들은 그들 뒤에 있는 광경을 두려워하며 주시하였다. 예루살렘의 이 영광스러운 성전 전체는 "아마도 고대 세계에서 가장 위엄 있는 건물이었고,"[1] 각 유대인의 마음을 터질 것 같은 자만심으로 독특하게 채웠다. 그 시대의 저명한 역사가 알프레드 이더샤임은 그의 통찰력을 다음과 같이 묘사한다:

바로 그 때 서쪽 해가 대리석 건물 꼭대기와 베란다가 있는 뜰에 황금빛을 드리우고 있었으며, 성전 지붕의 황금빛 뾰족한 봉우리를 빛나게 하고 있었다. 해가 뜰 때보다 오히려 질 때 더욱 확실히 굉장하게, 이 눈처럼 흰 대리석 덩이와 금덩이의 번쩍이는 광채가 장엄하게 돋보인다. 그리고 검은 골짜기를 건너서 감람산의 경사진 곳

위로, 어떤 것은 24피트 길이 정도의 육중한 돌로 지은 거대한 성벽에 어두운 그림자를 드리운다....그것은 주님께서 예언하신 곧 다가올 성전의 황폐함에 대한 침울한 생각으로 아마도 이제 그들에게 안겨진 침묵을 깬 이 모든 장엄함과 힘을 그들이 주시한 것 같았다.[2]

그 빛나는 비전은 이러한 평범한 사람들을 벅차게 하였다. 그들은 감탄을 주체할 수 없었고, 또 아마도 예루살렘 시와 성전에 대해 주님께서 이전에 강하게 선포하신 말씀을 경감시키려고 다소 애쓰며, 그들은 성전의 여러 건물들을 흥분하며 가리켰다. 그들 중 한 사람이 소리쳤다, "선생님이여, 보소서. 이 돌들이 어떠하며, 이 건물들이 어떠한지를!"

예수님의 엄한 답변은 겁을 먹게 하였다: "예수께서 이르시되, 네가 이 큰 건물들을 보느냐? 돌 하나도 돌 위에 남지 않고 다 무너뜨려지리라" (막 13:2).

그들의 흥분은 즉시 가라앉았고, 그들의 엄숙한 지도자의 어려운 말씀에 그들은 찔렸다. 어떻게 저런 거대한 건물들이 무너지고, 저렇게 막대한 돌들이 무너진단 말인가? 지오반니 파피니(Giovanni Papini)는 동정적으로 말한다:

그들은 그런 아주 육중한 돌들을 산에서 힘들게 채석하여, 소로 멀리 끌어내린 후, 끌과 망치로 네모지게 깎고 준비하여, 우주에서 가장 장엄한 성전을 만들기 위해서 기술 전문가들에 의해 하나씩 차곡차곡 올려놓았는데, 해에 비쳐서 따뜻하고 찬란하게 보이던 이런 돌들이 다 부서지고 무너뜨려진다는 것을 도저히 이해할 수가 없었다.[3]

예수님은 성전의 돌들을 언급하셨지만, 그는 이전에도 똑같은 용어로 예루살렘 도시의 멸망을 말씀하신 적이 있었다. 제자들이 멋대로 그리스도의 승리로운 예루살렘 입성을 축하하는 동안에, 나귀 새끼를 탄 슬퍼하는 그리스도는 그 도시를 영적 기회를 잃어버렸던 백성으로 보셨다. 그는 우시면서 말씀하셨다:

> "날이 이를지라. 네 원수들이 토성을 쌓고, 너를 둘러 사면으로 가두고, 또 너와 및 그 가운데 있는 네 자식들을 땅에 메어치며, 돌 하나도 돌 위에 남기지 아니하리니, 이는 권고받는 날을 네가 알지 못함을 인함이니라."
>
> 누가복음 19:43-4

하나님의 심판은 성전, 예루살렘 도시 그리고 백성에게 임하였다. 예수님은 그가 다룰 말씀을 소개하시기 위하여 그들의 종교 생활과 하나님의 임재를 눈에 볼 수 있는 상징의 초점인 성전을 사용하시고 계셨다.

제자들 중 몇몇은 도시 전체와 성전이 몹시 파괴된 그 날(40년이 조금 못된 후)을 볼 수 있을 만큼 살았다. 1세기의 유대인 역사가 요세푸스(Josephus)는, 그 도시의 큰 성벽이 "그 기반까지 파헤친 사람들에 의해서 너무나 철저하게 무너졌기 때문에, 거기에 일찍이 사람이 살았었다고 믿게 할 남아 있는 흔적이 아무 것도 없었다."[4]

첫 질문들

예수님은 가장 가까운 네 제자인 베드로, 야고보, 요한과 안드레와 함께 심각하게 숙고하며 감람산에 자리를 잡으셨다. (분명히 그들은 예수님께 문의한 첫 제자들이었지만, 아미 다른 제자들도 설

교 후반부에 참석했을 것이다.) 비슬리-머레이는 마가복음에 나오는 것처럼 그 상황을 묘사한다:

> ...그것은 전적으로 종말론적인 말씀을 위한 얼마나 뛰어난 본문인가: 예수님은 그 앞에 성전이 펼쳐지면서 예루살렘의 전경이 보이는 감람산에 앉으셨다! 그것은 예수님의 사역에 대한 설명의 마지막 부분에 나오며, 또한 고난의 이야기로 들어가는 전환기를 구성하는 복음서에 나오는데, 이것은 복음서에 있는 한 편의 위대한 설교를 위한 이상적인 배경이었다.5)

예수님은 이미 예루살렘을 생각하며 한탄하셨다: "보라! 너희 집이 황폐하여 버린 바 되리라." 그런 다음에 그는 깜짝 놀랄 말씀을 덧붙이셨다: "내가 너희에게 이르노니, 이제부터 너희는 '찬송하리로다. 주의 이름으로 오시는 이여!' 할 때까지 나를 보지 못하리라" (마 23:38-39).6)

이제 세 가지 궁금한 질문을 일으킨 눈앞의 성전에 대한 단순한 견해를 가지고 앉았다. 제자들은 그들 앞에 펼쳐 있는 위대한 성전의 임박한 멸망에 대해서 염려하였다. 왜냐하면 이것은 이스라엘이 더 이상 언약의 국가가 아님을 암시해 주기 때문이다. 그것은 하나님이 이스라엘 나라를 그 자신으로부터 분리하셨다는 것을 의미하는 것 같다. 또한 예수님의 *파루시아*에 대한 질문도 그들을 근심하게 만들었다. 여기에 각 공관복음의 저자가 기록한 제자들의 질문이 있다:

> "우리에게 이르소서. 어느 때에 이런 일이 있겠사오며, 또 주의 임하심과 세상 끝에는 무슨 징조가 있사오리이까?" (마 24:3)

> "우리에게 이르소서. 어느 때에 이런 일이 있겠사오며, 이 모든 일이

이루려 할 때에 무슨 징조가 있사오리이까? (막 13:4)

"선생님이여, 그러면 어느 때에 이런 일이 있겠사오며, 이런 일이 이루려 할 때에 무슨 징조가 있사오리이까?" (눅 21:7)

순진한 제자들은 그들의 단순한 질문이 아주 중요한 사건들을 포함하고 있는 것을 깨닫지 못하였다. 그들의 질문은 예언적인 중요한 설교를 위한 배경을 예수님에게 제공해 주었다. 이러한 질문들로부터 그는 세 가지 답변을 계속하셨다:

그들은 성전과 도시가 멸망할 때가 언제인지를 어떻게 알 것인가
그의 재림의 징조가 무엇인가
시대의 마지막(또는 종말)의 징조가 무엇인가

예수님은 제자들의 주된 관심사인 그들 앞에 펼쳐진 성전에 대해서 특별히 말씀하고 계시는데, 유감스럽게도 어떤 해석자들은 성전에 관한 이 논평을 어떤 미래의 성전7)과 연관짓는다. 그들은 하나님이 그 성전을 무너뜨리시리라는 것을 이해할 수가 없었다. 그것은 메시아의 시대에 세계의 예배의 중심지가 되어야 하지 않았는가?

마태는 그들의 질문 중 하나를 다음과 같이 기록한다, "주의 임하심에는 무슨 징조가 있사오리이까?"―이것은 누가의 "어느 때에 이런 일[성전의 파괴]이 있겠사오며...무슨 징조가 있사오리이까?"와 같은 것이다. 제자들은 분명히 속으로는 마지막 시대라고 생각하는 주님의 재림 (파루시아) 때에 일어날 성전의 파괴를 추측했다.

그것은 자연스러운 결론이었다. 키크는 진술한다, "그들은 구세주가 심판의 날에 현 상태의 세상을 끝내실 때까지는 예루살렘과

그 성을 멸망시키지 않으시리라고 생각하였다."[8] 그들의 최대의 관심사는 잘 준비할 수 있도록 또는 도망갈 수 있도록 *언제* 이러한 일들이 일어날 것이며 *무슨 징조*가 있을 것인지를 아는 것이었다.

예수님이 하나님 나라의 영적 차원을 강조하심에도 불구하고, 유대인 제자들은 마지막 때까지 존속할 지상의 성전에 마음이 집착되어 있었다. 그들은 그들 앞에 놓인 위엄 있는 건축물은 다만 그리스도와 그의 교회인 영적인 성전의 상징적 모형이었다는 것을 깨닫지 못하였다.

메시지는 무엇이었는가? 청중은 누구였는가?

감람산 설교의 구체적인 예언으로 들어가기 전에, 잠시 물러서서 본문의 상황을 검토해 보자. 그것은 마태복음에 나오는 (또한 이야기 형식의 부분에 산재되어 있는) 중요한 다섯 설교 중의 하나이다. 그 책 전체는 예수님을 구약에서 약속한 하나님의 나라를 인간에게 가져다 줄 구세주로 제시한다. 각 설교는 하나님 나라의 한 국면을 제시해 준다:

1. 하나님 나라의 의 (5:1-7:29)
2. 하나님 나라의 선포 (10:1-42)
3. 하나님 나라의 비밀 (13:1-58)
4. 하나님 나라의 교제 (18:1-35)
5. 하나님 나라의 미래 (24:1-25:46)[9]

예수님은 제자들과 감람산 위에 앉으셔서 주된 두 사건—예루살렘의 멸망과 그 자신의 영광스러운 재림—에 대해서 주목할 만한 예언을 하셨다. 위에 언급한 중요한 다섯 번째 설교는 그의 고난 주간 사역의 마지막에 하셨다. 마태의 기록은 가장 완전하지만, 그러나 마가복음 13장과 누가복음 21장에 있는 생략된 설명 또한 의미심장하다. 공관복음은 이 예언에 전부 160절을 할애하고 있다.

예수님이 제자들에게 하신 사적인 메시지인 그 설교는 기록된 설교 중 두 번째로 길다. (가장 긴 것은 일반 백성에게 한 메시지인 산상수훈이다.) 어떤 확실한 징조들은 그의 백성으로 하여금 이미 논의된 중대한 각 사건을 방심하지 않도록 해야 하고, 다른 발생한 일들은 교회 시대의 방향을 특징지우리라는 것을 예수님은 제자들에게 말씀하셨다.

감람산 설교는 미래에 대한 세 가지 질문에 대해 예수님이 답변하신 것이다. 그의 강렬하고 매우 신중한 반응은 복음서에 기록된 가장 긴 답변 부분으로 분류된다. 그의 진술은 그의 반응을 신비롭게 또는 상징적인 표현으로 가리려고 하는 가능성을 배제하면서, 문자 그대로이고 솔직해 보인다. 그것은 아무런 숨겨진 것이 없었음이 분명하다. 틀림없이 그 본문은 해석의 불일치로 논쟁의 여지가 있지만, 그가 답변을 숨기려고 의도하신 것을 반드시 의미하지는 않는다. 현대 독자들은 감정이 가미된 배경과 그 당시의 유대적인 사고를 충분히 연관시킬 수 없기 때문에 예수님의 말씀이 베일에 가려져 있는 것처럼 보인다고 나는 생각한다. 또한 우리는 그 설교를 읽어나가면서 예수님이 중단하시는 부분, 억양과 감정 표현을 인식하지 않는다. 어떤 사람들은 그가 하신 모든 말씀이 다 우리에게 허용되는 것은 아니리고 제안하는데, 그 말이 맞는 것 같다.

세계적인 명성이 있는 성경학자, 저술가, 편집인인 작고한 윌버 스미스(Wilbur M. Smith)는 "요한계시록을 제외한 신약성경의 어떤 구절도 오늘날 우리가 살고 있는 시대에 대해서 아주 밀접한 연구를 요하는 구절은 거의 없다"[10]고 1957년에 (오늘날도 똑같이 맞는 한 진술에서) 논평하였다.

메시지

다음의 개요는 가장 자연스럽고 논리적으로 구분해 준다.

감람산 설교

구 분	마태복음	마가복음	누가복음
1. 예언과 첫 질문들	24:1-3	13:1-4	21:5-7
2. 예언된 고난	24:4-14	13:5-13	21:8-19
3. 예루살렘의 폐허	24:15-22	13:14-20	21:20-24
4. 거짓 그리스도, 거짓 선지자	24:23-28	13:21-23	—
5. 인자의 재림	24:29-31	13:24-27	21:25-28
6. 알려지지 않은 날과 시간	24:32-41	13:28-37	21:29-36
7. 마지막 비유	24:42-25:30	—	—
8. 인자의 재림시의 심판	25:31-46	—	—

이 설교는 두 개의 중요한 시간의 틀이 내포되어 있다: 하나는 1세기의 청중을 위한 것과 다른 하나는 마지막 때의 청중을 위한

것이다. 성전과 예루살렘의 멸망을 포함하는 첫 번째 시간의 틀은 바로 예수님이 말씀하신 대로 한 세대 안인 주후 70년에 극적으로 성취되었다. 이제 우리는 두 번째 시간의 틀인 마지막 시대로 명시되지 않은 시기에 일어날 우리 주님의 재림을 기다리고 있다. 영적인 사건들의 집합은 천년왕국이 도래할 것을 소개하면서 그리스도의 재림과 함께 이 시대에 성취될 것이다.

첫 예언인 예루살렘의 멸망은 예언한 대로 정확하게 성취되었기 때문에, 교회는 두 번째 예언인 그리스도의 *파루시아*도 또한 완벽하게 성취될 것을 확신할 수 있다.

그 설교에 나타난 특별한 관심 분야:

> 교회의 핍박, 예루살렘의 멸망, 그리고 시대의 마지막 때의 사건들에 관한 "환난"이 세 번 나온 것.
> 마태복음 24장 14절 ("천국 복음이...온 세상에 전파되리니"); 29절 ("환난 후에 즉시"); 그리고 34절 ("이 세대가 지나가기 전에 이 일이 다 이루리라").
> 예수님의 말씀—그들은 (30절의 "구름"과 같은 말을) 문자 그대로 아니면 비유적으로 받아들여야 하는가?
> 스프로울에 의한 "가장 중대한 질문": 예수님이 "끝"이라고 하신 것은 무엇을 의미하는가?[11]

본문 자체

마태복음, 마가복음과 누가복음을 자세히 비교하라; 그것들은 길이도 다르고 (비록 의미는 같을시 모르나) 항상 같은 용어를 사용하지 않고 있다. 위에 나온 일련의 개요는 대응하는 세로 칸에 있는 공관복음서의 일치점을 가장 잘 연구해 놓은 좋은 지침이다. 이것은 독자로 하여금 제시해 놓은 모든 사실들을 한 눈에 볼 수 있게 해 준다.[12]

세 복음서에 나오는 감람산 설교 내용은 세부 사항과 중요한 사항에 있어서 일치하는가 아니면 불일치하는가? 자세히 읽어 보면 저자들은 같은 것을 논의할 때 다른 말과 표현을 사용하며, 누가는 마태와 마가가 포함해 놓은 어떤 점들은 생략한 것을 볼 수 있다.[13]

예수님의 이야기 형식을 다른 형식으로 말함에 있어서, 공관복음의 각 저자는 자신의 특이하고 유리한 관점에서 그리고 자신이 선정한 청중에게 정확하고 영감적으로 쓰고 있다. 누가는 예루살렘의 멸망을 주로 집중적으로 다루는가 하면, 마태는 복음 시대 전체에 초점을 맞춘다. 누가는 다니엘의 "멸망의 가증한 것"을 언급하지 않는데, 그것은 헬라어를 사용하는 청중에게 별로 호소력이 없기 때문이다. 한편으로, 마태는 고대 히브리어 성경의 가치를 아는 유대인들에게 썼기 때문에, 다니엘에 관한 언급은 의미심장하다. 각 이야기 형식은 특정한 독자층을 겨냥한 용어를 사용하면서 진실하고, 영감이 있고 의미심장하다.

존스턴 체니(Johnston M. Cheney)는 『입체 음향으로 된 그리스도의 생애』(The Life of Christ in Stereo)에서 사복음서의 모든 세부 사항을 한 부분도 반복함이 없이 하나의 연대로 통합시키는 방법으로 노련하고 완전하게 뒤섞어 놓았다. 그는 "이 자세한 배합은 그것들이 너무나 완전하고 세부 사항까지 일치해서 세부 사항 중 단 하나도 더하거나 생략함이 없이 단일하고 일치된 이야기를 엮어 주고 있다는 사실을 나타내 준다"고 주장한다―그리고 나도 기쁨으로 확증한다.14) 그렇게 제시될 때, 불일치와 모순은 간단하게 없어진다.

청중

우리는 예수님이 제자들에게 말씀하신 것을 안다. 또한 예수님이 미래의 세대가 그의 말씀을 읽고 그의 가르침을 경청하리라는 것을 아셨다는 것은 논리적인 것 같다. 그는 미래의 믿는 자들이 그의 말씀을 고찰할 것이라는 것을 의심의 여지없이 성령에 의해 아시면서 메시지를 주의 깊게 전하셨다. 예수님은 "현재-나중" 신학("now-later" theology)에 대해서 정확히 인식하셨다. 예를 들면, 예수님은 하나님 나라가 그 당시에 존재한 것을 아셨지만, 동시에 나중에 도래할 것도 말씀하셨다. 확실히 그는 나중 세대들이 그의 말을 연구하리라는 것을 예언적으로 인식하셨다.15)

우리는 예수님의 감람산 설교를 듣는 청중을 최소한 세 종류로 나누어 볼 수 있다: 첫째, 예루살렘의 멸망을 볼 때까지 살았을 예수님과 함께 한 제자들; 둘째, 교회 시대 내내 살아 있을 그리스도인 세대들; 그리고 셋째, 그가 강림하셨을 때 살아 있을 믿는 자들. 그 설교에는 이러한 모든 청중을 위한 특별한 말씀이 담겨 있다.

감람산 설교는 가령 그 설교가 지금까지 어떤 설교도 일찍이 누려보지 못한 열망하는 독자들로 구성된 가장 큰 청중이 있었다 할지라도, 대통령의 연설이나 『리더스 다이제스트』(Reader's Digest)에 실린 꼼꼼하게 기교를 부린 기사처럼 잘 짜여지고 편집된 문학 작품은 아니다. 예수님은 그의 간정과 직관적인 영적 경험이 겸비된 학문적인 강의라기보다 오히려 관심과 소망으로 가득 찬 마음의 진술에서 자연스럽게 말씀하셨다. 그가 가장 마음에 두신 것은 계시의 비밀을 나누어 주는 것이 아니라, 그를 믿는 자들이 그들 앞에 놓인 어려움에 대비해서 강해지는 것이었다.

세련된 신학자들보다 오히려 일단의 거친 일꾼들에게 말씀하시면서, 예수님은 하나님 아버지께서 그에게 주신 단순한 사고를 나누셨다. 설교 원고나 환등기의 도움 없이도, 그는 그의 말씀을 듣는 청중들이 스펀지처럼 한 말씀도 놓치지 않고 경청하도록 아주 진지하게 그들을 확신시키기도 하시고 놀라게도 하셨다. 그의 열정은 눈이 휘둥그레진 청중을 매료시켰다. 후에 놀란 그들은 능력 있는 사고와 묘사적인 언어를 놀랍게도 정확하게 회상하였을 것이다.

예수님의 마음을 채운 세 가지 큰 관심사:

1. 예루살렘과 성전이 곧 로마인들에 의해서 황폐될 것이다. 한 세대 안에 군대가 그 도시를 에워싸며 그를 믿는 자들은 도망가든지 전사하게 되었다.

2. 시대의 끝은 반드시 지나갈 것이나, 멀리 정해지지 않은 때에 지나갈 것이다. 그 사건은 예수님의 마음에서 분명하였다. 그는 영광스런 장면을 마치 천사들과 나팔 소리가 일어나는 것처럼 묘사하셨다! 그러나 하나님 아버지는 그 재림의 정확한 날짜를 계시하지 않으셨다. 우주적 사건들과 천상의 징조들이 나타날 것이며, 믿는 자들은 이러한 일들을 주의 재림이 가까웠다는 기쁜 징조로 받아들이는 반면에, 지상에 거하는 자들은 대경실색할 것이다.

3. 아홉 가지 진통은 교회 시대 전체에 있을 것이다. 이러한 놀

랄 만한 사건들은 두 가지 중요한 사건—예루살렘의 멸망과 예수님 자신의 영광스런 재림—을 소개하고 혼합시킬 것이다. 그를 믿는 자들은 재림을 기다리면서, 그것을 인식하고, 방심하지 않으며, 경계하게 되어 있다.

잠시 다음의 아홉 가지 각 진통을 살펴보고 일어날 무서운 징조들에 대한 몇 가지 이유들을 연구해 보자. 그런 다음에, 우리는 다음 장에서 예루살렘의 멸망에 관해서 예수님이 예언하신 것에 초점을 둘 것이다.

아홉 가지 "진통"

그의 가르침의 시작 부분에서, 예수님은 아홉 가지 형태의 사건들, 또는 진통을 소개하셨다 (마 24:4-14). 그것은 예루살렘의 멸망바로 전에 일어나서, 교회 시대 내내 계속되다가, 재림 바로 전에 더욱 놀랄 만한 형태로 절정에 이를 것이라는 가르침이다. 이러한 의미심장한 징조들은 "재난의 시작" (마 24:8; 막 13:8) 또는 문자그대로 "산고의 시작 또는 출생의 고통"[헬라어, 오딘(odin)]으로 묘사되고 있다. 현재 이에 대한 전 세계적으로 강하게 나타나는 혼동된 현상은 산모가 분만을 위해 갖는 진통처럼 현재 점차로 더 악화되고 더 늘어나고 있다:

1. 거짓 구세주
2. 계속되는 전쟁
3. 자연 재해

4. 천상의 징조
5. 심한 핍박
6. 불법의 배교
7. 인내하는 승리
8. 전 세계적인 선포
9. 기적적인 간증

그리스도의 죽음 후 몇 년 안에, 그 예언들은 극적으로 성취되기 시작하였다.

Ⅰ. 거짓 구세주

"많은 사람이 내 이름으로 와서 이르되, '나는 그리스도'라 하여 많은 사람을 미혹케 하리라" (마 24:5). 만일 어떤 일이 미혹하는 자보다 더 비극적으로 될 수 있었다면 그것은 미혹되는 자의 어리석음임에 틀림없다. 바울은 디모데후서 3장 13절에서 "악한 사람들과 속이는 자들은 더욱 악하여져서 속이기도 하고 속기도 하나니"라고 예언하였다. 궁극적인 잘못은 잘못된 것을 분별하지 못하고 누군가를 하나님의 권위, 심지어 또 하나의 그리스도로 받아들이는 것이다. 거짓 구세주는 예수 그리스도의 *대언자*로서의 권위를 주장하지 않고, 오히려 그리스도에게만 속한 바로 그 이름이 자신이라고 주장한다. 바울은 "누가 아무렇게 하여도 너희가 미혹하지 말라"고 경고하였다 (살후 2:3).[16]

조지 비슬리-머레이는 마가복음에 나온 감람산 설교에 관한 철저한 주석을 썼다. 그는 세 가지 말의 구분(막 13:5-6, 7-8, 21-22)을

"시대의 종말이 이미 시작되었고, 그리스도의 파루시아가 바로 임박해 있다"고 주장하는 것에 미혹되지 않도록 하기 위한 일련의 경고로 본다.

그는 감람산 설교의 첫 헬라어는 *블레페테*(blepete; "주의하라!")이고, 이것은 "[마가복음에 나타낸 그 설교의 가장 특징적인 용어이며, 그 설교의 본질을 가장 잘 나타내 주는 것이다"라고 지적한다.

*블레페테*라는 말은 "보다"라는 기본 의미를 지니고 있으나, 마가복음에서 사용된 경우에 그것은 긴박성과 경고가 함께 어우러진 것이다. "*블레페테*라는 용어의 사용을 통하여 마가는 그 설교의 자료에 이미 들어 있고, 전체 내용에 영적 분별과 경각심을 불러일으키는 특징을 강조한 것이다."[17]

최근에 우리는 이름난 이단 구세주들과 그들의 더럽혀진 추종자들의 비극적인 행진을 보아왔다. 몇 가지 예: 신적 아버지(Father Divine), 찰스 맨슨(Charles Manson)과 문선명. 최근에 보도 기관들은 심지어는 죽음을 무릅쓰기까지 그들의 구세주들을 추종한 잘 속아넘어간 제자들에 대한 생생한 취재에 열을 올려왔다: 마샬 애플화이트(Marshall Applewhite: '천국 문' 이단의 "하라"[do])와 캘리포니아의 베이 (Bay) 지역에서부터 그를 믿는 자들을 이끌고 가이아나(Guyana)의 밀림 지역까지 가서 죽음을 택한 짐 존스(Jim Jones). 하나님의 말씀에 뿌리가 잘 박힌 사람들은 그러한 기만의 길을 따라가지 않을 것이다. 윌버 스미스는 다음과 같은 적절한 주석을 달아 준다:

사단과 적그리스도의 모든 일의 저변에는 한 가지 주제가 깔려 있는데, 그것은 *속임수*이다....창세기 3장 13절에서, 심지어 하와도 사단이 그녀를 속였다는 것을 인정했다. 사도 바울도 디모데전서 2장 14절에서 이것을 재확인시켜 주었다. 속임수는 우리 주님의 위대한 예언적인 설교인 마태복음 24장 4, 5, 11, 그리고 24절에서 전부 네 번 언급되어 있다. 요한계시록 13, 14, 19, 20장은 이러한 속임수 행위의 특징을 나타내 준다. 나에게는 성경 전체에서 가장 무시무시한 말씀 중 하나는 *사단이라고도 하는 온 천하를 꾀는 자라*고 한 요한계시록 12장 9절이다.[18]

2. 계속되는 전쟁

"난리와 소란[소동, 눅 21:9]의 소문을 들을 때에 두려워 말라 [*무서워하다,* 눅 21:9].; 이 일이 먼저 있어야 하되, 끝은 곧 되지 아니하니라 [*끝은 곧 오지 아니하니라,* 눅 21:9]. 민족이 민족을, 나라가 나라를 대적하여 일어나겠고" (마 24:6-7). 전쟁은 전 지구가 불에 타 없어질 때까지 점점 강화되면서 교회 시대 내내 계속되어 왔다. 파피니는 십자가의 죽으심 직후의 시간에 대한 흥미 있는 해설을 한다:

　예수님이 죽임을 당하셨을 때, 아우구스투스의 "평화"는 여전히 존재하였으나, 금새 민족이 민족을 나라가 나라를 대적하여 일어났다. 네로 밑에서 브리턴 (Briton) 사람들이 로마인들에게 저항하고 학살하였으며, 파르티아인들은 반란을 일으켰고, 군대는 멍에를 메고 지나가도록 강요되었다; 아르메니아인과 시리아인은 외국 정부를 대항하여 불평하였고; 골 (Gaul) 사람은 줄리어스 빈덱스 (Julius Vindex)와 함께 일어났다.
　69년에 북에서 클라디우스 시빌러스(Claudius Civilus)가 이끄는 바타비아인(Batavian)과 함께 폭동이 일어났고; 팔레스타인에서는 하나님이 그의 백성들과 함께 승리를 되찾기 위해서 로마인들과 모든 이방인들은 추방되어야만 한다고 주장하는 유대교의 열광 신자들이 유발한 유대인의 폭동이 있었다. 2년 남짓해서, 이탈리아는 두 번 침범되었고, 로마는 두 번 점령당했으며, 두 황제가 자살했고; 또 두 황제가 죽임을 당했다.

40년 동안 그 나라[팔레스타인]에는 평화가 없었고, 패망과 노예 신세의 치안조차도 없었다. 로마 행정 장관 밑에서 혼란된 상태는 끊이지 않았으며; 반란의 화염은 더욱 크게 타올랐다. 대 반란 동안에, 성소는 암살자들의 피난처가 되었고; 열광 신자들이 성전을 소유하였다.19)

3. 자연 재해

"기근[재난, 막 13:8]이 있으리니, 그리고 처처에 지진[큰, 눅 21:11]이 있으리니, 이 모든 것이 재난의 시작이니라" (마 24:7-8). 클라우디우스 시대에 로마까지에도 곡식의 흉작으로 기근이 왔다. 기근은 네로의 통치 하에서도 뒤따랐다. 지진은 주후 61년과 62년에 아시아, 아카이아와 마케도니아 그리고 이탈리아의 나폴리, 노세라와 폼페이는 63년에 흔들렸다. 그러므로 지진은 70년의 예루살렘의 멸망의 길을 예비한 것이다. 그러나 그것이 끝은 아직 아니다 (마 24:6; 막 13:7).

지진은 역사를 통해서 계속되어 왔으며, 예수님의 가르침에서 받은 인상은 교회 시대의 끝이 가까워지면서 그 횟수가 많아질 것이라는 것이다. 처처에(카타토포우스, 전 장소를 통틀어)라는 말의 사용은 전쟁, 지진과 다른 멸망이 전 세계적으로 확산될 것임을 지적해 준다.

이 흥미 있는 진행 사항을 주목하라: 1700년대에는 상당히 황폐시킨 여덟 개의 기록된 지진이 있었다. 1800년대에 리히터 지진계의 7.0을 초과한 전 세계적으로 일어난 지진의 평균 숫자는 10.5를 기록하였다. 1990년대까지 리히터 지진계의 7.0을 초과한 지진의 평균 숫자는 17.66이었다. 누가는 "큰" 지진(21:11)이라고 했다. 요한계시록은 크나큰 재앙을 가져올 마지막 때의 네 개의 지진을 예언하였다: 요한계시록 6:12, 14; 8:5; 11:13; 그리고 최후의 궁극적인 지진은 16장 18절에 묘사되어 있다.[20]

ㄴ. 천상의 징조

"무서운 일과 하늘로서 큰 징조들이 있으리라" (눅 21:11). 지상에 재난과 함께, "무서운 광경(포베트론)과 하늘의 징조들"이 있을 것이라고 누가는 기록하고 있다.[21] 저 유명한 오순절 설교에서, 베드로는 성령의 부으심을 묘사하면서 선지자 요엘을 인용한다: "또 내가 위로 하늘에서는 기사와 아래로 땅에서는 징조를 베풀리니, 곧 피와 불과 연기로다" (행 2:19).[22]

ㅁ. 심한 핍박

"그 때 [이 모든 일 전에, 눅 21:12] 사람들이 너희를 환난[공회, 막 13:9; 회당과 옥, 눅 21:12]에 넘겨 주겠으며, 너희를 죽이리니, 너희가 내 이름을 위하여 모든 민족에게 미움을 받으리라" (마 24:9). 하워드 마샬(I. Howard Marshall)은 핍박에 관해 더 많은 주제가 나오는 누가복음의 감람산 설교에 관해 좋은 통찰력을 제공해 준다. 그는 다음과 같이 쓰고 있다, "그 이전 부분에서 제자들은 잘못 인도되는 위험성에 대한 경고를 받았다; 이제 그들은 핍박에 굴복하는 위험성에 대한 경고를 받고 있었다."

누가복음 21장 12-17절에서는 세 가지 형태의 핍박이 언급되어 있다: 첫째, 체포되어 공회에서 조사받게 되는 위험; 둘째, 가장 가까운 친척으로부터의 배반; 셋째, 모든 사람에게 미움을 받는 것.[23] 마가복음은 핍박을 강조하는 세 절(13:9, 11, 12)의 첫 부분에 넘겨 주다는 뜻의 동사 *파라디도나이*(paradidonai)를 사용한다.

역사를 통하여 교회가 계속 함부로 다루어졌으며, 교회가 세워진 이후에 매년 그리스도인들이 계속해서 핍박을 극복하며 순교당해 왔다. 『폭스의 새 순교자의 책』(The New Foxe's Book of Martyrs)은 주후 37년부터 1997년까지의 순교 이야기를 말해 주며 놀랍게 발견한 것을 묘사해 준다: "지나간 모든 세기의 순교자들을 다 합친 것보다 더 많은 그리스도인들이 그 때 순교당했다." 최근의 조사에 의하면, 매년 160,000명의 순교자가 있다는 것을 지적해 준다.[24] 우리는 여전히 승리하는 교회이다!

6. 불법의 배교

"그 때에 많은 사람이 시험에 빠져 서로 잡아 주고, 서로 미워하겠으며, 거짓 선지자가 많이 일어나 많은 사람을 미혹하게 하겠으며, 불법이 성하므로 많은 사람의 사랑이 식어지리라" (마 24:10-12). 이런 속임, 불법과 사랑의 결핍의 환경에 처한 악한 세상 조직은 적그리스도 또는 "불법한 자"(살후 2:8)로 알려진 마지막 때의 악마적인 지도자를 산출해 내도록 조장할 것이다.

"불법의 비밀"은 이미 역사하고 있지만, 우리는 아직도 속임의 주인인 적그리스도의 도착을 기다리고 있다. 이 주제에 관한 가장 좋은 정보는 데살로니가후서 2장과 요한계시록 13장에 있다. 이 주제는 바울이 데살로니가인들에게 쓴 편지들을 논의할 때 9장에서 다룰 것이다.

7. 인내하는 승리

"그러나 끝까지 견디는 자는 구원을 얻으리라" (마 24:13). 나의 견해로는, 그 설교의 이 부분은 전체 교회 시대의 개관으로서 가장 큰 성취를 이루는 부분이다. 예수님이 그를 믿는 자들에게 "끝까지" 견디라고 당부하셨을 때, 그가 처음에 의미하신 바는 각 제자는 그에게 주어진 시간과 세대 안에서 그리스도를 섬기는 일을 수명이 다할 때까지 지켜야만 한다는 의미였다. 더 일반적인 의미로, 예수님은 그가 재림하실 때 그의 백성이 수 세대를 걸쳐서 전체 시대의 끝 또는 종말까지 극복해야만 한다는 것을 의미하셨다.

이러한 의미에서, 끝은 교회 시대의 종말이며 다가올 천 년의 시작이다.[25] 9절에서 예수님의 이름을 위하여 "모든 민족에게 미움을 받으리라"는 지역적인 행위 또는 좁은 시간의 틀 이상의 것을 지적해 준다. 이러한 모든 사건들은 지역적으로 시작하였으나, 결과적으로 전 세계적인 것이 되었다.

어떤 사람들은 끝(또는 "시대의 종말")은 예루살렘이 멸망된 주후

70년으로 간주되는 유대인 시대의 종말을 가리킨다고 생각한다. 그러나 성경 어디에도 새로운 시대가 그 때에 시작되었다는 주장을 보장하는 것은 없다. 실제로 유대인 시대는 십자가에서 끝났으며, 이것은 예수님이 마태복음 23장 38절(렘 22:5에서 성취)에서 너희 집이 황폐하여 버린 바 되리라는 극적인 말씀을 하신 이유이다.

그리스도가 십자가에서 죽으셨을 때, 그는 "다 이루었다!"(요 19: 30)라고 크게 소리지르셨다. 그가 숨을 거두셨을 때, 성소의 휘장이 둘로 갈라졌으며 (마 27:51; 막 15:38; 눅 23:45), 믿는 자마다 하나님께 나아갈 수 있는 새로운 길이 열렸다 (히 10:20). 예수 그리스도의 죽음, 장사, 부활과 승천은 유대인 시대의 끝과 새 언약의 시작을 나타내 준다.

도시와 성전의 멸망은 예수님을 거부하고 십자가에 못박은 일로 인하여 발생한 단지 자연 재난과 결과에 불과하였다. 그것들은 또한 예수님의 놀라운 예언의 극적인 성취였다.

8. 전 세계적인 선포

"이 천국 복음이 모든 민족에게 증거되기 위하여 온 세상에 전파되리니 그제야 끝이 오리라" (마 24:14). 자주 인용되는 이 구절(마가복음 13절 10절에서 생략된 형태로 반복한)은 나를 포함한 많은 사람들이 예수님의 재림에 대한 중요한 징조 중의 하나로 간주하는 구절이다. 어떤 사람들은 이 말씀이 (행 2:5; 롬 1:8; 골 1:5-6, 23에 근거하여) 초대 교회 때에 이미 성취되었다고 강조한다.[26]

초대 교회의 세계는 복음이 전파된 세계였던 것 같아 보인다. 복음이 멀리 그리고 폭넓게 전파되었다! 예를 들면, 에베소에서 바울의 사역은 "두 해 동안을 하매 아시아에 사는 자는 유대인이나 헬라인이나 다 주의 말씀을 듣더라" (행 19:10). 또 다른 예로, 예루살렘으로부터 4,500마일 이상이나 힘든 여행을 했던 남인도를 생각하라. 그럼에도 사도 도마는 1세기에 그 곳에 복음을 들고 가서 오늘까지 여전히 존재하는 기독교 교회를 세웠다. 초대 교회는 "예수님의 명령, 예루살렘과 온 유대와 사마리아와 *땅끝까지* 이르러 내 증인이 되리라"를 심각하게 받아들였다.

그러나 현재 아직도 복음이 전파되지 않은 나라들과 소수 민족들이 있다. 그리고 각 세대 안에서 전 세계적인 인구 증가와 지속적인 새 국가의 설립 그리고 숨겨진 민족의 발견은 예수 그리스도의 복음을 전파하고 추수할 일꾼들을 부르는 일을 필요하게 하였다 (마 9:37-38; 눅 9:2; 요 4:35). 마태복음 28장 19절과 20절의 지상명령은 모든 나라에 제자들을 세우고 복음을 전파해야 하기 때문에 최대한으로 수행되어야 한다. 이것은 모든 사람들이 구원받을 것을 의미하는 것이 아니고, 오히려 모든 사람들에게 그리스도를 영접할 기회를 주는 우주적인 증거를 말하는 것이다.

지상명령과 마태복음 24장 14절, 마가복음 13장 10절과 사도행전 1장 8절은 다 성령 안에서 함께 결속되어 있다. 끝이 되기 전에 긴급한 과업을 이루어야 한다. 조지 래드가 열정적으로 진술한다:

여기에 우리의 선교의 동기가 있다: 최후의 승리는 우리의 과업이 완성되기를 기다린다. "그제야 끝이 올 것이다." "그제야 끝이 오리라"는 하나님의 말씀은 다른 구절에는 어디에도 없다. 언제 그리스도가 다시 오실 것인가? 교회가 그의 과업을 완성할 때이다. 언제

이 시대가 끝날 것인가? 세상이 복음화될 때이다. "주의 임하심과 세상 끝에는 무슨 징조가 있사오리이까?" (마 24:3). "하나님 나라의 복음이 모든 나라에 증거되어 전 세계에 다 전해지면, 그제야, **그제 야**, 끝이 오리라." 언제? 교회가 하나님께서 맡겨 주신 사명을 성취할 바로 *그 때*.27)

다음의 통계는 세계 복음화의 관점에서 볼 때 우리가 어디에 도달해 있는지에 대한 개념을 보여 준다:

빌리 그래함과 함께 개최한 1992년의 국제전도대회(International Evangelism Convention)에서 있었던 로잔통계업무실시(Lausanne Statistics Task Force)에 의하면, 주후 1500년에 3억 4,400만 명의 인구 중에 5만 명의 그리스도인들이 있었다. 그것은 지구상에서 70명 당 1명의 비율이 그리스도인이라는 말이다. 1900년까지 그 비율은 25명 당 1명으로 변했다. 1989년에는 그 비율이 35억의 세계 인구 당 5억의 그리스도인, 또는 7명 당 1명의 비율이었다. 최근의 통계에 의하면 이제 6명 당 1명이 그리스도인임을 보여 준다.28)

심슨(A. B. Simpson)은 1800년대 후반에 어느 신문 잡지 기자와의 면담에서, "당신은 예수님이 언제 재림하실 것인지 아십니까?"라는 질문을 받았다.

"네," 그는 대답했다, "만일 당신이 내가 말하는 것에 관련 구절을 포함하여 정확하게 기사를 쓴다면 당신에게 말씀드리겠습니다. 그 이상을 요구하는 것이 아닙니다."

그 기자는 동의하였다.

심슨은 말했다, "마태복음 24장 14절을 다음과 같이 쓰십시오: '이 천국 복음이 모든 민족에게 증거되기 위하여 온 세상에 전파되리니, 그제야 끝이 오리라.'"

그 기자는 그 구절을 썼다. 그러자 기대하는 표정으로 쳐다보면서 물었다, "그것 말고 무엇이 있습니까, 선생님?"

심슨은 대답하였다, "아무 것도 없습니다."[29]

9. 기적적인 간증

"사람들이 너희를 끌어다가 넘겨 줄 때에 무슨 말을 할까 미리 염려치 말고, 무엇이든지 그 시에 너희에게 주시는 그 말을 하라. 말하는 이는 너희가 아니요 성령이시니라" (막 13:11). 보통 주석가들이 관심을 덜 갖는 이 아홉 가지 진통은 대단히 중요하다. 핍박받는 성도들을 돕기 위한 성령의 개인적인 임재는 가장 큰 시련을 받는 환경에 처한 사람들에게 격려가 된다. 예수님은 그를 믿는 자들에게 종교적이고 현세적인 행정관과 법관 앞에 끌려갈 때 무슨 말을 준비해야 할지 염려하지 말라고 주의를 주셨다; 예행 연습이 필요하지 않은 것이다! 필요한 그 순간에 성령께서 역동적이고 적절한 말을 주실 것이다.

베드로와 요한은 이 놀라운 현상을 경험한 첫 사도였다. 사도행전 4장 5-21절은 어떻게 이 권능을 부여받은 사람들이 담대한 주장을 가지고 엄한 유대인의 공회에 대항했는지를 말해 준다. 후에 사도행전 7장에서 스데반은 숙달된 듯 성령에 감동된 즉흥적인 메시지를 똑같은 공회에서 전했고, 기독교의 첫 순교자가 되는 대가를 받았다.

교회 역사를 통하여 성령의 증거가 헌신된 사람들을 통하여 나타났다. 압박당하고 위협받은 독일의 수도사 마틴 루터(Martin Luther)

는 1521년 4월 18일에 웜스(Warms)의 회의에서 예언적인 표현으로 그의 목소리를 높였다. 그의 용감한 주장은 역사의 방향을 바꾸어 놓았으며, 그의 끝맺는 말은 그 이후 교회 시대를 통하여 계속해서 울려 퍼졌다: "여기에 제가 서 있나이다. 저는 다르게는 할 수가 없나이다. 하나님이시여, 저를 도우소서! 아멘."30) 하나님은 루터의 말을 역사적인 종교 개혁을 착수하는 데 사용하셨다. 역사가 필립 쉐프(Philip Schaff)에 의하면, 이것은 "역사상 최대의 사건"이었다.31)

현대에 와서 교회 성장과 핍박에 관한 가장 좋은 예화는 그리스도인들에게 비참한 대우를 하는 파키스탄, 수단과 중국과 같은 곳에서 찾아볼 수 있다. 고난 중에 받는 어려움과 핍박하는 자에게 성령의 감동으로 대답할 말을 주시는 간증은 안락한 서양 사람들이 이해할 수 없다.32)

개관

아홉 개의 진통 모두 다 분만의 시간("끝")이 될 때까지 강도와 격렬함이 점점 증가된다. 비록 성전의 멸망 전에는 좀더 미약한 정도로 발생했지만, 그것들은 시대의 끝이 되기 전에 세계적인 비율에 도달할 것이다. 분만의 과정은 길고 힘든 과정이지만, 아이가 탄생하면 큰 기쁨과 안도감을 얻게 된다. 우리 많은 사람들은 그 진통이 다루기 쉽지 않다는 것을 알고 있지만, 그러나 진통은 분만을 위하여 중요하다. 그리고 그것은 바로 창조물이라는 옷감으로 엮어진다. 각 세대는 그것을 경험해야만 한다. 그렇지 않으면 사멸된다.

왜 하나님은 예루살렘을 멸망시키려고 하셨는가?

다음 장에서 우리는 예루살렘의 멸망과 백성의 무서운 참상을 논할 것이다. 하나님과 이스라엘의 관계의 종결, 그리고 왜 예루살렘이 버림받았으며, 왜 모든 백성을 포함시켜 새 언약(예수 그리스도의 언약)이 시작되었는지를 여덟 개의 성경 구절을 통해서 설명해 준다.

ㅣ. 황폐하여 버린 바 된 상태

예수님은 "보라! 너희 집이 황폐하여 버린 바 되리라"고 말씀하셨다 (마 23:38; "버려지고 빈", GNB). 내가 믿기에, 이것은 극적인 인용이며 동시에 (내가 이미 언급한 것처럼) 예레미야 22장 5절(또한 12장 7절도 참조)의 성취이다: "너희가 이 말을 듣지 아니하면 내가 나로 맹세하노니 이 집이 황무하리라. 나 여호와의 말이니라." 예수님은 하나님이 예루살렘을 버리시는 것을 언급하고 계셨다.

우리는 예수님의 이 진술로 유대인 시대가 끝났다는 것을 이미 다루었다. 그가 십자가에서 돌아가셨을 때, 새 시대가 열려서 유대인이나 이방인이나 누구든지 믿음으로 구원받을 수 있다. 세속적이고 민족적인 종교가 그리스도의 몸 안에서 영적이고 국제적인 교제로 바뀌었다. 하나님의 백성은 이제 주 예수 그리스도를 사랑하고 섬기는 모든 종족 그룹을 다 포함한다.

누가복음 13장 35절은 같은 방향의 생각을 지니고 있으면서 덧붙인다: "보라, 너희 집이 황폐하여 버린 바 되리라. 내가 너희에게 이르노니, '너희가 주의 이름으로 오시는 이를 찬송하리로다!' 할 때까지는 나를 보지 못하리라." 유대 백성이 그리고 이방인도 마찬가지로, 주를 볼 수 있는 능력은 그들이 그를 기꺼이 구세주로 인정하느냐에 달려 있다.

2. 포도원 집주인의 비유

마태복음 21장 33-45절과 마가복음 12장 1-11절에 있는 이 드문 이야기는 포도원을 경영하는 주인에 대한 이야기이다. 그는 포도원을 농부들에게 세를 주고 타국에 갔다. 주기적으로 그는 그 실과를 거두러 종들을 보냈고, 마지막으로는 아들을 보냈다. 그 농부들은 종들을 때리고, 돌로 치고, 죽였으며, 심지어는 주인의 아들까지도 죽였다. 그 주인이 마침내 돌아와서는 그의 적들을 진멸하고, 주인을 존경하여 그가 원하는 대로 해 줄 다른 농부들에게 그 포도원을 세를 주었다.

이 비유의 영적인 의미는 다음과 같다: "하나님의 나라를 너희는 빼앗기고, *그 나라의 열매 맺는 백성이 받으리라*" (마 21:43, 강조 첨가). 대제사장들과 바리새인들이 예수께서 그들을 가리켜 말씀하심인 줄 알았다는 것을 마태는 주지시킨다 (45절). 그러므로 하나님의 나라는 (국가와 종교로서의) 유대인으로부터 그것을 존경할 다른 나라(유대인과 이방인의 믿는 자들과 함께 하는 교회)로 옮겨졌다.

3. 포도주 부대

마태복음 9장 17절, 마가복음 2장 22절과 누가복음 5장 37절과

38절에 기록된 것처럼, 낡고, 딱딱하고, 오래된 케케묵은 부대, 즉 형식적인 종교는 성령의 신선한 포도주를 담을 수 없다는 것을 예수님은 분명히 말씀하셨다. 그는 새 포도주는 새 부대에 넣어야 한다고 말씀하셨다. 성령의 인도함을 받는 발전적인 하나님의 백성은 불신의 종교적인 체제 가운데 더 이상 있을 수 없다. 하나님의 구원은 예수님을 구세주로 믿고자 하는 모든 나라 사람들에게 열려져 있다. 그러므로 교회는 국가들을 그리스도에게로 인도하여 변화를 가져다 주는 하나님의 대리인이 되었다. 반면에, 본래의 이스라엘은 그들이 예수님을 구세주로 믿으며 돌이킬 때까지 불신의 상태에 계속 있게 될 것이다.

ㄴ. 무화과나무의 비유

예수님은 누가복음 13장 6-9절에 나오는 비유를 이스라엘에 대한 그의 사역에 직접 적용하셨다. 무화과나무의 주인은 삼 년 동안 계속적으로 와서 무화과나무의 실과를 구했다. 그는 대단히 실망하였다. 왜냐하면 분명히 더 이상 미성숙한 나무가 아니고 열매를 맺을 때가 되었는데도 열매를 맺지 않았기 때문이다. 왜 그렇게 열매가 없단 말인가? 왜 열매를 맺는 데 사용할 수 있는 땅을 낭비하고, 심지어는 양분을 취하면서까지 땅을 소모한단 말인가? 그러나 그 주인의 과원지기가 일 년만 더 정성껏 돌보겠다고 청하면서 끼어들었다: "이 후에 만일 실과가 열면이어니와 그렇지 않으면 찍어버리소서."

열매 없는 무화과나무는 삼 년 간의 그리스도의 사역에 노출되었던 이스라엘을 대표한 것이다. 나무의 주인은 하나님 아버지; 그의 과원지기는 그리스도이다. 추가된 일 년은 예수님의 지상 사역과 부활 후 사역의 나머지를 포함한다. 이스라엘이 국가적으로 반응하지 않았으므로 열매 없는 무화과나무는 마침내 말라버렸다.

5. 무화과나무를 저주함

성전의 멸망과 직접적으로 영향이 있는 예수님의 공적 사역이 끝날 즈음에 일어난 이상한 이야기가 있다. 우리는 마태복음 21장 18-22절과 마가복음 11장 12-14, 20-24절에서 예수님이 열매 없는 무화과나무를 저주하시자 그 나무가 말라진 이야기를 안다. 그 잎사귀 있는 무화과나무는 그 곳을 지나가는 모든 사람들에게 거기에 무화과나무가 있었지만, 예수님은 아무 것도 얻지 못하셨다는 것을 위선적으로 증명한 셈이다.

나무를 저주하는 것은 그 행위를 "멸망의 기적"이라고 부르는 현대의 어떤 주석가들에게는 잔인해 보이는 것 같다. 예수님은 실제로 어느 관심 있는 농부가 보통 할 수 있는 일을 하신 것에 지나지 않는다. 농부는 나무를 잘라서 넘어뜨렸고; 예수님은 단지 나무를 마르게 하셨다. 그 이야기는 금빛 도금 지붕이 햇빛에 번쩍거리지만 진정한 내적인 의와 거룩함은 결여되어 있는 유대인 성전의 다가올 황폐에 대한 생생한 비유로 의도된 이야기이다.

그 무화과나무를 저주하신 후에, 예수님은 물론 무화과나무가 열매 없는 것을 발견하신 채 성전에 들어가셔서 매매하는 자들을 (아마도 손으로 만든 회초리로) 정화하셨다. 예수님은 나무에게 말씀하셨다, "이제부터 영원토록 사람이 네게서 열매를 따 먹지 못하리라." 그는 유대인들에게 "너희 집이 황폐하여 버린 바 되리라"고 말씀하셨다.

마가가 "무화과의 때가 아니지 않습니까?"라고 했을 때 왜 그 나무에 열매가 없는 것을 저주하셨는가? 3월 말에 근접하여 나무에 잎사귀가 돋아나기 시작하면 대략 일주일 안에 나무를 덮는다. 그리고 그 바로 전 거의 동시에, 꽤 조그마한 마디가 속출한다. 진짜 무화과가 아니라, 그 예비 징후 같은 것이 나타난다. 초록색의 아몬드 크기만 한 것으로, 주변의 사람들이 이러한 마디를 배고플 때 따 먹는다. 브루스는 말한다, "진짜 무화과의 이러한 전조는 팔레스타인의 아랍어로 *택쉬*(taqsh)라고 부른다. 그 모양은 6주 후에 있을 진짜 무화과가 완전히 형성되었을 때의 모양의 예고이다. 그러므로 마가가 말한 대로, 무화과의 때가 아직 아니다. 그러나 잎사귀가 아무런 *택쉬*의 징후도 없이 나타난다면, 그것은 무화과가 없을 것이라는 징조이다. 예수님은 '잎사귀―아무런 *택쉬*도 없는 잎사귀―외에 아무 것도 없더라'로 말씀하셨기 때문에, 그는 '그것은 완전히 소망 없고, 열매 없는 무화과나무'인 것을 아셨기에 그렇게 말씀하신 것이다."[33]

그와 같은 이성적인 판단이 유대인의 성전과 종교에도 적용되었다. 성전과 무화과나무는 둘 다 삶의 아름다운 외적인 모양을 가지고 있지만, 잎사귀 외에 열매는 없는 것이다.

6. 방문의 때

우리는 누가복음 19장 41-44절에서 예수님이 예루살렘에 가까이 오사 보시고 우시기 시작한 내용을 본다. "너도 오늘날 평화에 관한 일을 알았더면 좋을 뻔하였거니와 지금 네 눈에 숨기웠도다." (42절). 그는 어떻게 로마인들이 그 도시를 처음에 에워싼 후에 황폐시키고 백성을 죽일 것인지를 예언하셨다. 그 모든 것은 "권고받는 날을 네가 알지 못함을 인함이니라" (44절) 때문이다. 그들은 그들의 구세주가 진정 어떠한 분이셨는지 알지 못했기 때문에 구세주의 강림을 놓쳤다. 그들은 한 도시와 그리고 국가로서 그를 거절하였다—처참한 결과가 뒤따랐다.

7. 찢어진 휘장

예수님이 십자가 위에서 돌아가셨을 때, 지성소 입구에 드려져 있는 무거운 휘장이 하나님의 능력으로 기적적으로 찢어져 둘이 되었다. 마태복음 27장 51절, 마가복음 15장 38절과 누가복음 23장 45절에 나오는 이 과감한 행위는 옛 레위족의 체제가 이제 새로운 언약으로 교체되었으며, 하나님과 인간 사이의 장벽이 이제 무너졌다는 것을 보여 준다. 히브리서 6장 19-20절은 말한다, "우리가 이 소망이 있는 것은 영혼의 닻 같아서 튼튼하고 견고하여 휘장 안에 들어가나니, 그리로 앞서 가신 예수께서 멜기세덱의 반차를 좇아 영원히 대제사장이 되어, 우리를 위하여 들어가셨느니라."

8. 불신의 열매

로마서 11장에서 유대인은 예수 그리스도를 믿지 못하므로 마치

꺾여진 감람나무에 있는 열매 맺지 못하는 가지와 같다고 바울은 가르쳤다. 돌 감람나무의 가지와 같은 신분임에도 불구하고 이방인들은 예수 그리스도를 믿었기 때문에 하나님의 나무에 접붙임이 되었다. 이 살아 있는 열매 맺는 감람나무는 우리 시대의 하나님의 진정한 백성을 대표한다. 가지의 얼마는 유대인이고, 또 얼마는 야생의 접목된 이방인들이지만, 모두 다 예수 그리스도를 믿는 활기 있는 믿음이라는 공통 분모를 가지고 있다.

바울은 그의 백성의 구원을 위해서 기도하였으며 (롬 10:1), 그리고 "저희도 믿지 아니하는 데 거하지 아니하면 접붙임을 얻으리니, 이는 저희를 접붙이실 능력이 하나님께 있음이라"(롬 11:23)를 강조하였다. 바울은 또한 "이방인의 충만한 수가 들어오기까지 이스라엘의 더러는 완악하게 된 것이라"(롬 11:25)고 언급하였다.

하나님은 자비하심으로 각 나라와 각 개인 안에서 역사하신다. 그는 본래 이스라엘을 위해 큰 사랑을 가지고 계시나, 이제는 다른 나라 사람들이 해야만 하는 것처럼 이스라엘도 예수 그리스도를 믿는 믿음으로 하나님께 나와야만 한다. 우리가 사는 시대에 많은 유대인들이 그리스도를 영접하고 있음을 하나님께 감사한다. 그리고 그들이 그렇게 할 때 그들은 그리스도의 몸의 일원이 되면서 하나님의 큰 나무에 접목되는 것이다. 이러한 경향이 계속 증가 일로에 있다!

다음 장에서 우리는 감람산 설교의 뒷부분에 있는 두 가지의 큰 주제, 즉 예루살렘의 멸망과 그리스도의 영광스러운 재림을 다룰 것이다.

심판과 영광

다가올 아홉 가지 진통에 관한 예수님의 묘사에 압도된 제자들은 주님 앞에 앉아서 눈이 휘둥그레지며 놀랐다. 그 *다음에 어떤 일이 올 것인가?* 잠시 후, 예수님은 예루살렘과 시대의 종말에 대한 그들의 관심사를 자세히 답변하기 시작하셨다.

사랑하는 도시가 멸망되리라

감람산 설교의 이 새로운 부분(마 24:15-22; 막 13:14-20; 눅 21:20-24)은 예루살렘과 성전의 멸망을 극적으로 묘사해 준다.

다음은 공관복음에 나오는 여러 가지 시작의 말이다:

> 마태복음 24:15-16: "그러므로 너희가 선지자 다니엘의 말한 바 '멸망의 가증한 것'이 거룩한 곳에 선 것을 보거든 (읽는 자는 깨달을진저), 그 때에 유대에 있는 자들은 산으로 도망할지어다."
>
> 마가복음 13:14: "'멸망의 가증한 것'이 서지 못할 곳에 선 것을 보거든 (읽는 자는 깨달을진저), 그 때에 유대에 있는 자들은 산으로 도망힐지어다."

누가복음 21:20-21: "너희가 예루살렘이 군대들에게 에워싸이는 것을 보거든 그 멸망이 가까운 줄을 알라. 그 때에 유대에 있는 자들은 산으로 도망할지며."

성경 주석가들은 이 부분이 예루살렘의 멸망을 가리킨다는 것을 의심하지 않는다. 그러나 *언제* 그 멸망이 있을 것인지에 관해서는 아주 다른 의견이 있다. 거의 대부분의 히브리 예언자들은 예루살렘에 심판(예를 들면, 미 3:12; 렘 26:6, 18)이 임할 것을 위협했다. 전에 백성이 포로로 잡혀가 바빌로니아인들에게 멸망했던 그 도시는 반복하여 하나님께 불순종하였다. 파멸의 최후통첩은 불가피하였다. 그것은 예수님이 일찍이 그들의 영적 생활에 관해서 "너희 집이 황폐하여 버린 바 되리라"(마 23:38)고 말씀하신 바를 현실로 직접 목격하는 것일 것이다. 열매 없는 무화과나무는 저주를 받았고...그리고는 죽을 것이다.

예수님은 (세 공관복음 모두에 언급되어 있는) 예루살렘의 멸망에 관한 그의 예언이 선지자 다니엘이 언급한 '멸망의 가증한 것'을 가리키는 것임을 입증하셨다:

> "육십 이 이레 후에 기름부음을 받은 자가 끊어져 없어질 것이며 [예수님이 십자가에 돌아가셨다], 장차 한 왕[디도]의 백성이 와서 그 성읍과 성소를 훼파하려니와, 그의 종말은 홍수에 엄몰됨 같을 것이며, 또 끝까지 전쟁이 있으리니 황폐할 것이 작정되었느니라."

> "그[적그리스도가 아니라 구세주라고 인정되는]가 장차 많은 사람으로 더불어 한 이레 [즉, 칠 년] 동안의 언약을 굳게 정하겠고, 그가 그 이레의 절반[삼년 반 후]에 제사와 예물[십자가 위의 그의 죽으심][1]을 금지할 것이며, 또 잔포하여 미운 물건이 날개를 의지하여 설

것이며, 또 이미 정한 종말까지 진노가 황폐케 하는 자[디도]에게 쏟아지리라 하였느니라."2)

다니엘 9:26-27

이 "멸망의 가증한 것"(또는 "멸망의 신성모독")은 다니엘에 세 번 나온다 (9:26-27; 11:31; 12:11). 첫 번째 구절은 구세주 예수님, 십자가의 죽으심과 그에 따른 멸망을 분명히 가리킨다. 두 번째 구절(그리고 아마 세 번째 구절도)은 예수님 시대 이전에 이미 일어났었다: "군대는 그의 편에 서서 성소, 곧 견고한 곳을 더럽히며, 매일 드리는 제사를 폐하며, 멸망케 하는 미운 물건을 세울 것이며" (11:31). 이 본문은 기원 전 2세기의 안티오쿠스 에피파네스(Antiochus Epiphanes)의 통치 때 성전의 멸망을 가리키는 것으로, 순전히 역사적이다. 그 당시 예루살렘은 정복되었으며 유대인의 제사도 끝이 났다. 성전은 제단 위에 돼지의 제물을 올려놓고 성소에 제우스의 상을 세우면서 모독되었다.

이것은 의미가 분명해 보이지만, 어떤 사람들은 다니엘 11장 31절은 환난 마지막 때를 가리킨다고 한다. 예를 들면, 존 맥아더는 그것은 "처음에는 성취된 것 같이 보이는 듯 했던 안티오쿠스의 신성모독보다 더 큰 현실로, 아직 오직 않은 미래를 언급함에 틀림없다. 예수님의 전체 답변은 그의 재림과 시대의 종말의 징조에 관한 더 중요한 질문에 광범위하게 대답하신 것이다."3)

다행히도 누가는 "멸망의 가증한 것"에 관한 분명한 설명을 해 주었다.4) 그는 마태복음과 마가복음에 언급된 그 표현을 사용하지 않았지만, 예수님이 실제로 의미하신 바를 이방인에게 이해가 되는

용어로 진술하였다: "너희가 예루살렘이 군대들에게 에워싸이는 것을 보거든 그 멸망이 가까운 줄을 알라" (눅 21:20).[5] 로마 군대는 예루살렘과 성전을 주후 70년에 황폐시켰다. 그들의 잔학 행위, 잔 인함과 우상숭배는 의심할 여지없이 가증한 것의 본질을 이룬다. 스프로울은 다음과 같이 주석을 단다:

*가증한 신성모독*이 실제 우상을 언급하는 것인지, 또는 성전 지역 으로 가는 입구의 로마 제국의 독수리 군기를 언급하는 것인지는 중요하지 않다. 그것은 그 당시에 흔히 있는 일이었고, 또 그 신들을 축출하고 정복자의 신들로 대체시키므로 한 국가 위에 군림할 주권 을 주장하기 위해서 전에 오랜 세기 동안 있었던 일이었다.[6]

이것은 실로 대 재난의 때였다. 요세푸스는 예루살렘 포위 공격 에서 1,100,000명이 죽었고 97,000명이 포로로 잡혀갔다고 주장한 다.[7] 어떤 사람은 이것을 과장이라고 말하겠지만, 아마도 그것은 사실일지 모른다. 그러나 그것은 쓰라린 시간임을 지적해 준다. 요 세푸스는 『유대인의 전쟁』에서 성전이 불타는 것과 사람들이 학살 당하는 것을 다음과 같이 묘사한다:

그 거룩한 도시가 불에 타는 동안, 손에 잡히는 대로 모든 것이 약탈 되었고, 포로로 잡혀간 자 중 만 명은 학살당했으며, 아이들, 늙은 남자들, 신성모독자들, 그리고 제사장들은 모두 다 같은 방법으로 학살당했다. 불길 또한 멀리 퍼져나갔고, 학살당한 자들의 신음 소 리는 메아리쳤으며; 그리고 언덕이 높고, 성전의 건물들은 아주 커 서 사람들은 전 도시가 불탔었다고 생각했을 것이다. 아무도 이 소 음보다 더 크거나 더 무서운 것이 있다고 상상할 수 없을 것이다. 함께 행진해 나아가는 로마 군대의 함성과 이제 불과 칼로 에워싸 여 있는 선동자들의 떠들썩한 슬픈 소리.[8]

예수님은 돌 위에 돌 하나도 남지 않을 것이라는 성전의 황폐를 예언하셨었다. 그것은 문자 그대로 이루어졌다. 로마 군인들은 대화재가 있는 동안에 갈라진 틈 사이로 녹아내렸었을 금을 찾기 위해 혈안이 되어 커다란 돌들을 간신히 끄집어내면서 타버린 건축물을 치웠다.

마태복음 24장 21절은 기록한다, "큰 환난이 있겠음이라. 창세로부터 지금까지 이런 환난이 없었고 후에도 없으리라." 누가는 그것을 현실적으로 생생하게 기록한다: "땅에 큰 환난과 이 백성에게 진노가 있겠음이로다" (21:23). 이것은 결코 하나님께서 반복하기를 원하지 않으시는 역사상의 특이한 환난이었다.[9] 이 환난은 한 국가—모든 사람들에게 분명한 하나님의 목적이 있는 인종적, 종교적, 국가적인 일체감을 가진—를 향한 것이었다.

나는 공관복음이 너무 분명하게 예루살렘 멸망의 때의 유대 인구를 언급하고 있기 때문에 다니엘에 있는 구절들이 마지막 때의 대환난을 가리킨다고 간주해야 할 아무런 이유가 없다고 본다. 어떤 사람들은 "누가복음 21장에 나오는 예루살렘의 멸망은 마태복음 24장에 자세히 나오는 대 환난의 한 형태"라고 제안한다.[10]

마태복음 24장에서 *환난*(헬라어, *들립시스*: thlipsis)이란 단어가 세 번 사용된 경우:

> *환난*은 가까운 미래와 또한 전반적인 교회 시대에 둘 다 사용되고 있다 (24:9).
> *환난*은 예루살렘이 황폐한 때를 묘사한다 (24:21).
> *환난*은 재림 바로 직전을 묘사한다 (24:29).

누가복음 21장은 다가올 "마지막 때"의 환난을 설명한다. 그러나 마태의 설명과는 아주 다른 것을 말해 주므로, 본문을 너무나 분명하게 대등한 구절로 만든 것은 불필요해 보인다. 마태가 유대인 청중을 염두에 두고 쓴 반면에, 누가는 확실히 이방인 청중을 위해 쓰고 있는데, 이것은 우리 대부분이 그가 진술한 것을 더 분명하게 이해하는 이유이기도 하다.

어떠한 사건에 있어서나 제자들에게 불가능해 보였던 것이 문자 그대로 비극적으로 일어났다.[11]

마지막 때의 놀라운 일들

제자들은 끝이 가까이 왔고 그의 재림이 임박한 "징조," 즉 분별할 수 있는 증거가 무엇인가를 물었었다. 예루살렘 멸망에 관한 토론을 마치자, 예수님은 마지막 때에 주의를 집중시키셨다. 첫째, 그는 사회에 침투되었을 비극적인 종교적 기만을 묘사하신 다음에, 하늘과 땅에 있을 놀랄 만한 우주적인 징조에 대해서 말씀하셨다.

거짓 그리스도들, 거짓 선지자들

마태복음과 마가복음에만 언급된 이 내용은 악마 같은 사명으로, 특히 그리스도의 재림에 대한 것을 속이기 위하여 사람들을 잘못 인도할 거짓 그리스도들과 거짓 선지자들을 조심하라고 경고한다 (마 24:23-28; 막 13:21-23). 이런 형태로 속이는 것은 교회가 증거하는 일과 이 땅에 교회를 세우는 일에 관한 전체 시간을 특징지을

것이다. 다음의 윌버 스미스의 주석은 특별히 흥미가 있다:

거짓 그리스도는 거짓 선지자와 다르다. 그리고 그리스도는 이 둘
에 대해서 예언하셨다. 거짓 그리스도는 단지 설교를 안 하거나 가
르치지 않는 것이 아니고, 계시된 하나님의 말씀에 상반되는 것을
선포하는데, 실제로는 자신을 구세주로 내세운다. 이러한 자들이 많
았는데, 특히 바 코크바(Bar Cochba)의 때부터 19세기에 이를 때까
지 많았다. 열여섯 명의 거짓 구세주에 대해서 유대인 랍비가 쓴 책
이 나의 서재에 있다. 이것은 아주 의미심장하다. *이스라엘에는 첫
번째 참 구세주이신 예수 그리스도를 십자가에 못박기 전까지는 결
코 거짓 구세주가 없었다.*[12]

(강조 첨가)

거짓 그리스도를 묘사하는 부분은 예루살렘 멸망 후에 나오는
데, 그것은 시작되는 진통과 일치한다 (마 24:4-5). 이것은 시대의
끝까지 존속할 계속되는 아홉 가지 사건들의 본질을 확인할 수 있
었는가?

이러한 상황에서, 그리스도의 재림은 아무도 놓치지 못할 번갯
불과 같은 것이다 (마 24:27). 예수님은 몇몇 종교 지도자의 해석을
요구하시면서, 재림에 대해서는 아무 것도 숨길 비밀이 없을 것임
을 선포하셨다. 이것은 마태복음 24장 28절에서 주검이 있는 곳에
는 독수리들(*vultures*, New International Version; *eagles*, New King
James Version)[13]이 모인다고 한 구절에서 증명이 된다.

그러나 이 예언은 다음과 같은 여러 가지 놀라운 해석을 해 주고
있다:

몸은 그리스노의 몸이고, 독수리들은 그의 적들이다 (모펫).

하나님의 자녀들은 그리스도의 말씀을 먹기 위해 모인다 (칼
빈과 그 외 다수).

예루살렘에 모여든 부패한 군대가 운반하는 로마 군대의 독
수리표의 깃발을 암시할 때의 독수리들 (키크).

시체는 이스라엘, 독수리들은 로마이다 (러셀).

순식간에 일어날 인자의 재림은 썩은 고기가 나타날 때 독수
리가 나타나는 것으로 강조된다 (메이슨).

독수리가 시체를 보지 못하고 지나칠 수 없는 것처럼 인간이
인자의 재림을 보지 못한다는 것은 불가능할 것이다.

그 독수리 예화가 모두 같은 내용의 열네 개의 예화 중 하나(77쪽
의 "복음서의 기록" 41-54번)인 것을 인식한 다음에 나의 결론은 다
음과 같다: 예수님은 그의 재림이 순식간에 일어날 것이며, 마치 독
수리들이 갑자기 떼를 지어 나타나 우리가 동물이 죽은 것을 아는
것처럼, 모든 사람들이 재림을 분명히 알 수 있으리라는 것을 강조
하고 계셨다.[14]

하늘과 땅에 있을 우주적 징조들

마태복음 24장 29-31절은 인자의 강림에 대한 것을 더 가르쳐
준다 (막 13:24-27과 눅 21:25-28을 보충함). 예수님은 우주적인 징
조에 대한 깜짝 놀랄 만한 예언을 하신 후에 계속해서 재림에 대해
간단하지만 가장 완성된 진술을 하신다. 누가복음 또한 그 징조들
은 "나머지 인류에게는 공포를 의미하지만, [그러나] 인자의 강림은
제자들에게 구속을 가져다 줄 것이므로, 그 징조들은 제자들이 새

로운 마음을 가지라"[15]는 신호임을 강조해 주면서 하늘과 땅에 있을 우주적인 징조들을 계속해서 직접 설명해 준다.

"그 날 환난 후에 즉시 [*그 때에 그 환난 후*, 막 13:24] 해가 어두워지며, 달이 빛을 내지 아니하며; 별들이 하늘에서 떨어지며, 하늘의 권능들이 흔들리리라. [누가복음 21장 25-26절은 덧붙인다, *일월성신에는 징조가 있겠고, 땅에서는 민족들이 바다와 파도의 우는 소리를 인하여 혼란한 중에 곤고하리라. 사람들이 세상에 임할 일을 생각하고 무서워하므로 기절하리니, 이는 하늘의 권능들이 흔들리겠음이라.*] 그 때에 인자의 징조가 하늘에서 보이겠고, 그 때에 땅의 모든 족속들이 통곡하며, 그들이 인자가 구름을 타고 [*큰*, 막 13:26] 능력과 큰 영광으로 오는 것을 보리라. 저가 큰 나팔 소리와 함께 천사들을 보내리니, 저희가 그 택하신 자들을 하늘 이 끝에서 저 끝까지 사방에서 모으리라" [*땅 끝으로부터 하늘 끝까지*, 막 13:27]. [누가복음 21장 28절은 덧붙인다, *이런 일이 되기를 시작하거든 일어나 머리를 들라. 너희 구속이 가까웠느니라.*]

                                                          마태복음 24:29-31

마태는 그 날 "환난" 후 "즉시" 해, 달과 별에 이상한 징조들이 나타난다고 기록한다. 마가는 "그 때에 그 환난 후"라고 경감시켜 말하고, 누가는 단지 "징조가 있겠고"라고 말한다.

마태복음에서 *환난*은 여기에 세 번째 나오는데, 매번 관련된 특정한 때를 나타내고 있다. 여기에 나오는 것처럼, *후 즉시*는 환난이 그리스도의 재림 바로 전인 교회 시대 말에 일어난다는 것이 가장 좋은 제안이라고 여겨진다. 거짓 그리스도와 거짓 선지자들에게 초점을 맞춘 짧은 문단 뒤에 예루살렘의 멸망(마 24:22; 막 13:20; 눅 21:24)과 관련된 환난을 다루는 문단으로 분명히 종결된다.

비록 그 설교가 우리에게는 마치 계속적이고 쉼이 없는 강의처럼 인쇄되어 있지만, 예수님이 말씀하셨을 때는 아마도 쉼과 휴식이 있었을 것이다. 주님께서는 말씀하다가 어쩌면 이 지점에서 쉬셨을 것이고, 그러면서 이 환난을 예루살렘의 멸망의 때의 환난과 연관지어 언급하지 않은 것을 덧붙이셨을 것이다.

해, 달과 별들. "해가 어두워지며, 달이 빛을 내지 아니하며; 별들이 하늘에서 떨어지며, 하늘의 권능들이 흔들리리라" (마 24:29). 땅의 빛의 근원이 심히 영향을 받을 것이다. 이러한 사건들은 놀라움을 금치 못할 전 세계적인 주목을 받게 될 것이다. 어떤 사람들은 상징적인 것으로 간주하지만, 예수님이 언급하신 징조들은 현재 지구상에 거하는 모든 사람들의 상상을 초월하는 문자 그대로 격렬하게 세상을 뒤흔드는 사건으로 설명하는 것이 가장 좋을 것이다.[16] 이것에 대한 더 깊은 내용은 12장, "요한계시록: 최후의 승리"에 나온다.

당신 자신이 이러한 비공식적인 그룹 가운데 앉아 있다고 상상해 보라. 예수님은 심지어 당신의 눈을 들여다 보시면서 당신에게 직접 말씀하고 계신다. 그는 당신의 질문에 조심스러우면서도 열정적으로 대답하신다. 이러한 친밀한 분위기에서 예수님은 신비로운 상징으로 말씀하신 것이 아니라, 될 수 있는 대로 분명하게 미래를 설명하신다. 그러한 배경 가운데서 가르치실 때 왜 그는 상징을 사용하셔야만 했는가?

모세가 바로에게 열 가지 무서운 재앙에 대해서 아주 분명하게 말한 것처럼, 예수님도 제자들에게 예루살렘의 멸망과 그 자신의 영광스러운 재림에 대해서 직접 분명하게 말씀하셨다. 이것은 우리가 단지 문자 그대로 성취되는 것을 상상할 수 없기 때문에 우리가 예수님의 말씀을 상징적인 비유라고 단정하지 말아야 함을 암시해 주지 않는가? 이러한 우주적인 상징은 아직 미래의 일이고, 예수님이 천사들과 함께 구름 가운데 영광스럽게 재림하시기 전 마지막 날들에 대한 문자 그대로의 일이라고 할 수 있다.

대부분의 주석가들은 이러한 천문학적인 징조들이 아직 일어나지 않았다는 데 동의한다—적어도, 일반적으로 알려진 것은 아무것도 없다[17]—그러므로 그것은 예루살렘이 황폐될 때까지 그리고 현재까지를 망라하는 미래에 성취되어야만 한다. 천상의 징조들과 인자의 강림은 "멸망의 가증한 것" 직후에 뒤따를 것이 아니고, 오히려 "민족들의 곤고" (눅 21:25), 마지막 날의 환난과 그 때 이전에 있는 모든 환난이 뒤따를 것이다.

땅에서는 곤고. "일월성신에는 징조가 있겠고, 땅에서는 민족들이 바다와 파도의 우는 소리를 인하여 혼란한 중에 곤고하리라. 사람들이 세상에 임할 일을 생각하고 무서워하므로 기절하리니, 이는 하늘의 권능들이 흔들리겠음이라" (눅 21:25-26). 누가복음에만 나오는 이 두 구절은 분명히 이 본문을 팔레스타인의 제한된 활동(예루살렘의 멸망)으로부터 놀라운 비율의 전 세계적인 일로 승격시켜 놓았다. 예수님의 묘사는 별의 대 이변에 관한 과학적인 토론에서 나온 것처럼 들린다.

이 본문을 상고하는 동안, 나는 우연히 "삼 분 동안의 충격"이라는 텔레비전 기록 영화를 보게 되었다. 관심 있는 과학자들이 오스트레일리아의 아이어의 바위(Ayer's Rock)라고 불리는 직경이 1.5마일[18]인 산과 같은 큰 소행성이 뉴욕 시의 하늘에서 떨어질 수 있다는 그리 희박하지 않은 가능성을 토론한 내용이었다. 그것은 사멸 수준의 사건—정말로 대이변—일 것이다. 육중한 고층 건물—실제로, 도시 전체—이 지각의 단층이 폭발하면서 거대한 바위가 산산조각이 난 것처럼 순식간에 흔적이 없어질 것이다. 타오르는 바위들은 또한 워싱턴 시와 심지어는 더 먼 시카고 같은 도시에 유성처럼 떨어질 것이다. 무섭고 거대한 비율로 발생한 충격의 파동은 동부 해안에 있는 해안 도시들과 대서양 너머에 있는 해안 도시들을 향하여 빠르게 전파될 것이다. 전 세계적인 화재, 홍수, 화산 폭발, 지진—이러한 모든 것은 해, 달과 별들의 빛을 봉인하면서 불길한 어두운 분위기로 매듭짓게 된다. 그것은 우리가 아는 바대로 생명의 끝이 될 것이다. 그리고 전문가들은 이것이 과학적으로 타당성이 있다고 말한다.

인자의 징조. "그 때에 인자의 징조가 하늘에서 보이겠고" (마 24:30). 달이 피로 변했다든지 또는 하늘에 십자가의 징조와 같은 이 징조에 관한 여러 가지 설명이 있어 왔다. 헬라어 단어 그대로 번역하면: "그리고 그 때에 *하늘에 인자의 징조가* 나타날 것이고..." (강조 첨가).

그러나 *하늘에 인자* 그 자신이 나타나는 것이 징조이다! *의*(of) 대신 *그것은...이다*(which is)를 대치하면 그 의미가 더 명확해진다: "그리고 그 때에 징조가 나타날 것인데, *그것은 하늘의 인자이다.*"

모든 족속들이 통곡하며. "땅의 모든 족속들이 통곡하며" (마 24:30). 예수님이 재림하실 때 지구에 있는 모든 사람들이 그를 볼 것이다.[19] 요한은 선포한다: "구름을 타고 오시리라. 각인의 눈이 그를 보겠고, 그를 찌른 자들도 볼 터이요, *땅에 있는 모든 족속이* 그를 인하여 *애곡하리니* 그러하리라. 아멘" (계 1:7, 강조 첨가).

구름을 타고 오시리라. "인자가 구름(the clouds of heaven)을 타고 능력과 큰 영광으로 오는 것을 보리라 [*in the clouds,* 막 13:26; *in a cloud,* 눅 21:27]" (마 24:30). 모든 생각을 다 하나로 모아 보라: 그는 하늘의 구름을 타고 오신다. 우리는 "in, on, with" 중 어느 전치사를 구름 앞에 사용하는 것이 가장 좋은지에 대해서 관여할 필요가 없다; 비슬리-머레이가 지적한 것처럼, 어미 변화는 "분명히 문체의 고찰"에 기인한다.[20] (마 26:64; 막 14:62; 살전 4:17을 참고).

성경에 있는 구름은 하나님의 영광과 주님의 임재를 대표한다:

이스라엘은 구름 기둥으로 인도함을 받았다 (출 13:21-22). 모세의 성막이 봉헌되었을 때, "구름이 회막에 덮이고, 여호와의 영광이 성막에 충만하매" (출 40:34).
여호와의 영광이 구름 속에 나타나더라 (출 16:10).
하나님이 모세에게 말씀하셨다, "내가 구름 가운데서 속죄소 위에 나타남이니라" (레 16:2).
솔로몬의 성전을 봉헌할 때, "제사장이 그 구름으로 인하여 능히 서서 섬기지 못하였으니; 이는 여호와의 영광이 하나님의 전에 가득함이었더라" (대하 5:14).
변화산 상에서 "빛난 구름이 저희를 덮으며 구름 속에서 소리가 나서 가로되, '이는 내 사랑하는 아들이요, 내 기뻐하는 자니, 너희는 저의 말을 들으라!' 하는지라" (마 17:5).
예수님은 구름 가운데로 올리워 가시니, 하늘로 가심을 본 그대로 오시리라 (행 1:9-11).
예수님은 영광의 구름 가운데 재림하실 것이다 (막 13:26; 14:62).
요한은 "힘센 다른 천사가 구름을 입고 하늘에서 내려오는데,

그 머리 위에 무지개가 있고, 그 얼굴은 해 같고, 그 발은 불기둥 같은 것"을 보았다 (계 10:1).

예수님이 흰 구름 위에 앉으신 것이 보인다: "내가 보니 흰 구름이 있고, 구름 위에 사람의 아들과 같은 이가 앉았는데, 그 머리에는 금 면류관이 있고, 그 손에는 이한 낫을 가졌더라" (계 14:14).

성도들은 그들 자신을 "구름 같이 둘러싼 허다한 증인들"이라고 부른다 (히 12:1).

구름은 또한 여호와가 그의 백성을 구원하고 그의 적들을 심판하기 위하여 오시는 것을 대표한다 (사 19:1; 나 1:3). 구름은 문자 그대로 예수님의 재림과 관련이 있겠지만, 경이롭고 특별한 하나님의 임재는 이 자연 현상을 하나님의 거룩함이 장엄하게 전개되도록 해줄 것이다. 하나님의 백성은 그의 나타나심을 기뻐하는 반면에, 지구상의 사람들은 "만군의 주가 심판하시고 구원하시기 위해서 세상에 오실 때 그의 압도하는 힘 앞에서 두려움과 혼돈 가운데 있게 될 것이다."[21] 그러한 구름은─장엄하고, 강력하고, 두렵게 하는─광경이 될 것이다.

큰 능력과 큰 영광. "그들이 인자가...능력과 큰 영광으로 오는 것을 보리라" (마 24:30; 눅 21:27), 또는 "큰 권능과 영광으로" (막 13:26). 우리가 이미 다룬 5장의 "예루살렘 노상에서"의 영광에 관한 내용을 보라.

보냄과 모음. "저가...천사들을 보내리니, 저희가 그 택하신 자들을 하늘 이 끝에서 저 끝까지 사방에서 모으리라" (마 24:31). "...땅 끝으로부터 하늘 끝까지" (막 13:27). 예수님은 그 천사들과 함께 오실 것이다 (마 16:27; 25:31; 막 8:38; 눅 9:26). 5장의 "요단 너머의 베다니"란 제목에 있는 천사에 관한 내용을 참고하라.

천사들은 아래에 묘사된 큰 나팔 소리와 함께 보내진다. 그들은 땅의 가장 먼 곳으로부터 하늘 끝까지 택하신 자들을 모으기 위해 간다. 부활의 생명은 그리스도 안에서 죽은 자들의 영을 영화롭게 된 몸과 연합시킬 것이다. 천사들은 공중에서 주를 만나게 하기 위해서 살아 있는 변화된 성도들과 함께 그렇게 부활한 성도들을 한 곳으로 모을 것이다.

존스턴 체니의 흥미 있는 견해는 이 구절에 관한 새로운 가능성을 열어 놓는다: "'하늘 이 끝에서부터 저 끝까지' 다시 모으는 것은 인간의 우주 정복을 가리킨다고 할 수 있는가? 만일 그렇다면, 이분[즉, 예수님]의 초인간적인 특징이 다시 강조되었다 [즉, 그의 예언의 성취]. 왜냐하면 그러한 가능성은 현 시대가 될 때까지는 과학적으로 우스운 것이었기 때문이다."22) 당신은 그리스도를 믿는 자가 죽어서 달(또는 그 너머)에 묻힌다면, 그가 그리스도의 부활의 부르심에 반응하여 천사들에 의해서 그리스도의 존전으로 인도된다고 상상할 수 있는가?

마태복음에 나오는 예수님의 세 번째 설교에서 그는 천국의 비밀의 비유를 말씀하셨는데, 이것은 제자들의 관심을 사로잡았다. 예수님께서 군중을 보내신 후에 열두 제자는 한 집에 들어가서 예수님께 밀과 가라지의 비유를 설명해 달라고 흥분하여 질문하였다. 그 이야기는 다음과 같다, 한 농부가 그의 밭에 좋은 씨를 뿌렸었지만, 어느 원수가 밤에 와서 가라지를 심어 놓았다. 곡식이 자라가면서 가라지가 보였다. 그러나 그 농부는 수확히는 자가 밀은 저장하기 위하여 모으고, 가라지는 불에 태우려고 모으는 추수 때까지 둘 다 함께 자라도록 내버려 두었다. 이해하지 못한 제자들은 설명해 달라고 요청했다.

예수님은 이것은 "세상 끝"을 그리고 있다고 하셨다 (마 13:39): "인자가 그 천사들을 보내리니, 저희가 그 나라에서 모든 넘어지게 하는 것과 또 불법을 행하는 자들을 거두어 내어...천사들이 와서 의인 중에서 악인을 갈라내어 풀무불에 던져 넣으리니" (마 13:41, 49-50). 어떻게 이러한 일이 일어날 것인지 우리는 모르나, 그것은 분명히 재림의 일부분이 될 것이다.

큰 나팔 소리와 함께. "저가 큰 나팔 소리와 함께 천사들을 보내리니" (마 24:31). 기적적인 나팔 소리는 이스라엘 백성에게 십계명을 받으라는 명령이었다. 하나님은 그 백성이 하나님과 만날 준비를 하도록 그들 스스로를 성별하게 하셨다. "나팔을 길게 [불거든]" (출 19:13), 그들은 산 앞에 이르러야 했다. 제 삼 일에 "우뢰와 번개와 빽빽한 구름이 산 위에 있고" (16절). 주께서 불 가운데 내려오셨을 때 산 전체가 심하게 흔들렸다. "나팔 소리가 심히 크니, 진 중 모든 백성이 다 떨더라" (16절).

모든 악기 중에서 나팔은 가장 높고 날카로우며 긴 소리를 낸다; 이 점이 바로 나팔이 하늘로부터의 소리를 묘사할 때 사용되는 이유이다. 출애굽기 20장 18절은 나팔을 그 날의 기적적인 현상 중의 하나로 상술하고 있다. 분명히 그 소리는 양의 뿔이나 또는 인간이 만든 악기의 소리가 아니었다. 높고 날카로운 소리는 그 근원이 하나님으로부터 온 것이다! 이것은 나팔 소리가 "점점 커질 때에"(19절) 백성이 두려워 떠는 것으로 입증된다.

후에 하나님은 모세에게 은 나팔 둘을 만들라고 지시하셨다. 이 것들은 회중을 소집할 때, 진을 진행하게 할 때, 지도자들을 명할 때, 비상 신호를 보낼 때, 전쟁에 나갈 때, 번제물과 화목제물을 드릴 때 사용되었다 (민 10:1-10). 또한 이스라엘은 매년 "나팔을 불어 기념할 날"이라는 특별한 날이 있었다 (레 23:24). 나팔은 항상 하나님의 계획의 일부분이 되었다.

이스라엘이 여리고 성벽을 돌았을 때, 일곱 제사장은 궤 앞에서 양의 뿔로 된 일곱 나팔을 가지고 있었다. 제 칠 일째 되는 날 그들은 그 성을 일곱 번 돌았으며, 그 후에 제사장들이 나팔을 길게 불었다. 이것은 백성이 소리치라는 신호였다. 그러자 성벽은 무너졌다 (수 6:4-5, 15-16)!

그리스도도 또한 호령과 하나님의 나팔로 하늘로 좇아 강림하실 것이다 (살전 4:16)!

예수님은 단 한 번 그의 재림시에 있을 나팔 소리를 언급하셨으며, 그것이 우리가 지금 다루고 있는 본문이다. 사도 바울도 나팔을 두 번 언급했다. 바울의 첫 번째 언급: "마지막 나팔에 순식간에 홀연히 다 변화하리니, 나팔 소리가 나매 죽은 자들이 썩지 아니할 것으로 다시 살고 우리도 변화하리라!" (고전 15:51-52). 두 번째 언급: "주께서 호령과 천사장의 소리와 하나님의 나팔로 친히 하늘로 좇아 강림하시리니, 그리스도 안에서 죽은 자들이 먼저 일어나고" (살전 4:16).

위에 언급된 "마지막 나팔"은 아마도 요한계시록 10장 7절에 나오는 것일 수 있다: "일곱째 천사가 [소리 내는 날] 그 나팔을 불게 될 때에 하나님의 비밀이 그 종 선지자들에게 전하신 복음과 같이 이루리라.” 또는 “마지막 나팔”은 요한계시록 11장 15절을 언급하는 것일 수도 있다: “일곱째 천사가 나팔을 불매 하늘에 큰 음성들이 나서 가로되, ‘세상 나라가 우리 주와 그 그리스도의 나라가 되어 그가 세세토록 왕 노릇 하시리로다!’”

요한은 요한계시록 1장 10절에서 “나팔 같은 큰 음성”을 들었다고 기록한다. 돌아서면서 그는 인자를 보았다. 후에 요한은 주님의 음성을 다시 들었다. “처음에 내게 말하던 나팔 소리 같은 그 음성이 가로되, ‘이리로 올라 오라....‘ 내가 곧 성령에 감동하였더니” (계 4:1-2).

나팔 소리는 이스라엘 백성을 시내산으로 소집하였으며, 하나님의 나팔 소리는 교회에게 공중에서 그리스도를 만나라고 명할 것이다.

영광스런 재림의 때에 관한 비밀

마태복음 24장 34절과 36절은 예수님이 말씀하신 두 중요한 진술을 기록하고 있다:

> (제자들의 생전에) 예루살렘의 멸망에 관한 *구체적인* 징조들과 때
> (불명확한 미래에서) 그리스도의 재림과 시대의 끝에 관한 *특정되지 않은* 때

우리는 5장에서 (논쟁의 여지가 있는 34절을 다루었을 때) 그 세대(헬라어, *genea*[23])는 예수님의 설교 당시에 살아 있던 세대가 아

홉 가지 징조의 모든 사건들과 예루살렘의 멸망을 볼 것이라는 것을 살펴본 바 있다: "...이 세대가 지나가기 전에 이 일이 다 이루리라." "이 일이 다"는 예루살렘의 멸망 전에 일어난 일들을 말한다. 예수님이 그러한 말씀을 하신 때와 디도 장군 밑의 로마인들이 실제로 성전을 멸망시킨 때 사이는 대략 사십 년의 간격이 있었다.

예루살렘의 멸망에 관한 공관복음의 각 묘사는 마가가 묘사한 "인자가 구름을 타고 큰 권능과 영광으로 오는 것"(13:26)과는 아주 대조를 이룬다. 이것은 확실히 로마의 포위 공격과 예루살렘의 멸망에 있어서 단지 법으로 규정된...하나님의 심판에 관한 아주 비유적인 묘사"에 지나지 않는다.[24] 왜 영광스러운 재림을 영적으로 해석하는가? 그러한 접근은 다만 예수님의 역동적인 의도를 무력화시킬 뿐이다. 스튜어트 러셀과 같은 엄격한 과거주의적 해석자는 두 사건(예루살렘의 멸망과 재림)은 단지 똑같은 대 사건을 다른 면에서 본 것이라고 강조한다.[25] 러셀은 예루살렘의 멸망이 예수님의 말씀의 성취라는 것에 대한 설득력 있는 논증을 해 주고 있지만, 나는 그리스도의 영광스런 재림이 그 슬픈 사건에서 성취되었다는 그의 가설이 합리적이거나 신뢰할 수 있는 설명이라고 생각하지 않으며—또는 더 중요한 요소로는 재림에 관한 사백 개 이상의 신약의 참고 구절들과 일치한다고 생각하지 않는다. 나는 하워드 마샬의 "그 두 사건은 연대적으로 분리된 사건이다"[26]라는 것에 동의한다.

마태복음 24장 36절과 마가복음 13장 32절은 예수님의 *파루시아*의 시기를 모른다고 했다. 아무도 그의 재림의 정확한 때를 말할 수 없다:

"그 날과 그 때는 아무도 모르나니" (마 24:36).

"어느 날에 너희 주가 임할는지 너희가 알지 못함이니라"
(24:42-43).

"생각지 않은 때에 인자가 오리라" (24:44).

"생각지 않은 날 알지 못하는 시간에 그 종의 주인이 이르러"
(24:50).

"너희는 그 날과 그 시를 알지 못하느니라" (25:13).

예수님은 예루살렘의 멸망의 징조는 여름이 가까울 때의 무화과
나무의 싹이 돋는 것과 같다고 설명하셨다. 이러한 묘사(마 24:15-
28; 막 13:14-23; 눅 21:20-24)는 문자 그대로 한 세대 안에 일어나
지 않았다.

예수님은 재림에 관한 *불확실한* 때를 노아의 이야기를 사용하시
면서 대조적으로 설명하셨다. 그는 밭에 있는 두 남자와 매를 갈고
있는 두 여자를 묘사하면서 생각지 않은 날 갑자기 재림하는 것을
설명하셨다. 둘 중 한 남자와 둘 중 한 여자는 심판받았고 ("노아의
때 사람들과 같이 "버려둠을 당했고"), 다른 두 사람은 "데려감을
당했다" (안전한 상태에서 주님께서 영접함).

누가만은 우리가 영적인 일에 소홀하고 무관심하지 않도록 예수
님의 강한 권면의 말씀을 포함시켰다. 왜냐하면 지구상에 거하는
각 사람은 심판을 받을 것이기 때문이다:

"너희는 스스로 조심하라. 그렇지 않으면 방탕함과 술취함과 생활의
염려로 마음이 둔하여지고, 뜻밖에 그 날이 덫과 같이 너희에게 임하
리라. 이 날은 온 지구상에 거하는 모든 사람에게 임하리라. 이러므로
너희는 장차 올 이 모든 일을 능히 피하고 인자 앞에 서도록 항상 기도

하며 깨어 있으라."

우리 자신을 지키고, 깨어 열심히 기도하자.

현대적인 비유

예수님은 감람산 설교를 (우리가 4장에서 살펴본 대로) 영적으로
깨어 있어야 하는 다섯 가지 도전적인 구절들로 끝맺으셨다. 그는
*파루시아*를 묘사하는 것보다 경계하는 데 더 주의를 집중시키셨
다. 우리 그리스도인들은 심판의 덫에 잡힐 세상적인 사람들과 같
이 영적으로 자지 말아야 한다. "...'경계'는 죄의 잠에 빠져 있는
세상과는 전적으로 다르게 영적으로 *깨어 있는 것*을 의미한다."[27]

이 깨어 있는 것은 이사야가 사용한 앙망하다(wait)라는 단어와
같다: "오직 여호와를 앙망하는 자는 새 힘을 얻으리니, 독수리의
날개 치며 올라감 같을 것이요, 달음박질하여도 곤비치 아니하겠고,
걸어가도 피곤치 아니하리로다" (사 40:31). 존 하틀리(John Hartley)
는 『구약성경의 신학 단어 사전』(Theological Wordbook of the Old
Testament)에서 *앙망하다*라는 히브리 단어의 의미를 설명한다:

> 그 어원의 뜻은 기다리다 또는 간절한 기대를 가지고 앙망하는 것
> 이다....확고한 인내로 기다리는 것은 믿음의 크나큰 표현이다. 그
> 것은 하나님께서 그의 백성의 구원을 위해서 단호하게 행동하실
> 것이라는 뜻이다....진정한 믿음으로 기다리는 자들은 새로운 힘을
> 얻어서 그의 구원의 역사를 찾는 동안 계속해서 주님을 섬길 수
> 있는 자들이다.[28]

심판과 영광 | 167

현대인들은 항상 예수님의 비유와 잘 연관짓지 않는다는 것을 나는 나의 설교에서 발견하였다. 우리들 대부분은, 특히 서양인들은, 우주 탐험, 전자공학 또는 최신식 삶과 더 잘 연관짓는다. 고대의 이야기들은 의미는 있지만 적절하지 않다. 왜냐하면 그것들은 우리 대부분의 사람들과는 동떨어져 있는 이야기이기 때문이다. 그렇다면 깨어 있는 것에 대한 예수님의 권고를 설명하기 위해 그의 원리를 적용하면서 현대적인 비유를 고안해 보자.

한 남자가 맥도날드 햄버거의 총판권을 얻기 위해서 백만 불을 빌린다. 그렇게 큰 돈을 갖기란 쉬운 것이 아니다. 그러나 그런 큰 돈은 일반적으로 투자에 대한 경제적인 수익이 높다. 그 새로운 주인은 새로 시작한 사업을 자만하며 총판권을 얻기 위해서 열심히 일한다. 오랫동안 부지런하게 열심히 일하는 것은 빚을 완불할 수 있게 해 주는 밑거름이다. 일 년 후에, 그는 사업이 잘 되어서 더 수익을 올리려고 지점을 내기로 결정하였다. 그의 가장 큰 관심사는 그 지역 사업을 경영하는 지배인이 되는 것이다.

마침내 그는 올바른 사람을 만났다고 생각한다. 장래가 촉망되는 그 지배인은 어려운 경영 과정의 공부와 현장 실습을 해 낸다. 그는 총판권을 갖고 있는 주인과 회사가 그에게 기대하는 바가 무엇인지를 배운다. 그는 실패하는 것 또한 큰 불행이라는 것도 안다. 그는 가게를 경영할 줄 아는 탁월한 태도를 가지고 있다. 그는 새 지배인으로서 잘 해 낼 것이다.

이제 그 주인은 휴가를 연장한다. 이제 그가 그렇게 할 수 있는 것은 그의 지배인이 자격이 잘 구비되고 놀라운 능력을 보여 주었기 때문이다. 주인은 다른 사업 수익을 추구하면서 몇 달 동안 휴가

차 가 있을 것이므로, 그는 물론 주인에게 전화할 것이고, 일의 진척 상황을 보고도 할 것이지만, 그 주인은 그의 새 지배인을 신뢰한다. 그는 우수한 조건의 경영을 유지하며, 계속해서 큰 수익을 올리고 있음에 틀림없다. 그들은 서로 만족하고 있다.

주인의 말에 의하면, 그 젊은 지배인은 잘 하고 있다. 그가 부지런하고 열심히 일하는 것을 보면 그는 빚을 다 갚아나가고 있는 것 같다. 그는 주인에게 격려가 되는 전화를 하고, 그의 서면 보고는 사업이 계속 안정권에 있음을 나타내 준다. 그러나 그 주인이 깨닫지 못하는 것은 그 지배인이 육체적으로 피곤해지고 감정적으로 메말라지고 있다는 사실이다. 최소한의 임금을 받고 일하고자 하는 일꾼들을 공급해야 하는 끊임없는 긴장감이 그에게 엄습해오기 시작한다. 그것은 유익하지만 혹독한 사업이다.

네다섯 달 후 어느 날 오전에, 그 주인이 마을로 돌아와서 음식점과 공원으로 자동차를 운전해서 간다. 그는 난장판인 건물 주변, 험악해 보이는 주위 환경과 놀이터에 있는 아이들의 부서진 놀이 기구에 시선이 멈춘다. 그 회사의 최신 광고 전단은 유리창에 붙어있지 않고; 실제로 몇 달이 지난 선전용 자료가 아직도 전시되어있다. 그가 문을 여니 양동이와 걸레로 막아 있고, 휴지와 포장지가 바닥에 뒹굴고 있다. 그 지배인은 어디에 있는가? 주인이 빅맥을 주문할 때, 그 젊은 점원은 계산대 뒤에서 그의 눈을 피하며 빅맥이 다 떨어졌다고 투덜거린다. 주문을 받는 점원은 불친절하고 몸가짐 상태도 엉망이다; 어떤 점원은 유니폼의 일부분만 입고 있다.

그 주인은 그 중 제일 깨끗한 자리에 앉아서 빅맥 대신 주문한 것을 먹는다. 부엌과 화장실은 어떠하겠는가? 거기 앞에 있는 그 장면을 볼 때—그리고 차가운 버거를 먹고 있을 때—차 한 대가 들어오더니 고객용 주차장에 주차한다. 넥타이를 풀어 들고, 머리는 헝클어져 있는 그 교체된 지배인이 안으로 들어오더니 다른 점원들에게 고함을 지른다. 그들도 같이 고함을 지른다. 그러자 그는 가까운 곳에 앉아 있는 주인을 보게 된다. 주인이 뚫어지게 그를 쳐다보고 있는 것을 보자 그의 얼굴은 창백해진다.

그동안 그의 태도에 무슨 변화가 있었는가?

처음에 그는 마치 주인이 그 도시에 있는 것처럼 사업을 경영하였다. 그러나 서너 달 후에, 주인이 돌아올 기색이 보이지 않자, 그는 조심성을 잃어가기 시작했다. *주인은 단지 내가 일하는 데서 오는 유익을 챙기고 있는데, 왜 나는 그렇게 열심히 일해야 하지?* 하고 그는 투덜댔다. 그래서 그는 늦잠을 자기 시작했고, 지각을 하는 등 그의 태도는 해이해졌다. 곧 그 전체 경영은 악화되는 징조가 보였다.

그러나 이제 결산일이 온 것이다. 그는 주인이 그에게 두 가게를 경영하게 하려고 새 계약서를 주머니에 넣어 가지고 온 것을 전혀 알지 못하였다. 오히려 그는 현재의 일마저 빼앗길 상황이었다. 그 젊은이는 태만으로 인하여 장래가 촉망되는 직업을 상실하였다.

누가복음 12장 42-46절을 주목하라:

주께서 가라사대, "지혜 있고 진실한 청지기가 되어 주인에게 그 집 종들을 맡아 때를 따라 양식을 나누어 줄 자가 누구냐? 주인이 이를 때에 그 종의 이렇게 하는 것을 보면 그 종이 복이 있으리로다. 내가 참으로 너희에게 이르노니 주인이 그 모든 소유를 저에게 맡기리라. 만일 그 종이 마음에 생각하기를, '주인이 더디 오리라,' 하여 노비를 때리며, 먹고, 마시고, 취하게 되면, 생각지 않은 날, 알지 못하는 시간에 이 종의 주인이 이르러, 엄히 때리고 신실치 아니한 자의 받는 율에 처하리니."

만일 당신이 나와 같다면, 당신은 그리스도의 재림을 계속적으로 조심스럽게 대비할 능력이 없는 것에 실망해 왔을 것이다. 당신의 최상의 순간에도 당신은 주님의 재림을 특별히 기억하지 않는다. 감람산 설교의 비유와 연관된 예수님의 강력한 말씀에 비추어 볼 때, 당신은 심지어 정죄된 느낌을 갖게 될지도 모른다.

마지막 다섯 비유에 근거하여 내가 발견한 것은 이것이다: 당신은 바로 가까이 있는 일에 충성하기 때문에 그리스도의 재림을 계속적으로 생각하지 않는다. 당신은 단순히 그가 재림하실 것이라는 것을 알고, 부지런히 하나님의 뜻과 당신의 개인 연구 과제를 추구할 것이다. 그러면 그가 오실 때 당신은 준비되어 있는 것이다. 왜냐하면 비록 당신이 재림에 대해서 계속적으로 생각해 오지 않았다 해도, 당신은 주님께서 요구하신 일들을 완수했기 때문이다. 그는 당신이 재림을 계속적으로 생각했는지를 묻지 않으실 것이다; 그는 단지 당신의 과업을 완수했는지를 물으실 것이다.

당신은 소망을 갖고 책임감 있는 삶을 살며 인내하며 의무에 방심하지 않을지어다!

그 설교의 놀라운 절정은 인자가 강림할 때 있을 심판에 대한 열여섯 구절의 진술이다. 주 예수 그리스도가 영광스런 보좌에 앉으셔서 목자가 양을 염소로부터 구별해 내는 것처럼 그 앞에 있는 나라들을 구별할 것이다. 양들은 배고픈 자, 목마른 자, 낯선 자, 벗은 자, 병든 자와 투옥된 자 가운데서 예수님을 인정한 자들일 것이다.

예수님은 영적으로 민감하고 동정심 있는 자들에게 말씀하실 것이다: "내가 진실로 너희에게 이르노니, 너희가 여기 내 형제 중에 지극히 작은 자 하나에게 한 것이 곧 내게 한 것이니라" (마 25:40).

그런 다음에, 동정심을 보이지 않은 "염소들"에게 왕은 이러한 경고의 선언을 하실 것이다: "저주를 받은 자들아, 나를 떠나 마귀와 그 사자들을 위하여 예비된 영영한 불에 들어가라" (41절).

앞을 바라보며 기다림

의미 깊은 이야기가 누가복음 2장에 나온다. 예루살렘에 시므온이라 하는 나이 든 경건한 사람이 "이스라엘의 위로"(25절)를 기다렸다. 그는 "주의 그리스도를 보기 전에" 죽지 아니하리라(26절)는 성령의 지시를 받았다. 이것은 그로 하여금 사람을 특별히 예리하게 분별하게 만들었다. 그는 그리스도가 어떻게 생긴 분인지 알지 못했다. 그리스도가 키가 큰지, 작은지, 살갗이 검은지, 수염은 있는지? 어떤 번역(New Living Translation)은 시므온이 "메시아를 끊임없이 기다리고" (25절) 있었다고 말한다. 그의 삶은 전혀 실마리가 없는 한 분을 찾아 나서게 된 것이었다!

새흠정역은 시므온이 기다렸지만, 거기에는 더 깊은 의미가 있다고 되어 있다. 이 단어는 "보다"라는 기본 의미가 있다. 맥스 루카도(Max Lucado)는 다음의 통찰력을 함께 나눈다:

> 보다의 모든 형태 중에서 "오시는 것을 기다리다"의 뜻을 가장 잘 나타낸 한 형태는 시므온의 행위를 묘사하는 데 쓰인 용어, 프로스데코마이(prosdechomai)이다. 데코마이는 "기다리다"의 뜻이다. 프

로스(pros)는 "앞을 바라보다"의 뜻이다. 그것들을 합치면 당신은 "앞을 바라보며 기다리다"라는 생생한 그림을 연상할 수 있다. 문법은 형편없지만, 이미지는 대단하다. 시므온은 기다리고 있었다; 그는 요구하지도 않고, 서두르지도 않으며, 기다리고 있었다.29)

어느 날 성령은 시므온을 성전으로 가라고 촉구했다. 거기에서 그는 한 달 된 예수님을 안고 있는 요셉과 마리아를 보았다. 시므온의 기다림과 충성의 삶은 이제 영광스럽게 성취되었다. 그렇게 오랫동안 앞을 바라보며 기다렸던 그는 이제 그의 메시아를 직접 본 것이다!

나는 그가 어떻게 느꼈는지를 조금 알 것 같다. 왜냐하면 나는 여행을 자주 하므로 누가 나를 맞으러 공항에 나올지 모른 채 자주 공항에 도착한다. 나는 결코 그 일에 대해서 염려해 본 적이 없다; 나는 누군가가 거기에 나올 것이고, 마중 나온 사람이 누구이든 알아볼 것을 안다. 나는 표시판 또는 누군가를 찾는 것 같은 표정을 보고 누군지 알 것이다. 그러나 나는 기다리면서 지켜보아야만 한다.

다음 장은 사도행전에 나오는 재림에 관한 열한 가지 생각을 제시할 것이다. 누가가 쓴 초대 교회의 기록은 그리스도의 재림이 그들의 믿음 체계의 역동적인 부분이었음을 보여 준다. 실로 사도행전의 첫 장에서 제일 처음에 인용된 구절은 그 주제에 대해 가장 도전적이고 자주 인용되는 구절 중 하나이다.

재림에 관한 사도행전의 내용

신약성경에서 가장 중요한 책 중 하나는 신약성경 외에서는 어디에서도 볼 수 없는 초대 교회의 역사적인 자료를 우리에게 주는 사도행전이다. 우리는 교회의 영광스런 시작에서 교회의 모습을 본다. 교회는 그리스도의 재림을 믿었는가?

사도행전의 기록에 나오는 다음의 열한 가지 개념은 그 주제에 관한 가장 강력한 진술 중 몇 개념이다. 분명히 그것은 사도적인 교리였다. 단지 열여섯 구절에서 우리는 열한 개의 놀라운 개념을 발견한다.

사도행전의 기록

누가가 예수님의 영광스런 재림에 대하여
교회가 알기를 원했던 모든 것

1. **예수 그리스도는 하늘로 가심을 본 그대로 다시 오시리라**　　행 1:11
2. ―예수님이 죽은 자 가운데서 살아나신 그대로,　　행 1:11
3. ―육체적인 몸 그대로 다시 오신다.　　행 1:11
4. **주의 크고 영화로운 날이 이를 것이다.**　　행 2:20
5. 해가 변하여 어두워지고 달이 변하여 피가 되리라.　　행 2:20

6. 만유를 회복하실 때까지는 하늘이 마땅히 그를 행 3:21
   받아 두리라.
7. 하나님이 그리스도의 원수로 그의 발등상 되게 하 행 2:35
   신다.
8. 그의 재림은 회복과 복구로 절정에 달할 것이 행 3:20-21
   며, 회심이 일어나게 할 것이다.
9. 예수님은 산 자와 죽은 자의 재판장으로 오실 행 10:42; 17:31;
   것이다. 24:25
10. 죽은 자의 부활은 하나님의 백성의 소망이며, 행 23:6; 24:15, 21;
    이것은 그가 재림하실 때 일어날 것이다. 26:6-8; 28:20
11. 우리는 많은 환난을 겪으면서 하나님의 나라에 행 14:22
    들어가야만 한다.

본 그대로 오심

이 말씀을 마치시고 저희 보는 데서 올리워 가시니, 구름이 저를 가리
워 보이지 않게 하더라. 올라가실 때에 제자들이 자세히 하늘을 쳐다
보고 있는데, 흰 옷 입은 두 사람이 저희 곁에 서서 가로되, "갈릴리
사람들아, 어찌하여 서서 하늘을 쳐다보느냐? 너희 가운데서 하늘로
올리우신 이 예수는 하늘로 가심을 본 *그대로 오시리라* 하셨느니라."

사도행전 1:9-11 (강조 첨가)

얼마나 장엄한 광경인가! 제자들에게 작별의 말씀을 하시면서,
예수님은 그들을 축복하시기 위해서 못박힌 손을 드셨다 (눅 24:50)
....그리고 그의 몸은 땅에서부터 하늘로 올리우시기 시작하였다!
불행하게도 그들이 그리스도와 함께 한 마지막 순간은 그들의 잘
못된 유대인의 소망 때문에 망친 셈이다. 그들은 여전히 일시적이

고 가시적인 나라를 기다렸다: "주께서 이스라엘 나라를 회복하심이 이 때니이까?" (행 1:6). 예수님은 그들의 질문을 제쳐 놓고 그 대신 그들에게 사명에 관한 말씀을 주셨다: "오직 성령이 너희에게 임하시면, 너희가 권능을 받고, 예루살렘과 온 유대와 사마리아와 땅 끝까지 이르러 내 증인이 되리라" (8절).

땅끝까지 이르러 증인이 되는 이 사명을 성취하는 것은 볼 수 있게 임하는 영광스런 재림에 *선행할* 것이다. 캠벨 몰건(Campbell Morgan)이 말한 대로, "그는 전 세계에 그의 말씀을 선포하는 목적에 집중하셨다."[1]

작별의 말씀은 이제 끝났고, 그는 하늘로 올리우시기 시작하였다. 누가는 그가 마치 천국 자석으로 당겨져서 "하늘로 올리우시니"(눅 24:51)라고 기록하였다. 하나님의 영광[2]의 구름이 올리우는 그의 모습을 덮자, 그는 옛적부터 항상 계신 자의 바로 그 존전으로 승리의 안내를 받으면서, 엘리야의 불마차처럼 죽음의 광경 너머로 올리우셨다.

일찍이 예언자 다니엘은 이 장면을 예언적인 비전으로 묘사한다:

> "내가 또 밤 이상 중에 보았는데, 인자 같은 이가 하늘 구름을 타고 와서 옛적부터 항상 계신 자에게 나아와 그 앞에 인도되매, 그에게 권세와 영광과 나라를 주고 모든 백성과 나라들과 각 방언하는 자로 그를 섬기게 하였으니, 그 권세는 영원한 권세라. 옮기지 아니할 것이요, 그 나라는 폐하지 아니할 것이니라."[3]
>
> 다니엘 7:13-14

지상 사역이 끝났고, 예수님은 다윗의 보좌라고 여긴 천국으로 담대히 들어가셨다. 메시아적인 하나님의 나라가 영적인 능력으로 시작된 것이 이 시점이었다. 예수님이 하나님 우편에 앉으시는 일은 그가 장차 지상으로 재림하실 때까지 기다릴 일이 아니었다. 마가는 말한다, "주 예수께서 말씀을 마치신 후에 하늘로 올리우사 하나님 우편에 앉으시니라" (막 16:19). 바울은 하나님께서 "죽은 자들 가운데서 다시 살리시고, 하늘에서 자기의 오른편에 앉히사 ...또 만물을 그 발 아래 복종하게 하시고, 그를 만물 위에 교회의 머리로 주셨느니라" (엡 1:20-22; 골 3:1 참조).

제자들이 놀라서[4] 말을 잇지 못하며 하늘을 주시하고 있는 동안, 그들의 선생이 누구의 도움도 없이 하늘로 올리우시는 놀라운 광경에 그들은 꼼짝 않고 서 있었다. 하나님의 아들이 시야에서 사라지자, 갑자기 흰 옷을 입은 두 사람이 나타났다.[5] 이 천국 사자(使者)들은 그리스도의 재림에 대한 그 결정적인 진술을 하였다: 그는 "하늘로 가심을 본 그대로 오시리라" (행 1:11). 그대로는 문자적으로 "두 번의 똑같은 개념" 그리고 로버트슨에 의하면, 강조하는 반복을 가리킨다.[6] 즉, *재림의 사실과 방식은 제자들이 방금 본 바대로 묘사된다.* 이것은 예수님이 실제로, 눈에 보이게, 육체적인 형태로 재림하실 것이라는 뜻이다. 재림을 영적 또는 신비적으로 해석하는 것은 성경의 분명한 뜻을 급진적이고 극단적으로 떠난 처사가 될 것이다.

그대로는 몇 가지를 언급해 준다:

예수님은 영이 아닌 한 인격으로 올리어 가셨다; 그는 제자들이 알고 있는 것과 똑같은 분으로 재림하실 것이다.

그는 부활한 몸으로 승천하셨다; 그는 그와 같은 몸으로 재림하실 것이다.

그는 구름 속으로 올리어 가셨다; 그는 구름 속에서 강림하실 것이다.

그는 저항하는 자 없이 하늘로 올리어 가셨다; 그는 만왕의 왕, 만주의 주로 재림하실 것이다.

그는 중력에 상관없이 위로 올리어 가셨다; 그는 중력의 도움 없이 재림하실 것이다.

그가 승천하실 때 천군 천사들이 나타나 호위하였다; 그는 성도들과 천사들과 함께 재림하실 것이다.

그는 큰 권위의 말씀을 하면서 떠나셨다; 그는 선포하신 말씀대로 재림하실 것이다!

제자들은 그가 올리어 가실 때 그를 보았다; 교회는 그가 재림하시는 것을 볼 것이다.

또한 몇몇 다른 점들도 있을 것이다:

그를 믿는 자들만 승천을 보았다; 모든 인류가 재림을 볼 것이다.

그는 홀로 별 외관상의 장엄함이 없이 떠나셨다; 그는 최상의 영광과 능력으로 그의 천사들과 함께 재림하실 것이다.

떠나시는 예수님은 책임을 위탁하고 가셨다; 재림하시는 예수님은 책임을 물으실 것이다.

그는 공적으로 아무 것도 과시하지 않고 승천하셨다; 재림은 경건치 않은 자들에게는 크나큰 공포를 갖게 할 것이고, 그의 자녀들에게는 크나큰 기쁨을 누리게 할 것이다.

주의 큰 날

날이라는 용어에 대한 열일곱 가지 변화가 신약에 사용되었는데, 이것은 그리스도가 재림하셔서 세상을 심판하시고 그의 백성들을 평가하실 때를 묘사하기 위해 사용되었다. 다음의 표현은 실제 사건 그 자체와 그 직전과 직후에 관련된 일들을 가리킨다. 이것은 지상에서 천 년 동안의 구세주의 통치를 포함한다. 베드로가 특별히 확증하며 말한 것처럼: "주께는 하루가 천 년 같고, 천 년이 하루 같은 이 한 가지를 잊지 말라" (벤후 3:8; 시 90:4 참고). 그의 "하루가 천 년 같다"는 인용은 유대인의 사고에 흔히 있는 개념이었다.

요엘의 유명한 예언의 일부(행 2:17-18)를 베드로가 인용한 것은 오순절날에 하나님의 영을 부어 주는 것과 관련된다. 19절과 20절은 재림과 재림을 소개하는 징조들을 가리킨다:

> "내가 위로 하늘에서는 기사와 아래로 땅에서는 징조를 베풀리니, 곧 피와 불과 연기로다. *주의 크고 영화로운 날*이 이르기 전에 해가 변하여 어두워지고, 달이 변하여 피가 되리라."
>
> (강조 첨가)

해와 달의 징조에 대한 이 언급은 예수님의 감람산 설교(마 24:29; 막 13:24; 눅 21:25)와 요한계시록 6장 12절에 있는 요한의 묘사와 일치한다. 이러한 유별난 천상의 일들은 그리스도의 재림의 선구자요, 주님의 날의 선구자 역할을 한다.

다음의 열일곱 개의 "날"에 대한 구절(그 중 둘은 사도행전에 나온다)은 모두 마지막 날의 똑같은 시간을 언급하는데, 각 구절은 심판과 진노, 보상, 교제, 부활, 구속, 권고 또는 완성과 같은 것을 특별히 강조한다. 때때로 하나님은 역사 가운데 중재하셔서 믿음이 없는 자들을 심판하시고 그의 이름을 입증해 주신다. 다음의 표현은 인간 역사에 있는 하나님의 최후의 행위를 가리킨다—그가 의로운 자들에게 상 주시고, 그를 거절한 자들을 심판하시는 큰 날이다.[7] 새 시대가 소개된다—무한한 영광, 장엄함과 능력 가운데 있는 하나님 나라의 시대.

1. "주의 날": 데살로니가전서 5:2; 데살로니가후서 2:2; 베드로후서 3:10. 사도행전 2:20: "주의 크고 영화로운 날이 이르기 전에 해가 변하여 어두워지고, 달이 변하여 피가 되리라."

2. "그 날": 마태복음 25:13; 누가복음 17:30; 로마서 2:16; 13:12; 고린도전서 1:8; 3:13; 데살로니가전서 5:5, 8; 히브리서 10:25. ["데살로니가전서 5:4의 "이 날"(한글 성경에는 "그 날"—역자 주)을 주목하라.] 로마서 2:16: 내 복음에 이른 바와 같이 하나님이 예수 그리스도로 말미암아 사람들의 은밀한 것을 심판하시는 그 날이라.

3. "그 날": 마태복음 7:22; 24:36; 마가복음 13:32; 누가복음 21:34; 데살로니가후서 2:3; 디모데후서 4:8. 누가복음 21:34: "...조심하라...뜻밖에 그 날이...너희에게 임하리라."

4. "그 날에": 마태복음 7:22; 누가복음 10:12; 디모데후서 1:18. 데살로니가후서 1:10: 그 날에 강림하사 그의 성도들에게서 영광을 얻으시고....

5. "그 날에": 디모데후서 4:8: ...의의 면류관이 예비되었으므로, 주 곧 의로우신 재판장이 그 날에 내게 주실 것이니, 내게만 아니라 주의 나타나심을 사모하는 모든 자에게니라.

6. "그 날까지": 마가복음 14:25; 디모데후서 1:12. 마태복음 26:29: "...내 아버지의 나라에서 새것으로 너희와 함께 마시는 날까지."

7. "마지막 날": 요한복음 11:24; 12:48. 요한복음 6:39-40, 44, 54: "...마지막 날에 내가 그를 다시 살리리니."

8. "우리 주 예수 그리스도의 날": 고린도전서 1:8: ...우리 주 예수 그리스도의 날에 책망할 것이 없는 자로.

9. "주의 날": 빌립보서 1:10; 2:16. 데살로니가후서 2:2: 혹 영으로나, 혹 말로나, 혹 우리에게서 받았다 하는 편지로나, 주의 날이 이르렀다고 쉬 동심하거나 두려워하거나 하지 아니할 그것이라.

10. "주 예수의 날": 고린도후서 1:14. 고린도전서 5:5: ...영은 주 예수의 날에 구원 얻게 하려 함이라.

11. "그리스도 예수의 날": 빌립보서 1:6: 너희 속에 착한 일을 시작하신 이가 그리스도 예수의 날까지 이루실 줄을....

12. "자기 날": 누가복음 17:24: "...인자도 자기 날에 그러하리라."

13. "진노의 날": 로마서 2:5; 요한계시록 6:17. 로마서 2:5: 진노의 날 곧 하나님의 의로우신 판단이 나타나는 그 날에 임할 진노를 네게 쌓는도다.

14. "심판의 날": 마태복음 10:15; 11:22, 24; 12:36; 마가복음 6:11; 사도행전 17:31; 로마서 2:16; 베드로후서 2:9; 요한일서 4:17; 유다 6. 베드로후서 3:7: 하늘과 땅은...경건치 아니한 사람들의 심판과 멸망의 날까지 보존하여 두신 것이니라.

15. "구속의 날": 에베소서 4:30: ...구속의 날까지 인치심을 받았느니라.

16. "권고하시는 날": 베드로전서 2:12: ...너희 선한 일을 보고 권고하시는 날에 하나님께 영광을 돌리게 하려 함이라.

17. "하나님의 날": 요한계시록 16:14. 베드로후서 3:12: *하나님 의 날이 임하기를 바라보고 간절히 사모하라....*

예수님은 천국에 계심이 분명하다

우리는 이미 예수님이 어떻게 천국으로 올리어 가셨는지 또는 영접되셨는지를 살펴보았다. 그러자 그는 아버지로부터 *파루시아* 때까지 특별한 약속 또는 과제를 부여받으셨다. 재림의 때를 기다리시면서, 예수님은 이제 천국에서 다음과 같은 분으로 역할을 하고 계신다:

우리의 천국 대제사장: 우리의 자백을 들으시고 죄를 사해 주신다 (히 4:14-16; 7:24-25).
하나님과 사람 사이의 중보자: 우리를 대신하여 중재하신다 (딤전 2:5; 히 8:6; 9:15).
메시아적인 다윗의 보좌에 함께 앉으신 분: 세계를 통치하신다 (계 3:21).
교회의 머리: 그를 만물 위에 교회의 머리로 주셨다 (엡 1:22).

베드로는 성령에 의해서 주님의 부재(不在)가 필요하고 요구되는 일이었음을 이해하였다. 예수님은 모든 일이 성취될 때까지 보류되거나 억제되어 (어떤 점에서, 천국에 "포로 상태로 있어") 계시다. 예수님은 재림의 공포(公布)가 있을 때까지 천국에 남아 있어야만 한다.[8]
나는 첫 상에서 유리 진공관 위에서 밑으로 빠져나가는 모래시계

의 모래에 대해서 언급한 적이 있다. 우리는 각 모래알은 그리스도
가 오시기 전에 성취되기 위하여 하나님이 제정하신 예언 또는 역
사적인 사건을 대표한다고 생각할 수 있다. 지상명령 하나로 그가
재림하시기 전에 반드시 성취하기로 된 전 세계의 나라들을 통한
어마어마한 활동이 시작되었다.[9] *우리는 성취의 때에 살고 있다!*

유쾌하게 되는 때, 회복하실 때와 새롭게 될 때

베드로는 오순절날 다음에 성전에서 두 번째 설교를 하였다. 그
는 그 설교에서 청중에게 강한 권면을 하였다:

> "그러므로 너희가 회개하고 돌이켜 너희 죄 없이 함을 받으라. 이같이
> 하면 **유쾌하게 되는 날**[헬라어, *kairos*]이 주 앞으로부터 이를 것이
> 요, 또 주께서 너희를 위하여 예정하신 그리스도 곧 예수를 보내시리
> 니, 하나님이 영원 전부터 거룩한 선지자의 입을 의탁하여 말씀하신
> 바 만유를 **회복하실 때**[헬라어, *chronos*]까지는 하늘이 마땅히 그를
> 받아 [보유하다, 윌리엄 번역] 두리라."
>
> 사도행전 3:19-21 (강조 첨가)

우리는 2장과 3장에서 예수 그리스도의 초림과 재림 사이의 간
격이 교회 시대라고도 불리는 복음 선포의 시대임을 다루었다. 이
기간 동안에 교회가 하나님을 추구하는 것에 응하여 주님은 "유쾌
하게 되는 날," 즉 영적인 갱신과 부흥의 시기를 보내신다. 이러한
주기적인 축복과 함께 하나님의 계획 안에서 회복과 성취는 평행
선을 달린다. 유쾌하게 됨과 회복은 둘 다 그리스도가 재림하실 때
영광스러운 절정에 이를 것이다.

유쾌하게 됨

"유쾌하게 됨"(헬라어, anapsuxeos)은 갑자기 뜨겁고 숨 막힐 듯 한 공기를 없애 주는 신선한 공기의 개념을 가지고 있다. 그 헬라어 는 신약성경에서 이 곳에서만 나온다. 로버트슨은 그 의미가 "다시 시원하게 하거나 새롭게 하는"이라고 하며, 바울이 가혹한 감옥살 이를 할 때 어떻게 오네시보로가 그를 "자주 유쾌하게 하였는지"를 그 예로 사용한다 (딤후 1:16).[10] 『확대성경』(The Amplified Bible) 은 "열기의 영향으로부터 회복되고 신선한 공기로 되살아나는 유 쾌하게 되는 때는 아마도 주님의 임재로부터 오는 것 같다"고 말한 다 (행 3:19).

유쾌하게 되는 때. "때"는 어느 기간 또는 계절 동안에 어떤 특별 한 특징에 주의를 집중시켜 주는 때를 나타내는 헬라어 *카이로스*를 번역한 것이다.[11] 그 단어는 "대체로 특정한 시간"을 나타낸다.[12] 베드로는 여기에서 성령의 충만이 하나님의 백성을 유쾌하게 하는 교회 시대 동안의 특별한 때를 가리킨다. 키텔의『신학사전』은 다 음과 같이 *카이로스*를 설명한다: "예수님께서 예루살렘을 구원하 러 오실 때 (눅 19:44) 예루살렘이 독특한 *카이로스*를 인식하지 않 은 것처럼, 하나님이 제정하신 사실을 강조하는 ...'결정적인 시점'" 을 일반적으로 의미한다. *카이로스* 때는 시간의 특정한 점 또는 "하 나님의 계획 가운데 전개되는 특정한 시점"을 의미한다.[13] 이러한 유쾌하게 되는 때는 교회에 지극히 중요하다.

주님의 존전으로부터. 문자적으로, "얼굴"(프로소포우, *prosopou*) 을 말한다.『이십세기 신약성경』(Twentieth Century New Testament)

은 이것을 "주님 자신으로부터 직접"이라고 묘사한다. 그 관용구는
또한 사도행전 5:41; 7:45; 데살로니가후서 1:9에도 나온다. 이 본
문에서 그것은 밝게 미소 지으시는 하나님의 존전에서 오는 유쾌하
게 되는 것을 말한다.

그는 예수 그리스도를 보내실 것이다. 아버지는 아들을 세상에
처음 보내셨으며 (요 3:17; 7:28-29; 17:18), 이제 베드로는 비록 재
림의 정확한 시간은 모르지만, 아버지가 그를 다시 보내실 것이라
고 진술한다 (마 24;36). 예수님은 그를 보내신 아버지의 권한을 부
여받은 특사 또는 대표자[14]로 오실 것이다.

회복

베드로의 두 번째 설교 내용은 인상적이다. 성전 문 곁에 날마다
앉아서 구걸했기 때문에 예루살렘의 모든 사람들에게 알려진 사십
세가 넘은 절뚝발이 거지가 극적으로 고침을 받았다. 이제 그는 구
걸하지 않고 하나님을 찬양하면서 사도들과 함께 일어선 것이다!
베드로는 메시지에서 예수님이 흔히 말씀하셨던 내용을 전한 것이
다; 그는 영적인 진리를 세워 주고 설명해 줄 기적을 베풀었다.[15]
베드로의 메시지의 주제 중 하나는 *회복*이었다—절뚝발이 남자가
온전한 건강을 회복하여 바로 설교자 옆에 서 있게 된 것보다 더
나은 실제적인 예가 있겠는가!

*회복*이라는 용어는 모세가 바로를 설득시키기 위해서 행한 두 가
지 기적을 회상시켜 준다: 첫째, 지팡이를 뱀이 되게 하였다가 다시
원상태로 복원시킨 것; 둘째, 문둥병이 든 손을 가슴에서 꺼내었다

가 다시 가슴에 넣은 다음에 완전히 회복된 것.

"회복"을 번역한 헬라어 단어(*apokatastaseos*[16])는 성전 수리, 도로 수리, 정당한 소유주에게 되돌아간 재산 및 통장 계좌의 잔액과 관련하여 파피루스 사본과 비문에 사용되어 왔다. 그것은 또한 건강을 완전히 회복한 상태, 또는 뺀 관절을 원 위치로 회복시킨 상태를 나타내는 기술적이고 의학적인 용어로도 사용된다. 요세푸스는 그 단어를 포로로부터의 귀환을, 그리고 필로(Philo)는 희년(禧年)의 유산 반환을 묘사할 때 사용했다.

베드로는 그 용어를 하나님의 회복을 묘사할 때 사용했다. 『예루살렘성경』(The Jerusalem Bible), 『새영어성경』(New English Bible)과 필립의 『현대영어 신약성경』(New Testament in Modern English)은 그것을 "보편적인 회복"이라고 번역해 준다. 『오늘의 영어성경』(Today's English Version)은 그것을 "만물이 새로 만들어지다"라고 한다. 『메시지 성경』(The Message)은 "그의 거룩한 옛 선지자들의 설교를 통하여 만물이 하나님이 말씀하신 바대로 다시 회복될 때까지 그는 당분간 보이지 않게 천국에 남아 계셔야만 한다"고 말한다.

이 구절의 헬라어 본문의 *때*는 크로노스인데, 이 단어는 우리가 이미 다룬 *카이로스*와 대조를 이룬다. 이 두 단어는 예수님의 승천 바로 전에 그가 함께 사용하셨다: "*때*[크로노스]와 *기한*[카이로스]은 아버지께서 자기의 권한에 두셨으니 너희의 알 바 아니요" (행 1:7, 강조 첨가).

그 두 용어는 뜻이 중복될 수 있으며 심지어는 동의어로 사용되지만, 일반적으로 크로노스는 더 크고, 더 포괄적인 용어이다. 이 경우에 그것은 오늘날까지의 모든 교회 역사를 언급해 준다. 이와는 대조적으로 *카이로스*는 하나님이 짧은 기간 동안 갱신을 일으키셨을 때 교회 역사에서 그 시점을 언급한다.

베드로는 사도행전 3장에서 *크로노스*를 선지자들[17]이 말한 모든 것들을 회복시키는 때(바로 그 때 시작된)를 묘사하기 위하여 사용하였다. 베드로가 주목하는 초점은 세속적인 의식이나 국가적인 회복 또는 물질적인 성전이 아니었다. 그는 마귀와 그 졸개들 또는 강퍅하고 회개하지 아니한 죄인들이 회복하는 것에 대해서 말하지 않았다. 베드로는 회복에 관한 하나님의 큰 목적은 하나님의 새 이스라엘, 즉 모든 나라에 있는 하나님의 백성인 유대인과 이방인으로 구성된 교회 안에서 그리고 교회를 통해서 성취되게 되었음을 깨달았다! 이 회복의 기간이 그리스도의 재림에서 절정을 이루는 교회 시대이다. 이 기간 동안에 간헐적인 성령의 단비가 있을 것이다. 베드로처럼 오늘의 우리 또한 역사상 우리의 고유한 시간이 "이 때"를 가리킨다고 주장할 수 있다 (행 3:24).

새롭게 됨

"새롭게 됨"은 예수님이 마태복음 19장 28절에서 언급하신다: "내가 진실로 너희에게 이르노니, 세상이 *새롭게 되어* 인자가 자기 영광의 보좌에 앉을 때에 나를 좇는 너희도 열두 보좌에 앉아 이스라엘 열두 지파를 심판하리라" (강조 첨가). 그러나 "새롭게 됨"이 사도행전에 나오지 않지만, 주석가들은 그것을 흔히 "만유를 회복하실 때"(행 3:21)와 관련시킨다.

나는 이미 5장에서 더 자세히 설명하면서 *영적 신생*은 헬라어 신약성경에 두 번만 사용된 *팔린제네시아(팔린, 다시; 제네시스, 탄생)*를 번역한 것임을 언급한 바 있다. 여기에서 그 의미는 만물의 "회복"이다.[18] 그것은 특별히 나라가 회복되는 때와 영적인 높은 수준으로 유쾌하게 되는 것을 말한다.

예수님이 가르치신 대로, 하나님의 나라는 영적일 뿐 아니라 또한 문자 그대로이다. 온 땅은 하나님의 영광과 그리스도의 통치로 가득 찰 것이다. *새롭게 됨*은 문자 그대로 죄의 더러움에서 자유롭고 의로운 영향력에 제한받지 않는 영광스러운 지상의 하나님의 나라에서 영적인 하나님의 나라가 성취되는 것을 말한다. 예수님은 영광스러운 보좌에 앉으실 것이다. 사도들도 보좌에 앉을 것이다. 언제 이러한 일이 일어날 것인가? 마태복음 19장 28절에 의하면:

"인자가 나라의 자기 영광의 보좌에 앉을 때에" (NLT).
"새 세상에서" (RSV).
"장차 올 세상에서" (NEB).
"만유를 회복하실 때에" (NIV).

이 새롭게 됨 또는 회복은 유대인들을 포함하고 있는가? 등록된 이백 이상의 나라와 많은 소수 민족들과 함께 이스라엘이 포함되어 있다. 세계의 모든 인종들은 하나님의 큰 계획 안에 포함되어 있다. 마태복음 25장 32절에서 이스라엘을 포함한 모든 나라가 그리스도의 심판대 앞에 설 것이며, 어떠한 민족도 우대를 받을 수 없을 것이다. 모든 나라들은 칭찬과 정죄를 받을 것이지만, 실제로는 개인에게 특별히 초점이 맞추어질 것이다. 보좌에 있는 사도들은 복음이 이렇게 받아들여졌고 의가 어떻게 촉진되었는지에 대한 평가인으로 행할 것이다. 그들은 특히 이스라엘의 열두 지파를 심판할 것이다. 고난을 극복한 순교자들은 바로 그들의 면전에서 하나님의 백성과 믿지 않는 자들에게 보상과 정죄를 가져다 줄 것이다.

내가 이미 언급한 것처럼, 마태복음 25장 31절은 그의 보좌의 *때*를 정확히 지적해 준다: "인자가 자기 영광으로 모든 천사와 함께 올 *때*에 자기 영광의 보좌에 앉으리니" (강조 첨가). 재림은 문자 그대로 심판의 보좌와 때를 주관한다. 이 결산의 때에는 첫 부활인 "의인들의 부활"(눅 14:14)이 있게 된다.

이것은 요한계시록 20장에 묘사된 천년왕국에 대한 예수님의 지식을 분명하게 입증해 준다. 비록 예수님은 천 년이라는 특정된 기간을 언급하지 않으셨지만, 마태복음 19장 28절에 나온 보좌와 통치와 누가복음 20장 34-36절의 부활에 대해 그가 묘사하신 것은 요한이 선언한 것처럼 천년왕국을 묘사해 준다. 예수님은 또한 부활, 심판, 그의 백성들과의 교제와 영원한 생명을 앞으로 다가올 세대와 연결시키셨다 (마 13:39-40, 49; 눅 18:30; 20:35; 22:16, 18). 마가복음 10장 30절은 마태복음 19장 28절과 평행하는 구절로 간주되며, 이것은 새롭게 됨이 다가올 세대와 같고, 또한 천년왕국과도 같음을 지적해 준다.

예수님은 하나님의 나라가 영적으로 가까이 왔다고 가르치셨지만, 그는 하나님의 나라가 문자 그대로 올 때와 그와 그를 믿는 자들이 함께 사귐을 즐길 때를 예언하셨다 (눅 22:18). 예수님은 *밀레니엄*(우리에게 더 친숙한 용어)이란 라틴어를 사용하지 않으셨지만, 그는 더 친숙하고 유대인 청취자들에게 덜 혼란스러운 용어인 *새롭게 됨*과 *다가올 세대*란 용어를 사용하셨다. 이것은 다음 질문

에 답해 준다: "예수님은 천년왕국에 대해서 말씀하신 적이 있는가?" 그 대답은 그렇다 이지만, 그는 그것을 묘사하실 때, 다른 용어들을 사용하셨다.

Re(다시)로 시작되는 여덟 단어

그리스도는 복음 시대 끝까지 천국의 의무를 신실하게 실행하실 것이다. 이것은 또한 위에서 토의한 유쾌하게 됨과 회복의 때가 달성되는 것을 의미한다. 다음의 도형은 우리의 주 본문, 사도행전 3장 19-21절의 주제에 적합한 여덟 단어를 활용해 준다: *그의 강림은 유쾌하게 됨과 회복을 절정에 이르게 하고, 새롭게 됨을 주관할 것이다.*
re(다시)로 시작되는 모든 단어는 "다시" 또는 "새로"를 의미하며, 이 복음 시대에 특별하게 적용된다.

Re(다시)로 시작되는 여덟 단어

1. 개혁 (**Re**formation)

2. 보류 (**Re**tained)

3. 유쾌하게 됨 (**Re**freshing)

4. 회복 (**Re**storation)

5. 화해 (**Re**conciliation)

6. 재림 (**Re**turn)

7. 부활 (**Re**surrection)

8. 새롭게 됨 (**Re**generation)

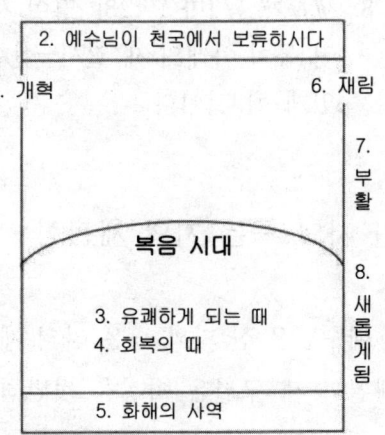

도형에서 어떻게 *다시*라는 단어가 재림과 관련이 있는지 주목해 보라:

1. *개혁* (히 7:12; 9:10-11): 그리스도는 새 언약의 구원으로 대치하면서 구약 시대를 완료하셨다.
2. *보류* (행 3:21): 예수님은 선지자들이 말한 모든 것이 성취될 때까지 천국에 남아 계셔야만 한다.
3. *유쾌하게 됨* (행 3:19): 간헐적인 영적 갱신의 때는 그리스도가 교회에 보내 주신다.
4. *회복* (행 3:21): 모든 성경적인 예언은 이 기간에 완성되고 성취될 것이다.
5. *화해* (고후 5:19): 구원받지 못한 사람은 교회의 시대에 그리스도의 사역과 메시지를 통하여 화해될 수 있다.
6. *재림* (행 3:20): 그리스도는 아버지께서 두 번째 보내실 것이다.
7. *부활* (눅 20:35): 의롭게 죽은 자는 그리스도의 재림 때 부활될 것이다.
8. *새롭게 됨* (마 19:28): 땅이 새롭게 됨과 그리스도의 메시아적 통치 아래의 새 질서—실현된 희년의 개념이 최대한도로 있게 될 것이다.

산 자와 죽은 자의 재판장

예수님은 산 자와 죽은 자의 재판장으로 재림하실 것이다. 사도행전의 세 구절은 이것을 뒷받침해 준다 (강조 첨가):

베드로는 고넬료의 기족에게: "[그리스도가] 우리를 명하사 백성에게 전도하되, 하나님이 *산 자와 죽은 자의 재판장*으로 정하신 자가 곧 이 사람인 것을 증거하게 하셨고" (행 10:42).

바울이 아덴에서: "이는 정하신 사람으로 하여금 *천하를 공의로 심판할 날*을 작정하시고, 이에 저를 죽은 자 가운데서 다시 살리신 것으로 모든 사람에게 믿을 만한 증거를 주셨음이니라" (행 17:31).

바울이 총독 벨릭스 앞에서: 그(바울)가 의와 절제와 *장차 오는 심판*을 강론하니, 벨릭스가 두려워하였다 (행 24:25).

의심의 여지가 없지만, 그리스도인과 비그리스도인 누구나 할 것 없이 온 세상의 대 재판장 앞에 서야 할 것이다. 10장에서 우리는 그리스도의 심판대(롬 14:10; 고후 5:10)를 다룰 것이다. 도전적인 질문이 우리에게 있다: 재림하실 때 성도와 죄인, 즉 모든 사람들을 포함하는 단 하나의 심판이 있는가? 아니면 하나는 의인을 위하여 천년왕국 전에, 그리고 또 하나는 믿지 않는 자들을 위하여 천년왕국 후에, 모두 두 번 심판이 있을 것인가?

재림과 심판을 연결해 주는 성경 구절의 수는 간과할 수 없다. 무천년설과 후천년설 신봉자들은 일반적으로 첫 번째 접근법을 좋아하고, 천년왕국 신봉자들은 후자를 좋아한다. 그리스도인들이 심판을 받을 것인지 아닌지에 대한 질문은 우리 모두에게 상당한 관심사이며, 이 중요한 주제는 이 두 가지 접근법을 섞어가면서 앞으로 나오는 장에서 다룰 것이다.

그러나 내가 이제 말하고 싶은 것은, 어떠한 심판도 죽은 자와 함께 현재 살아 있는 60억의 사람들이 연루되는 질질 끌고 지루한 사건이 아니라는 것이다. 각 사람이 자기의 삶에 대해서 천천히 그리고 자세하게 심사받고 심문받는 동안 각 사람이 하나님의 보좌 앞에 차렷 자세로 서 있지는 않을 것이다. 이제 보좌에 앉아 있는 사도들은 사람들의 삶의 찬부 양론(贊否 兩論)을 깊이 심의할 것이다. 새 언약의 사도적 진리를 대표하는 그들의 참여는 하나님의 공의에 대해서 각 사람이 진실되고 비평 없이 인식한 사실을 이끌어 내기에 충분할 것이다.

나는 인간의 두뇌가 과거로부터 순간적인 자료를 끄집어낼 수 있는 컴퓨터와 같은 기능을 갖도록 만들어졌다고 확신한다. 예를 들면, 나는 컴퓨터에서 단지 *단어 계산*에다 마우스를 눌렀다. 나는 컴퓨터에서 그 자료를 끌어내는 데 얼마나 걸리는지 알아보기로 하였다. 내가 *하나*라고 말하기도 전에, 컴퓨터는 이제까지 이 장에서 5,048단어를 사용했었다는 기록이 나왔다. 각 단어는 타이프를 치는 즉시 컴퓨터의 기억 장치로 프로그램을 만든다.

이와 비슷한 방법으로 우리의 행위 또한 이루어지는 순간 우리의 존재 안에 기록된다. 심판 때에 펼쳐지는 "책들"은 손으로 쓴 양피지로 되어 있지 않다. 우리가 주님 앞에 설 때, 우리 각자는 우리가 일찍이 행한 모든 잘잘못이 어떠한 것인가를 순식간에 인식하게 될 것이다. 어느 누구도 드러난 하나님의 심판 또는 사도의 평가에 반론을 제기하지 못할 것이다. 왜냐하면 모든 사람이 잘못을 할 수 없는 위대한 하나님의 완전함과 거룩함에 압도될 것이기 때문이다. 어떤 사람들은 구원받을 것이고, 어떤 사람들은 구원받지 못할 것이다. 어느 누구도 천국 또는 지옥으로 강제로 *보내지지는* 않을 것이다; 하나님은 사람의 선택을 존중하심으로 각 사람의 존엄성을 존중하실 것이다.[19] 우리의 영원한 미래는 의심할 여지없이 우리의 선택 여하에 달려 있다.

부활은 우리의 소망

사도 바울은 하나님의 백성의 소망은 재림 때에 있을 의로운 자를 위한 죽은 자의 부활에 있다는 것을 계속적으로 확언하였다. 회심 전의 사울은 부활을 믿었고, 그러한 초자연론을 믿지 않았던 또 다른 유대인 집단인 사두개인과 언제나 다투었던 바리새파에 속했다. 사울의 극적인 회심은 그가 부활하신 예수님을 개인적으로 만났을 때 일어났으며 (행 9:5), 그 때 이후로 그는 그리스도가 죽음을 극복하셨으며, 의인과 악인의 부활이 있을 것임을 선언했다.[20] 이것은 곧 바울의 한 기본 교리가 되었다.

사도행전을 끝맺는 장에서 로마의 죄수인 바울은 유대와 로마의 당국자들 앞에서 그의 복음의 메시지와 자신의 무죄를 변호하였다. 바울은 가이사에게 호소하였기에 아마도 네로 앞에서도 증언하였을 것이다. 그가 대제사장 아나니아와 총독 벨릭스 앞에서 변명했을 때, 그는 선언하였다: "저희[나의 고소인들]의 기다리는 바 하나님께 향한 소망을 나도 가졌으니, 곧 의인과 악인의 부활이 있으리라 함이라....내가 '죽은 자의 부활에 대하여' 오늘 너희 앞에 심문을 받는다고 한 이 한 소리가 있을 따름이니이다" (행 24:15, 21). 브루스에 의하면, 바울은 "그 자신을 반대하여 고소할 수 있는 유효하고 유일한 고소는 신학적인 고소이며, 그 고소는 부활을 믿는 모든 자들이 나누어야만 하는 깃임을 단순히 주장한다"고 했다.[21]

바울은 이스라엘 나라의 소망은 죽은 자의 부활의 교리에 달려 있다고 주장한다. 그 마지막 부활은 메시아인 예수님의 부활에 의해 확언된다: "그리스도께서 죽은 자 가운데서 다시 살아 잠자는 자들의 첫 열매가 되셨도다" (고전 15:20). 바울은 그의 서신에서 이 의인의 부활을 그리스도의 재림과 분명하게 동일시하였다. 이것이 바울로 하여금 *파루시아*를 "복스러운 소망"(딛 2:13)이라고 일컫게 하는 이유이다.

환난은 천국으로 가는 길

초대 교회는 고난을 많이 경험했다. 어쨌든 보통 사람이 살기에 쉬운 시대가 아니었지만, 그리스도의 가르침에 따라 살았기 때문에 사악하고 부당하게 공격을 당했을 때, 그것은 거의 견디어 낼 수 없는 일이었다. 초대 교회의 핍박과 고난은 믿기 어려운 것이다. 실제로 그러한 생활 양식은 바울이 사도행전 14장 22절에서, "우리가 하나님 나라에 들어가려면 많은 환난을 겪어야 할 것이라"고 말한 대로 그리스도인에게는 아주 흔한 것이 되었다. 그것은 기본적인 원칙 같아 보였다. 바울은 디모데에게 "무릇 그리스도 예수 안에서 경건하게 살고자 하는 자는 핍박을 받으리라"(딤후 3:12)고 말했다.

이것은 오늘날 서양의 그리스도인이 받아들이기 쉬운 교리가 아니며; 헌신과 영성을 이루기 위해 풍요로움은 굉장한 대가를 치러야 한다. 삶의 쾌락은 우리의 영적인 민감함을 무디게 하는 교활한 방법을 가지고 있다. 아직 우리 시대에도 세계 각처에서 지독한 핍박과 순교가 있다—핍박이 올 때, 하나님은 그의 백성들에게 특별한 은혜를 주신다는 생각과 함께. 그들은 견디어 낼 수 있을 뿐만 아니라, 화형에 처해서 불에 타고 있을 때조차도 찬송을 부를 수 있다!

바울은 증언했다, "그러므로 내가 그리스도를 위하여 약한 것들과 능욕과 궁핍과 곤란을 기뻐하노니, 이는 내가 약할 그 때에 곧 강함이니라" (고후 12:10). 베드로는 우리의 현재의 고난을 그리스도의 재림과 대조하였다: "사랑하는 자들아, 너희를 시련하려고 오는 불시험을 이상한 일 당하는 것 같이 이상히 여기지 말고, 오직 너희가 그리스도의 고난에 참예하는 것으로 즐거워하라. 이는 그의 영광을 나타내실 때에 너희로 즐거워하고 기뻐하게 하려 함이라. 너희가 그리스도의 이름으로 욕을 받으면 복 있는 자로다. 영광의 영, 곧 하나님의 영이 너희 위에 계심이라" (벧전 4:12-14).

내가 가지고 있는 『존더반 주제별 성경』(The Zondervan Topical Bible)은 핍박의 주제에 관한 구절을 여섯 쪽의 이중 칼럼을 할애해서 다루고 있다. 유대인 예언자들, 사도들, 초대 교회와 예수님 자신도 성경 전체에서 무시할 수 없는 이 핍박의 주제를 강조한 것 같다.

데살로니가전후서에서 바울은 재림에 관한 가장 강력하고 분명한 진술을 한다. 이러한 진술 중 어떤 것은 예수님이 전에 이미 말씀하신 것이지만, 열다섯 개는 신약성경의 다른 어느 곳에도 없는 것이다. 그것들이 다음 장에서 우리가 다룰 내용이다. 또한 우리는 9장에서 휴거 이론의 기초가 되는 한 구절을 접하게 된다. 이것은 증명될 수 있는가?

9

혼미한 데살로니가인들을 위한 확신

데 살로니가 교회로 보낸 바울의 두 서신은 일반적으로 신약에서 제일 먼저 쓰인 서신으로 간주된다. 그 서신의 핵심 주제는 예수 그리스도의 영광스런 재림이다. 바울은 그 곳에 잠시 머무는 동안 그 교회에서 이 주제에 대해 가르친 것이 틀림없지만 (행 17:2; 빌 4:16; 살전 2:9; 살후 3:8), 그가 없는 동안에 사랑하는 제자들의 마음에 어떤 난해한 의심들이 생겼었다. 어떤 그리스도인들이 죽었는데, 그들의 친구들은 재림 때에 죽은 자들의 신분이 어떠한 것인지를 궁금해 했다.

바울은 그리스도 안에서 이미 죽은 자들은 불리한 것 없지만, 그리스도의 재림 때에 의로운 자의 대 부활에 확실히 참여하리라는 것을 강조했다. 이 근본적인 가르침을 기록함으로, 바울은 다른 교회 가운데서 그것을 사용할 수 있게 함은 물론 그 내용을 보존할 수 있었다. 그는 그 문제가 해결되기를 원했기에 그것을 분명히 해 줄 모든 노력을 아끼지 않았다.

데살로니가전후서에 나타난 바울의 견해는 재림에 관한 신약성경 전체 구절의 약 7%에 달하며, 그리스도의 재림과 관련된 신약성경의 필수적인 개념에 대한 전체 수의 약 25%에 달한다. 나는 다음의 이야기 형식의 구절로 배열해 놓은 구절 중 신약성경 어느 곳에도 나오지 않고 이 두 서신에만 나오는 열네 구절의 끝에는 별표를 해 두었다.

데살로니가서의 기록

예수님의 영광스런 재림에 대하여
데살로니가인들이 알기를 바울이 원했던 모든 것

1. **하나님의 아들, 예수 그리스도의 재림은** (예수님 살전 1:1
   을 죽은 자들 가운데서 다시 살리신 것과 같은),
2. 아직 이르지 아니하였으며,* 살후 2:2
3. 그러나 주의 날이 이르게 될 때, 그것은 세상에 전적 살전 5:2-8
   으로 놀라운 일이 될 것이며,
4. 그 날이 임할 것을 교회가 안다. 살전 1:10; 5:4
5. **주 예수 그리스도-주님 자신-가** 살전 2:19; 3:13;
   4:16; 살후 2:1
6. 하늘로부터 살전 1:10; 4:16;
   살후 1:7
7. 힘과 영광으로 살후 1:9
8. 그의 모든 성도와 함께 살전 3:13; 4:14
9. 능력의 천사들과 함께 살후 1:7
10. 구름 속에서 강림하실 것이다. 살전 4:17
11. **주께서 호령의 소리로,** 살전 4:16
12. 천사장의 소리로,* 살전 4:16
13. 하나님의 나팔로 강림하실 것이다. 살전 4:16
14. **주의 날(그 날)은 배도(변절)하는 일과 불법의** 살후 2:1-3
    사람(죄)이 나타날 때까지 임하지 않을 것이다.*
15. 그 날에 주께서 강림하실 것이다. 살후 1:10
16. 주의 날은 성도들에게가 아니라 불법한 자들에게 살전 5:2-8

밤에 도적 같이 이를 것이다.

17. **그가 불꽃 중에 나타나실 때에*** 살후 1:7-8

18. 믿지 않는 자들과 불순종하는 자들에게 형벌을 주 살후 1:8-9
시고,

19. 불법한 자들을 그 입의 기운과 밝은 모습으로 저를 살후 2:8
죽이시고,*

20. 멸망이 홀연히 이르리니 결단코 피하지 못하리라.* 살전 5:3

21. **주 강림하실 때, 그리스도 안에서 죽은 자들이** 살전 4:15-16;
먼저 일어나고— 5:10

22. 그들의 몸은 산 영과 재결합되며,* 살전 3:13; 4:14

23. —부활 후에 살아남은 성도들도 저희와 함께 공중에 살전 4:15, 17;
서 주를 영접하게 하실 것인데,* 살후 2:1

24. 구름 속으로 끌어 올려 갈 것이다. 살전 4:17

25. 이것은 모든 곳에 있는 하나님의 백성들에게 해당될 살전 3:13
것이다.

26. 그러므로 우리가 항상 (영원히) 주와 함께 살게 될 살전 4:17; 5:10
것이다.*

27. **이생에서 거룩하고 흠이 없이 살아온 성도들은** 살전 3:13; 5:23

28. 모두 그 앞에 함께 모일 것이며, 살전 2:19; 3:13;
살후 2:1

29. 주님은 그의 성도들에게서 영광을 얻으실 것이며, 살후 1:10; 2:14

30. 모든 믿는 자에게서 기이히 여김을 얻으시리라.* 살후 1:10

31. 우리는 세상의 환난으로부터 최후의 안식을 얻을 살후 1:7
것이며,

32. 최후에 완전한 구원을 얻게 하실 것이며,* 살전 5:9

33. 하나님 앞에서 거룩함에 흠이 없게 될 것이다.* 살전 3:13

34. **믿는 자들이 이 사건에 참여하는 것은 바울의 가** 살전 2:19
장 큰 기쁨일 것이다.*

35. **이 여러 말—하나님이 우리에게 주신 교리—을 사** 살전 4:15
용하라.

36. 서로 위로하고, 자지 말고, 깨어 근신하라. 살전 4:18; 5:6;

37. **인내하며, 깨어 기대하며, 그를 기다리라.**살후 1:10

살전 1:10; 5:5-8;

살후 3:5

38. 마음을 편히 하고 우리의 증거를 믿으라.*살후 1:10

39. 그가 이루실 것이기 때문에.살전 5:24

※ 신약성경의 다른 곳에서는 발견되지 않는다고 여겨지는 구절

앞의 이야기 형식의 구절에 관한 논평

데살로니가전후서에 있는 재림에 대한 바울의 진술은 신약성경에서 가장 강하고, 분명하고, 가장 완성된 진술 중의 하나이다. 바울이 이 주제를 다루기 위해 제일 처음에 쓴 서신들이 너무 위대하다는 사실을 그냥 지나칠 수는 없다: 그리스도의 재림은 근본적인 교리로 간주되었다. 또한 데살로니가전서는 그리스도의 재림에 대한 진술이 매 장 끝에 있음을 주목하라.

우리는 앞에 나온 여러 장에서 위의 이야기 형식에 담겨 있는 개념들을 이미 다루었으므로, 나는 그것들을 다시 자세히 설명하지는 않겠다. 두 번째와 세 번째 부분(5-10번과 11-13번)은 예수님이 이미 가르치셨던 것을 사도들이 계속해서 가르친 것임을 확증해 준다.

중요한 점에서부터 시작해 보자. 당신이 내가 번호를 매겨 놓은 "기록"에 포함되어 있는 구절들(그리고 또한 부록 B에 있는 453개의 신약성경의 모든 구절들)을 훑어보고, 이러한 참고 구절들이 오로지 재림 *하나*만을 언급하고 있는 것에 동의하기를 바란다. 여러 성경 해석자들은 내가 해 놓은 데살로니가서의 목록에서 몇 구절들

은 삭제하고 싶어할 것이다. 어떤 사람들은 그런 구절 중 어떤 것은 휴거에 적용된다고 말할 것이고, 또 다른 사람들은 재림과 관련된다고 말할 것이다. 또 다른 주석가들은 어떤 구절들은 하나님이 예루살렘을 심판하기 위해 오시는 것에 적용된다고 말할 것이고, 나머지 사람들은 재림에 관한 것이라고 할 것이다. 얼마나 불일치되는 다양한 의견들인가!

어떤 사람들은 데살로니가전서 4장 14-17절의 부활의 본문이 환난 전과 영광스런 재림 전에 일어나는 성도의 "휴거"를 가리킨다고 믿는다. *그러나 이것은 바울의 기본 진술에 의하면 분명하지 않다.* 바울은 다른 서신에서와 마찬가지로, 데살로니가인들에게 오직 하나의 재림을 말하고 있다.

데살로니가전서 4장 14-17절은 분명히 재림을 가리킨다. 그것은 산 성도들과 죽은 성도들이 *함께* "끌어 올려" 공중에서 주를 만난다는 의미에서 휴거이다. 그러나 이것을 재림 전의 휴거를 묘사하는 것으로 보려면 예수님의 재림의 두 가지 국면―환난 전과 환난 후―을 가정해야만 한다. 그러한 해석은 교회가 환난을 통과하지 않을 것이라는 믿음에 기초한 해석이다.[1]

그러나 데살로니가서, 감람산 설교, 다른 서신서 또는 요한계시록에는 이것이 그러하다는 아무런 암시가 없다. 환난 전의 교회의 휴거는 단지 신약성경에서 가르치고 있지 않다; 그것은 하나의 가정(假定)이다. 바울은 데살로니가전후서(그리고 물론 다른 서신서에서도)에서 단 하나의 재림을 염두에 두고 쓴 것이다.

성경학자 밥 건드리는 환난 전 휴거를 강하게 평한다. 그가 쓰기를, "만일 예수님이 진정으로 환난 전에 그리스도인들을 세상에서 데려가실 목적으로 재림하실 것이라면, 당신은 신약성경도 확실히 그렇게 말하리라고 기대할 것이다....우리는 신약성경 어디에서도 확실하게 그런 구절이나 그와 비슷한 구절을 찾아볼 수가 없다."[2]

대조되는 접근법은 세대주의적 전천년설의 입장을 옹호하는 잘 알려진 학자이며 목회자인 존 맥아더가 이렇게 말한다: "성경은 재림이 두 단계로 일어난다고 제안하는데, 첫째 단계는 성도들을 *위해서* 오시고, 그들이 끌어 올려 공중에서 주를 만나게 되는 휴거이며 (살전 4:14-17), 둘째 단계는 그가 그의 적들을 심판하시기 위해서 그의 성도들과 *함께* 오시는 (유 14) 지상 재림이다."[3]

내가 데살로니가서를 읽어본 바로는 바울이 그리스도의 *하나의* 강림에 관한 납득할 만한 가르침을 설명하려는 노력을 확인할 수 있었다. 재림 전의 특별한 휴거에 관한 참고 구절 중 어떤 것을 적용하려는 시도는, 나에게는, 바울의 단순하고 복잡하지 않은 진술을 왜곡시킨 것으로 보인다. 만일 이렇게 이해하는 것이 교회의 믿음 체제의 부분임을 그가 의미했다면, 그는 그것이 그렇다고 분명히 말했을 것이다. 그러한 중요한 가르침을 예수님과 사도들은 무시하지 않았을 것이다.

이 장에서 우리는 데살로니가전후서의 네 부분에 대해 특별히 고찰해 볼 것이다:

1. 위대한 부활
2. 주의 날
3. 하나님의 형벌
4. 적그리스도

1. 위대한 부활

우리가 예수의 죽었다가 다시 사심을 믿을진대, 이와 같이 예수 안에
서 자는 자들도 하나님이 저와 함께 데리고 오시리라. 우리가 주의 말
씀으로 너희에게 이것을 말하노니, 주 강림하실 때까지 우리 살아남아
있는 자도 자는 자보다 결단코 앞서지 못하리라. 주께서 호령과 천사
장의 소리와 하나님의 나팔로 친히 하늘로 좇아 강림하시리니, 그리스
도 안에서 죽은 자들이 먼저 일어나고, 그 후에 우리 살아남은 자도
저희와 함께 구름 속으로 끌어 올려 공중에서 주를 영접하게 하시리
니, 그리하여 우리가 항상 주와 함께 있으리라.

데살로니가전서 4:14-17

예수 안에서 잠자는 자들. 14절은 죽은 사람들을 언급하며 (마 27:
52; 요 11:11-14; 행 7:60; 고전 15:6, 18), 또한 죽어서 주님께로
간 사람들을 가리킨다. *잠자는*이란 용어는 "잠자는 영혼"을 의미하
는 것이 아니고—죽음 후의 의식이 없는 무의식의 중간 상태 같은
것을 말한다. 죽은 그리스도인의 영혼은 그리스도의 영원한 세계
에서 깨어 있지만, 몸은 죽은 자의 육체가 놓여 있는 지상에서 잠자
는 (또는 모르는) 상태에 있다 (눅 16:19-31; 23:43; 고후 5:8; 빌
1:21-23; 계 7:15-17).

재림하실 때 하나님은 예수님과 함께 "자는 자들" (살전 4:15)—죽
은 성도들의 영들—을 데리고 오셔서 그들을 부활된 몸과 연합하게
하실 것이다. 바울은 "깨든지 자든지 자기와 함께 살게 하려 하셨느
니라"(5:10)고 말한다.

바울의 진술은 누가 그리스도 안에서 살아 있든지 또는 그리스도
안에서 죽어 있든지, 그 사람은 부활을 통하여 몸의 구속을 포함하

는 궁극적인 구원을 얻게 될 것이라는 것을 그의 친구들(그리고 우리들)에게 재확신시켜 주려는 의미가 있다.

우리 살아남아 있는 자. 15절은 두 종류의 그룹—이미 죽은 자들과 살아남아 있는 자들—을 다루고 있다. 두 그룹 다 믿는 자들이다. 이미 죽은 자들은 그리스도 안에서 육체적으로는 죽었으나 영적으로는 살아 있고 예수님과 함께 활동하는 자들이다. 살아남아 있는 자들은 그리스도가 오실 때 아직 지상에 살아 있는 자들이다. 바울이 "우리 살아남아 있는 자"라고 말할 때, 그는 그 자신이 살아 있기를 기대하는 것을 의미하는 것이 아니다; 그가 의미하는 것은 오히려 그 당시에 살아 있을 모든 자들을 대신하여 *현재* 살아 있는 자라고 말하는 것이다. (우리는 이 문제를 2장에서 다루었다.) 바울의 진술은 신학적인 개념이 아니라 문자 그대로를 나타낸 것이다.

우리는 무슨 문제가 데살로니가인들을 괴롭히고 있었는지 정확히 모르나, 그것은 재림 때에 지상에 여전히 살아 있는 자들이 이미 죽은 자들보다 더 유익이 있을 것인지 아닌지와 관련이 있다. 이미 죽은 성도들을 위한 휴거가 도대체 있을 것인가? 그들의 몸은 단지 매장된 채 남아 있을 것인가? 이미 죽은 자들은 영광을 덜 경험할 것인가? 바울은 죽은 자들과 살아 있는 남은 자들이 둘 다 부활 때에 모든 것을 똑같이 누릴 것이라는 것을 그들에게 확신시키면서 이러한 두려움을 사라지게 하였다 (비록 상급에 있어서는 아니지만—10장에서 이것을 더 자세히 다룬다). 실제로, 죽은 자들은 아직 살아 있는 자들보다 *앞서* 갈 것이다.

주님 자신이 강림하실 것이다. 16절이 그리스도 예수를 언급하는 것은 의심의 여지가 없다 ("데살로니가서의 기록" 5번을 보라). 그는 전적인 승리자, 능력 있는 정복자, 의의 챔피언, 영광의 주로 재림하신다! 그는 전능하신 하나님의 충만한 능력 가운데서 천국으로부터 강림하실 것이다. 이것은 단지 수 세기에 걸친 그의 승리의 행진의 절정이다. 그는 정복하셨고, 현재 정복하고 계시며, 이 본문에서 그는 정복자로 재림하신다. 그는 만왕의 왕이요, 만주의 주이시다! 그는 회심시키려고 재림하시는 것이 아니라, 심판하고 통치하고 그의 백성들과 교제하기 위해서 오신다.

호령으로. 모든 사람들은 예수님의 재림의 순간을 알게 될 것이다. 모든 것이 성취될 것이며, 천국은 더 이상 그를 숨겨둘 수 없다. 그는 그의 백성, 그의 신부를 위해서 오신다!

16절의 호령은 "큰소리치는 명령"(켈레우스마: keleusma)으로 번역할 수 있으며, 이 용어는 본래 "장교가 군대에게 소리치는 명령, 개를 찾아 헤매는 자, 말을 모는 전사(戰士), 또는 배의 노 젓는 자의 주인"[4]을 언급하는 말이다. 그러나 이 지도자는 전 세계에 있는 그의 백성에게 생명을 선언하시는 주 그리스도 만물의 주인이 되실 것이다.

그리스도 안에서 죽은 자들이 일어날 것이다. 예수님이 말씀하신 것처럼, 천국에 있는 구속받은 자의 영혼들은 곧 이전의 육체적인 몸과 결합될 것인데, 이것은 성령의 능력으로 즉시 영광스럽게 변화되며 부활되는 것이다. 그리스도 안에서 죽은 자들이 먼저 일어날 것이다. 예수님은 말씀하셨다, "죽은 자들이 하나님의 아들의 음성을 들을 때가 오나니 곧 이 때라. 듣는 자는 살아나리라" (요 5:25).

그보다 더 전에 예수님이 큰 소리로, "나사로야, 나오라!"(요 11:43)고 부르신 것을 회상해 보라. 그러자 수의로 감싸인 채 외로운 그가 악취를 풍기는 무덤에서 나온 것이다. 실제로, 나사로가 죽은 자 가운데서 살아난 것은 그가 이미 알았었던 *육체적인* 부활로, 자연적으로 죽을 수밖에 없었던 지상에서의 생명이 되살아난 재생이었다. 나사로는 후에 다시 죽었고, 그의 몸은 이제 의인의 위대한 부활을 기다리고 있다.

비슷한 형태의 부활이 예루살렘에서 죽었던 여러 성도들에게 일어났다. 그들은 예수님의 부활의 일시적인 증인으로 죽은 자 가운데서 살아났다 (마 27:52-53).

이제 16절에서, 하나님의 아들의 호령은 세상의 잠자는 무덤 전역에 천둥처럼 울려 퍼진다. 그리스도 안에서 죽은 자들이 천국의 기상 소집 명령을 듣고 새로 재건되고 부활된 영화로운 몸으로 무덤에서 나온다. 고린도전서 15장 51-53절의 유명한 본문은 그 장면을 다음과 같이 묘사한다:

> 보라, 내가 너희에게 비밀을 말하노니, 우리가 다 잠잘 것이 아니요, 마지막 나팔에 순식간에 홀연히 다 변화하리니, 나팔 소리가 나매, 죽은 자들이 썩지 아니할 것으로 다시 살고, 우리도 변화하리라. 이 썩을 것이 불가불 썩지 아니할 것을 입겠고, 이 죽은 것이 죽지 아니함을 입으리로다.

그리스도 자신은 그의 영적 능력으로 모든 곳에 있는 죽을 수밖에 없는 성도들의 썩은 몸을 개인적으로 만나서 살과 뼈에 영원한 완전함과 생기를 주실 것이다. 예수 그리스도는 "만물을 자기에게 복종케 하실 수 있는 자의 역사로 우리의 낮은 몸을 자기 영광의 몸의 형체와 같이 변케 하시리라" (빌 3:21). 우리의 몸은 우리 주님의 부활하신 몸—육체적으로 알아볼 수 있지만 더 이상 중력과 같은 자연 법칙에 의해서 제한되지 않은 몸—과 같이 될 것이다. 래드는 "이것은 영 또는 영의 구성으로 만들어진 몸이 아니다; 그것은 완전하게 능력으로 주입되고 성령의 생명으로 소생시킨 [육체적인] 몸이고, 영원한 생명을 즐기도록 완전하게 고안된 몸이다."5)

죽은 성도들의 부활은 그를 믿는 각 사람을 위한 그리스도의 강한 사랑의 강력한 증거이다. 사망은 더 이상 그리스도인들의 몸에 남아 있는 부분을 붙잡아 둘 수 없다; 예수님의 강렬한 사랑의 능력은 구속받은 영혼들과 하나님께 속한 각 개인의 방금 영화로와진 몸을 함께 모을 것이다. 믿는 자들의 몸은 구속될 것이다!

멸망되지 않고, 부패하지 않는 영원한 부활의 "집"은 주님의 부활의 능력으로 죽은 자 가운데서 일어난 살과 뼈에 이제 옷을 입힐 것이다. 우리의 소원이 이루어진 것이다! "과연 우리가 여기 있어 탄식하며 하늘로부터 오는 우리 처소로 덧입기를 간절히 사모하노니" (고후 5:2); 우리의 바라는 것은 "우리 몸의 구속"(롬 8:23)이다.

성도의 기적적인 변화는 환난 후 그리고 그리스도의 천년왕국 통치 시초인 그의 재림 때에 일어날 것이다. 믿지 않고 죽은 자들은 더 후에 최후의 심판을 직면하기 위해 살아날 것이다 (12장의 부활에 관한 내용을 보라).

우리 살아남은 자. 그리스도의 명령은 천사장의 소리와 하나님의 나팔과 함께 울려 퍼질 것이다. 세상에 살아남은 자 중 많은 사람들은 환난과 대대적인 핍박으로 지쳐 있음에도 불구하고 승리한 사람인데, 그들은 나팔 소리에 하나님의 영에 의해서 영화롭게 될 것이며, 몸은 눈 깜짝할 사이에 부활의 능력으로 변화될 것이다. 이렇게 살아남은 자들—17절의 "우리 살아남은 자"—은 부활한 형제 자매들과 같이 영화롭게 되고 불멸의 몸으로 옷 입을 것이다. 그들은 함께 삶을 소생시켜 주는 예수님의 능력으로 활기를 돋울 것이다: "예수를 죽은 자 가운데서 살리신 이의 영이 너희 안에 거하시면 그리스도 예수를 죽은 자 가운데서 살리신 이가 너희 안에 거하시는 그의 영으로 말미암아 너희 죽을 몸도 살리시리라" (롬 8:11).

함께 끌어 올려. 부활의 놀라운 광경과 소리는 우주에 편만할 것이다. 이미 죽은 하나님의 백성의 몸은 부활될 것이다. 살아남은 자들도 변화될 것이다. 그리하여 그리스도 안에서 산 자와 죽은 자가 육체적으로 변화될 것이다. 그리고 이러한 모든 영화롭게 된 자들은 주님을 만나기 위해서 *동시에* 구름 속으로 끌어 올려 갈 것이다 (17절). 얼마나 경이로운 광경인가! 지금까지 있어 왔던 모임 중에 가장 장대한 주님의 거대한 군대가 공중에서 주님을 만나기 위해 살아날 것이다.

그것은 이전에 죽은 자와 살아 있는 자 가운데 믿는 자들이 새롭게 변화된 육체로 주님과 재회하는 웅장한 축제가 될 것이다. 빈센트(M. R. Vincent)의 『단어 연구』(Word Studies)에서 그것은 "신속하고 저항 없는 하나님의 힘"[6)에 의해서 일어날 것이라고 말한다. 키텔의 『신학 사전』은 그것을 "하나님의 강력한 작용"[7)의 표현이 될 것이라고 말한다. 매우 적절한 표현이다! 그 시점에서부터 우리는 항상 주님과 함께 있게 될 것이다. 바울은 고린도후서 4장 14절에서 다음과 같이 묘사했다: "주 예수를 다시 살리신 이가 예수와 함께 우리도 다시 살리사 너희와 함께 그 앞에 서게 하실 줄을 아노니."

바울은 *그리스도 안에* 있는 죽은 자들과 살아남은 자들의 변화를 묘사했다. 그러나 믿지 않는 자들은 어떠한가? 믿지 않고 죽은 자들의 부활 또는 믿지 않고 살아 있는 자들의 변화에 관한 내용은 찾아 볼 수 없다. 바울은 믿지 않고 살아 있는 자들은 *죽는다—부활되지 않는다*—고 지적한다. 하나님은 "하나님을 모르는 자들과 우리 주 예수의 복음을 복종치 않는 자들에게 형벌을 주시리니, 이런 자들이 주의 얼굴과 그의 힘의 영광을 떠나 영원한 멸망의 형벌을 받으리로다"(살후 1:8-10)라고 하신다. 믿지 않는 자들은 하나님의 흰 보좌 앞에서 심판받을 때인 천년왕국 후에 그들의 부활을 기다릴 것이다.

*함께 끌어 올려는 휴거*라는 잘 알려진 단어를 탄생시킨 표현이다. 그것은 헬라어 본문에서 *하파조* (harpazo), 라틴어 성경에서 *라피오*(rapio)를 번역한 것이다. 두 단어 다 "빼앗아 가다"의 뜻이나, 그것은 붙잡았다는 라틴어였다. *휴거*라는 영어 단어는 성경에 나오지 않고 라틴어에 근거하기는 하지만, 그것은 그리스도를 믿는 자들이 지상으로부터 끌어 올려져 공중에서 그를 만나는 것을 묘사하기 위해서 기독교계에서 정식으로 사용되는 단어이다.

하파조가 신약성경에 열세 번 사용되므로, 우리는 그 단어의 여러 가지 흥미 있는 적용을 볼 수 있다. 내가 쓴 『헬라어-영어 용어 색인』(Greek-English Concordance)[8]은 여섯 항목 밑에 다음의 내용을 열거한다: 끌어 올리다, 억지로 잡다, 빼앗아 가다, 잡아 뽑다, 늑탈하다 그리고 끌어내다. 여기에 내가 묘사한 내용이 포함된 해당 참고 구절이 있다:

이리가 양을 **늑탈하고** (요 10:12)

예수께서 저희가 와서 자기를 *억지로 잡아*...아시고 (요 6:15)

로마인들이 바울을 유대인의 무리 가운데서 *빼앗아 가지고* (행 23:
　10)

마귀가 와서 그 마음에 뿌리운 것을 *빼앗나니* (마 13:19)

아무도 *우리를* 예수님과 하나님의 손 *에서 빼앗을 자가 없다는 예수*
　님의 확신 (요 10:28-29)

그리스도인들은 믿지 않는 자들을 불 *에서 끌어내어* (유 23)

성령이 빌립을 아소도로 *이끌어 간지라* (행 8:39-40)

바울이 낙원으로 *이끌려 가다* (고후 12:2, 4)

그 아이를 하나님 앞과 그 보좌 앞으로 *올려 가더라* (계 12:5)

위의 참고 구절들은 갑작스러움, 강탈, 강압, 신속함, 폭력과 어떤 상황으로부터 제거되는 것을 설명해 준다. 『헬라어-영어 행간 신약성경』(Interlinear Greek-English New Testament)은 우리가 "공중에서 주를 만나기 위해 구름 속으로 이끌려 갈 것이다"라고 말한다. 위험하고 파멸적인 위의 설명은 휴거에 적용되지 않고; 오히려 그것은 갑작스러움과 힘과 관련된다. 아마도 가장 좋은 예화는 신약성경에서 가장 적게 다루고 있는 기적 중 하나인 하나님이 빌립의 몸을 아소도로 가는 사막길에서 갑자기 *이끌어* 간 것이다 (행 8:39-40).

　주를 영접하게 하다. *영접하다*(17절)는 분명히 "새로 도착한 고관을 공식적으로 환영하다"[9]라는 것과 관련되어 사용하는 표현이었다. 하나님의 천사들이 이 구속받은 부활한 자들의 큰 무리를 사방에서 모으고 영광의 주님을 만나도록 하늘에서 그들을 안내하는 것을 상상해 보라 (마 24:31). 모든 성도들과 함께 한 모든 천사들을!

2. 주의 날

> 형제들아, 때와 시기에 관하여는 너희에게 쓸 것이 없음은 주의 날이
> 밤에 도적 같이 이를 줄을 너희 자신이 자세히 앎이라. 저희가 "평안하
> 다, 안전하다!" 할 그 때에 잉태된 여자에게 해산 고통이 이름과 같이
> 멸망이 홀연히 저희에게 이르리니 결단코 피하지 못하리라. 형제들아,
> 너희는 어두움에 있지 아니하매, 그 날이 도적 같이 너희에게 임하지
> 못하리니, 너희는 다 빛의 아들이요, 낮의 아들이라. 우리가 밤이나
> 어두움에 속하지 아니하나니, 그러므로 우리는 다른 이들과 같이 자지
> 말고 오직 깨어 근신할지라. 자는 자들은 밤에 자고, 취하는 자들은
> 밤에 취하되, 우리는 낮에 속하였으니 근신하여 믿음과 사랑의 흉배를
> 붙이고, 구원의 소망의 투구를 쓰자. 하나님이 우리를 세우심은 노하
> 심에 이르게 하심이 아니요, 오직 우리 주 예수 그리스도로 말미암아
> 구원을 얻게 하신 것이라.
>
> 데살로니가전서 5:1-9

8장의 "재림에 관한 사도행전의 내용"에서 나는 이 중대한 사건
과 관련이 있는 신약성경의 열일곱 구절들(참조 구절들과 함께)을
열거하였다. 그 구절들은 다른 강조점 또는 뜻을 지니고 있다. 그러
나 (내가 전에 진술한 것처럼) 주의 날은 그 사건과 더 밀접하게 관
련되어 있는 *하나의* 큰 사건이다. 예를 들면, 여덟 책에 있는 열한
구절들에서 주의 날은 심판의 날이라는 것을 우리에게 말해 준다.
그것을 "그 날," "저 날," "마지막 날," "그의 날" 또는 "하나님의 날"
이라고 부른다 해도, 그것은 똑같은 사건과 기간을 의미한다.[10] 데
살로니가서에 나타난 날(강소 침기)이 일곱 번 나타나는 것은 모두

다 (다른 모든 참조 구절처럼) 같은 사건인 그리스도의 재림을 가리킨다:

> *주의 날*이 도적 같이 이른다 (살전 5:2).
>
> 그러나 형제인 너희는 어두움에 있지 아니하므로, 그 날이 도적 같이 임하지 않는다 (살전 5:4).
>
> 너희는 다 빛의 아들이요, *낮*("the day"—역자 첨가)의 아들이라 (살전 5:5).
>
> 그러나 *낮*("the day"—역자 첨가)에 속한 우리는 근신하자 (살전 5:8).
>
> 그 날에 강림하사 그의 성도들에게서 영광을 얻으시고...(살후 1:10).
>
> 혹 *그리스도*[개역 한글판에는 "주"—역자 *쥐*의 날이 이르렀다고...두려워하지 [말라] (살후 2:2).
>
> 먼저 배도하는 일이 있고, 저 불법의 사람이 나타나기 전에는 그 날이 이르지 아니한다 (살후 2:3).

만일 참고 구절이 데살로니가전서 5장만 있었다면, 우리는 그렇게 많은 질문을 제기하지 않았을 것이다. 그러나 또한 데살로니가전서 4장과 데살로니가후서 1장과 2장도 있으며, 어떤 주석가들에 의하면, 이 구절들이 전체적인 해석에 심각한 문제들을 제기한다는 것이다.

후천년설 신봉자들은 일반적으로 위의 일곱 "날"의 어느 것도 재림에 관한 구절로 적용하지 *않으려* 한다. 예를 들면, 이 입장의 논리 정연한 대변자인 케이스 마티슨은 "데살로니가전서 4장을 제외한 [데살로니가 서신에 있는] 모든 장들은 주후 70년의 심판을 위한 그리스도의 강림을 가리킨다"[11]고 생각한다. 이 견해에 의하면 여러 가지 참조 구절들을 수용하기 위한 두 가지의 그리스도의 재림이 있다:

1. 예루살렘의 멸망이 하나님의 심판을 나타냈으므로, 이 사실에서 "주의 날"이 유래한 주후 70년의 1세기에 성취된 사건.
2. 데살로니가전서 4장은 그리스도의 재림 때 우리 몸의 부활을 가리킨다.

다른 한 편으로 데살로니가전서 5장은 나에게 다만 그 전 장에 있는 재림에 관한 바울의 토론의 연속인 것 같다. (마티슨의 말에서) 그가 "데살로니가전서 4장 13-18절과 5장 1-8절에 있는 별개의 두 질문에 답하고 있다"[12]는 주제 전환을 나타내는 아무런 증거가 없다. 누구나 이 가르침을 주후 70년 예루살렘의 멸망과 관련된 심판과 연결시키는 강한 선입관을 가지고 이 본문을 대해야만 하는데, 나의 경건한 친구들은 진실로 그렇게 대한다.

나는 오히려 바울이 데살로니가전서 5장 2절, 4-5절과 8절에서 날을 네 번 사용한 것이 모두 다 재림을 가리킨다고 본다. 처음 두 개의 구절은 생각지 않은 때에 갑작스럽게 그리스도가 나타나심을 말하는 다른 곳의 구절들을 반향시킨다. 그러나 바울은 그리스도인들은 "어두움에 있지 아니하매 그 날이 도적 같이 너희에게 임하지 못하리니"(4절)라고 재빨리 진술한다. 그런 다음에 바울은 믿는 자들을 두 번 "낮의"(5절과 8절)—즉, 하나님의 나라의 부활과 빛의—자녀들을 가리킨다. 10절은 분명히 이 부분을 재림과 연결

시켜 준다: "우리로 하여금 깨든지 자든지 자기와 함께 살게 하려 하셨느니라."

우리는 앞에서 검은 점으로 시작한 목록에서 날을 언급한 데살로니가후서의 마지막 세 구절을 다음 두 부분에서 논의할 것이다.

3. 하나님의 형벌

> 환난받는 너희에게는 우리와 함께 안식으로 갚으시는 것이 [하나님]의 공의시니, 주 예수께서 저의 능력의 천사들과 함께 하늘로부터 불꽃 중에 나타나실 때에 하나님을 모르는 자들과 우리 주 예수의 복음을 복종치 않는 자들에게 형벌을 주시리니, 이런 자들이 주의 얼굴과 그의 힘의 영광을 떠나 영원한 **멸망**의 형벌을 받으리로다. 그 날에 강림하사 그의 성도들에게서 영광을 얻으시고, 모든 믿는 자에게서 기이히 여김을 얻으시리라. (우리의 증거가 너희에게 믿어졌음이라.)
>
> 데살로니가후서 1:7-10 (강조 첨가)

하늘로부터 나타나심. 바울은 괴로움을 당하는 자들(단지 "환난받는 자"가 아닌)에게 하늘로부터 주 예수님이 나타나실 때에 "우리와 함께 안식할" 수 있는 진정한 초청을 한다. 안식이란 단어는 여기에서 제안한 깊이 있는 의미를 거의 느끼게 해 주지 않는다. 싸움은 끝날 것이고, 전쟁은 이겼고, 우리는 수명이 다 되어 우리 주님 곁으로 갈 것이다.

또한 바울은 7절에서 여러 방법으로 *나타나다*("밝히다, 벗다, 드러내다"는 의미의 *아포칼립시스*)라는 단어를 사용한다. 여기에서 그것은 재림 때에 주 예수님의 영광스러운 드러나심 또는 나타나심을 묘사한다. 고린도전서 1장 7절은 우리가 "우리 주 예수 그리스도의 나타나심[아포칼립시스]을 기다린다"고 말한다. *저의 능력의 천사들과 함께 하늘로부터 나타나실*이란 구절은 예수님이 마태복음 24장 30-31절에서 하신 묘사와 같지 않은가? "그들이 인자가 구름을 타고 능력과 큰 영광으로 오는 것을 보리라. 저가 천사들을 보내리니." 누가복음 17장 30절은 "인자의 나타나는 날에도 이러하리라"고 덧붙인다.

불꽃 중에. 7절과 함께 재림에 관한 새로운 차원의 더 광범위한 그림, 즉 불심판이 소개된다. 윌리엄 헨드릭슨은 『신약성경주석』(New Testament Commentary)에서 "'불꽃 중에'라는 구절은 심판에 나타난 주님의 거룩하심을 지적한다(출 3:2; ,19:16-20; 사 29:6; 66:15, 16; 시 50:3; 97:3 참조)"[13]고 말한다. 아사야 66장 15-16절은 이 의미를 잘 나타낸다:

> 여호와께서 불에 옹위되어 강림하시리니, 그 수레들은 회리바람 같으리로다. 그가 혁혁한 위세로 노를 베푸시며, 맹렬한 화염으로 견책하실 것이라. 여호와께서 불과 칼로 모든 혈육에게 심판을 베푸신즉.

베드로는 우주가 불에 타게 될 것이라고 계시하고, 바울은 고린도전서 3장 10-15절에서 불에 대한 흥미를 일으키는 내용을 담고 있다. 이제 불이 나서 좁은 길거리가 통째로 타고 있는 한 마을을 상상해 보자. 취약하고 타기 쉬운 낡은 건물들은 피해를 입은 반면에 벽돌과 돌로 지은 건물들은 피해를 입지 않았다. 바울은 결론을 맺는다: "각각 공력이 나타날 터인데 그 날이 공력을 밝히리니, 이는 불로 나타내고 그 불이 각 사람의 공력이 어떠한 것을 시험할 것임이니라. 만일 누구든지 그 위에 세운 공력이 그대로 있으면 상을 받고, 누구든지 공력이 불타면 해를 받으리니, 그러나 자기는 구원을 얻되 불 가운데서 얻은 것 같으리라" (13-15절).

형벌을 주시다. 어떤 사람들은 불의 형벌의 그림(8절)이 문자적인 예언이라기보다는 단지 심판의 *상징*에 불과하지 않을까 하고 의아해 할 것이다. 우리 모두는 간혹 이것을 의아해 했으리라고 나는 생각한다. 그럼에도 현실은 여기에 사용된 상징보다 더 무서운—또는 더 영광스러운—것이리라는 두려움이 뇌리를 떠나지 않고 남아 있다. 나는 바울이 예수 그리스도에 대한 계시를 묘사한 내용을 우리가 고수해야 한다고 생각한다. 그는 그의 능력의 천사들과 함께 하늘로부터 불꽃 중에 나타나실 것이다.

형벌을 받으리라. 두려운 형벌(9절)이 "하나님을 모르는 자들과 우리 주 예수의 복음을 복종치 않는 자들"(8절)에게 주어질 것이다. 이 경고는 주께서 "[환난 받게 하는] 자들" 또는 교회를 잔인하게 대한 자들"에게는 환난으로 갚으시고"라고 강조한 6절에서부터 나온 것 같다.

결과는 우리의 이해를 초월한다: 영원한 형벌 또는 하나님의 존전, 그의 능력과 영광과 사랑의 호의로부터의 추방.[14] 이것은 영혼을 소멸하거나 없애는 것이 아니고, 그리스도와 그의 사랑과 그의 백성으로부터 영원히 떨어져서 사는 것이다.

그가 오실 때. 예수 그리스도는 "그 날에 강림하사 그의 성도들에게서 영광을 얻으시고, 모든 믿는 자에게서 기이히 여김을 얻으시리라" (10절). 믿은 자들에게 주어지는 사랑의 호의에 견주어 볼 때 거절한 자들을 위한 형벌이 더 가혹하다. 그들의 가장 큰 열망—그들의 삶에서 그리스도가 충만하게 최대한으로 영광받으시는 것—

이 실현된 것이다. 우리가 부활의 상태로 들어갈 때 우리는 빛나는 영광을 경험할 것이지만, 이 이상과 이 너머는 우리의 삶을 지극히 만족해하면서 그리스도 자신의 본래의 모습을 영적으로 달성하는 것이다.

데살로니가후서 1장의 이 부분은 주 예수님이 천국으로부터 나타나실 것임을 보여 준다—첫째, 성도들에게서 영광을 얻으시고, 둘째, 복종치 않는 자들에게 형벌을 주시기 위해서.

4. 적그리스도

누가 아무렇게 하여도 너희가 미혹하지 말라. 먼저 배도하는 일이 있고, 저 불법의 사람 곧 멸망의 아들이 나타나기 전에는 이르지 아니하리니, 저는 대적하는 자라. 범사에 일컫는 하나님이나 숭배함을 받는 자 위에 뛰어나 자존하여 하나님 성전에 앉아 자기를 보여 하나님이라 하느니라....그 때에 불법한 자가 나타나리니, 주 예수께서 그 입의 기운으로 저를 죽이시고 강림하여 나타나심으로 폐하시리라.

데살로니가후서 2:3-4, 8

강림하심...우리의 모임. 데살로니가후서 2장의 이 첫 절은 분명히 재림을 언급한다: "우리 주 예수 그리스도의 강림하심과 우리가 그 앞에 모임." 우리는 모이거나 또는 그앞에 모이게 될 것이다! 데살로니가전서 4장 17절만 끌어 올려라는 표현을 사용하지만, "그 앞에 모임"이란 사고는 이와 똑같은 표현을 다르게 묘사한 것이다.

마치 그리스도가 강림하셨던 그 날처럼. 2절에서 분명히 해 주는 것처럼 그리스도의 날은 이르지 *아니*하였으며, 그들은 동심(動心)

하거나 두려워하지 않아야 한다. 바울은 새라틴어번역에서 한 것처럼 현대 영어로 표현하면 다음과 같이 말했을 것이다: "주의 날이 이미 이르렀다고 말하는 자들에 의해서 그리 쉬 동심하거나 두려워하지 말라....그들이 말한 것으로 인해 속지 말라."

어떤 믿는 자들은 이 구절들이 주후 70년 예루살렘의 멸망의 때라고 생각한다는 것을 내가 이미 언급한 바가 있다. 재림에 관한 이 해석은 (최소한 이 구절들에 관한 한) 그리스도가 이미 재림하셨다는 것을 우리로 믿게 하였을 것이다. 그것은 바울이 우리에게 경고한 바로 그것이다! *그리스도의 날*이란 구절의 사용은 분명히 이것을 재림과 동일시한다.

~하기 전에는 이르지 아니할 것이다. 이 구절은 크게 변절하거나 또는 배교(*아포스타시아*)[15]가 먼저 오지 아니하면, 그리고 죄 또는 불법의 사람(*아노미아스*)[16]이 먼저 나타나지 아니하면 (3절), "그 날"(재림)이 이르지 *아니한다*고 분명히 진술해 준다. 누가 이 사람인가? 언제 그가 올 것인가? 그가 지금 살아 있는가? 그는 실제 인간인가? 우리 모두는 이러한 질문들에 대해서 의아하게 여기며, 적절한 토론을 통하여 그 대답을 얻는 것은 아직 불분명하다. 우리는 "불법의 비밀"(7절)이 이미 활동하였고, 많은 적그리스도가 일어났다(요일 2:18)는 것을 잘 안다. 어떤 사람들은 앞으로 올 적그리스도를 로마 황제들, 특히 네로와 동일시해왔다. 더 최근에는 나폴레옹, 로마 교황, 베니토 무솔리니 (Benito Mussolini), 아돌프 히틀러 (Adolf Hitler), 로날드 레이건 (Ronald Reagan), 사담 후세인(Saddam Hussein)과 같은 일련의 다른 사람들이 제안되기도 했다. 힘이 있는 통치자가 일어나는 한, 어떤 사람들은 그들에게 적그리스도라는 명칭

을 안겨 줄 것이다.

그러나 여기에서 바울이 말하는 바는 로마 황제들 또는 최근의 야심 있는 국가 지도자들 그 이상이다. 이 마지막 때의 명사는 하나님의 오랜 적인 마귀의 온전한 의도와 격분을 대표한다. 그리스도를 신실하게 믿는 자들은 그가 오실 때 이 사기꾼을 분별해 낼 것이지만, 많은 사람들은 속고 그를 경배할 것이다. 이제 겁 많은 그리스도인들을 위한 분명한 대답은 없다. 다만 주님을 추구하고 조심스럽게 그와 함께 동행하라고 권고할 뿐이다. 마지막 때가 우리 앞에 펼쳐지는 것을 보는 것은 경이로운 일일 것이다.

지금 막는 자. 아더 루이스(Arthur Lewis)에 의한 이 구절은 7절을 이해할 수 있는 통찰력을 준다:

> 바울이 쓴 데살로니가후서는 이 세대의 악의 세력을 막는 자에 대한 명백한 선언이 있다. 비록 불법이 세상에서 활동하고 있으나, "지금 막는 자가 있어 그 중에서 옮길 때까지 하리라"(살후 2:7)고 하기 때문에 악의 최대한의 세력은 허락되지 않는다. 모든 사람들의 마음 가운데서 잘못할 가능성을 효과적으로 제한시키는 성령의 능력이 역사한다는 것을 믿는 것은 이치에 합당하다.17)

죽이시고...폐하시리라. 이 불법한 자는 그리스도께서 강림하실 때 밝은 빛 가운데서 패할 것이며 그 입의 기운으로 죽을 것이다(8절). 주님의 임재의 영광스러운 불이 이 사단의 대행자에게 최후의 형벌을 줄 것이다. 새영어성경은 다음과 같이 기록한다: "주 예수께서 그 입의 기운으로 악한 자를 멸망시키실 것이며, 재림의 광채에 의해서 전멸될 것이다." 윌리엄스는 논평한다: "그리스도의 나타나심은 불과 같이 너무나 압도적으로 밝고 빛나서 이 악이 최종적으로 모이는 것을 불태울 것이며, 전멸시킬 것이다."[18]

요한계시록 내용의 묵상

요한계시록 13장과 함께 앞의 본문은 마지막 때의 적그리스도를 믿는 두 가지 중요한 자료이다. 데살로니가후서 2장과 요한계시록 13장에 나타난 악을 표현하는 데 있어서 유사점을 주목하라. "불법의 사람"이 짐승처럼 묘사되어 있다. 둘 다 특징은 속임이다; 둘 다 신성을 주장하고 예배를 요구한다; 둘 다 거짓 기적과 이적을 행한다; 둘 다 그리스도의 재림 때에 심판을 받는다.

실제로 성경에 적그리스도가 특정한 어느 사람이라고 일컫는 곳은 없다. 그리고 놀랍게도, 예수님의 가르침의 어디에도 그러한 인물을 묘사하고 있지 않다.

사도 요한은 중요한 설명을 다음의 세 곳에서 한다:

"아이들아, 이것이 마지막 때라. 적그리스도[주목: 그(the)가 헬라어 본문에는 없다]가 이르겠다 함을 너희가 들은 것과 같이 지금도 많은 적그리스도가 일어났으니, 이러므로 우리가 마지막 때인 줄 아노라....거짓말 하는 자가 누구뇨? 예수께서 그리스도이심을 부인하는 자가 아니뇨? 아버지와 아들을 부인하는 그가 적그리스도니" (요일 2:18, 22).

"예수를 시인하지 아니하는 영마다 하나님께 속한 것이 아니나, 이것이 곧 적그리스도의 영이니라. 오리라 한 말을 너희가 들었거니와 이제 벌써 세상에 있느니라" (요일 4:3).

"미혹하는 자가 많이 세상에 나왔나니, 이는 예수 그리스도께

서 육체로 임하심을 부인하는 자라. 이것이 미혹하는 자요,
적그리스도니" (요이 7).

요한계시록은 태초 이래 존재해 온 하나님과 사단 사이의 어마어
마한 적대 관계의 절정을 환상적인 형태로 제시한다. 하나님의 거
룩한 성품에 대한 냉소와 악의 모조품인 마귀는 기괴한 삼위일체로
자신을 나타낸다:

1. 아버지: 용—마귀 자신 (계 12:9, 13, 17)
2. 아들: 바다로부터 나온 한 짐승—적그리스도 (계 13:1-10)
3. 성령: 땅에서 나온 또 다른 짐승—처음 짐승에게 경배하는
   거짓 예언자 (계 13:11-18)

"바다에서 한 짐승이 나오는데"(13:1)는 바다에서 네 짐승이 나온
것을 본 다니엘의 이상(단 7)을 생각나게 한다. 그 짐승들은 세상의
네 왕국의 계승을 대표했다; 바다는 인간과 그 사회적 동요를 상징
했다. 폭정은 일반적으로 어지럽고 소란한 사회적 정치적 상황에서
일어나며, 그것이 요한계시록 13장에 묘사된 상황이다. 그 짐승은
용과 같은 특성을 가지고 있으며, 용으로부터 능력과 큰 권위를 끌
어들인다. 래드는 논평한다: "바울의 악한 자(살후 2:9)처럼 그 짐승
은 단지 정치적이고 군사적인 힘의 집결이 아니고, 용으로부터 능
력과 권위를 끌어들이는 사단의 악을 구체화한 것이다."[19]

그 짐승은 속이고 정복하면서 진정한 하나님을 경배하지 못하게
하고 모든 인간의 충성을 얻는 데 급급할 것이다. 하나님은 전 세계
적인 권위를 그 짐승에게 부여하실 것이다. 윌버 스미스는 요약한

다: "그 첫 짐승은...하나님께 대항한다. 그는 마귀적으로 활기를 돋운다. 그는 군대 일을 최상으로 행한다. 그는 전 세계적인 힘을 소유하며 땅의 성도들을 핍박한다."[20]

땅에서 올라온 짐승은 첫 짐승이 만들어낸 사회적인 안정 가운데서 나온다. 그는 두 번 "거짓 선지자"(계 16:13; 20:10)라고 불린다. 첫 짐승의 대변인 행세를 하며, 임시변통으로 만든 그 짐승의 형상을 각 사람이 숭배하도록 하는데, 그는 거짓 기적과 이적들을 행하면서 전 세계를 속인다.

마침내 그리스도와 그의 백성은 사악한 셋을 누르고 승리한다. 유황 못에 던지운 채 적그리스도인 마귀와 거짓 선지자는 세세토록 괴로움을 받을 것이다 (계 20:10).

환난의 강조

데살로니가전후서는 믿는 자들에게 있을 핍박과 환난을 인내하는 것에 대한 강한 진술문이 포함되어 있다:

> 너희는 *많은 환난* 가운데서...받아...본받은 자가 되었으니 (살전 1:6).
> 저희[유대에 있는 교회들]가 유대인들에게 고난을 받음과 같이 너희도 너희 나라 사람들에게 *동일한 것을 받았느니라* (살전 2:14).
> 누구든지 이 *여러 환난* 중에 요동치 않게 하려 함이라; 우리로 이것을 당하게 세우신 줄을 너희가 친히 알리라 (살전 3:3).

너희의 참는 모든 핍박과 환난 중에서 너희 인내와 믿음을 인하여...[우리가 친히 자랑함이라]. 이는...너희로 하여금 하나님 나라에 합당한 자로 여기심을 얻게 하려 함이니, 그 나라를 위하여 너희가 또한 고난을 받느니라 (살후 1:4-5).

바울은 헌신된 그리스도인들이 세상에서 받는 험악한 대우는 일반적으로 그들에게 일어나는 절차라는 것을 추정하는 것 같았다. 만일 그가 시간의 터널을 밟고 들어와서 우리가 사는 현 시대에 자신의 마음을 비추어 보았더라면, 그는 얼마나 많은 그리스도인들이 환난의 도피에 대해서 말하는지에 놀랐으리라! 교회는 승리하며 언제나 적의 전진과 무지한 자의 핍박을 이겼다. 바울은 데살로니가인들의 고난을 알았지만, 그 모든 것을 견디어 낸 결과가 영광스러운 종말이 있을 것이기에 그들이 계속 전진할 수 있도록 그들을 칭찬하고 격려해 주었다!

비록 그 사도는 데살로니가인들에게 할 말이 많았지만, 그는 그 주제로 끝내지 않았다. 다른 서신서에서 바울은 로마, 갈라디아, 빌립보, 고린도와 에베소의 교회들에게 그가 가르칠 것을 보냈다. 그는 또한 그의 임시 대역의 사도들인 디모데와 디도에게 재림을 언급했다. 다음 장은 이 주제에 대한 자료를 추가로 다룰 것이다.

10

심판의 도래

그렇다, 하늘과 땅의 대 심판이 우리에게 다가오고 있다! 만물의 창조자이신 주님은 타락한 인류와 피조물을 스스로 되찾으시기 위해 곧 강림하실 것이다. 그의 백성과 그의 피조물을 죄와 타락의 결과로부터 영원히 자유롭게 할 것이라는 그의 영광과 능력은 그러한 전체 구속 사역에서 적나라하게 나타날 것이다. 그것은 진실로 영광스러운 일일 것이다!

그러나 그렇지 않은 면이 있다. 이 똑같은 영광의 하나님은 정의를 타협하지 않는 분이시다. 이것은 완전한 구속 사역 외에 그가 또한 그의 뜻과 목적을 완강하게 저항한 자들을 향하여 적절한 행동을 취하시고—그리고 하나님의 길을 충성스럽게 따른 자들을 알맞게 보상하신다는 것을 의미한다.

이제 우리는 흥미를 자아내는 심판, 보상과 형벌의 주제에 접근하고 있다. 거기에 도달하기 위해서 우리는 바울의 다른 열 개의 서신에서 기록한 재림에 대한 34항목을 상고할 것이다. 비록 가르침의 대부분이 예수님이 가르치신 것을 반복하고 있지는 않지만, 그것은 예수님의 개념을 확대해 주고, 명확히 해 주며, 상술해 준다. 그런데 바울의 가르침은 그의 서신 어느 곳에서든 아주 일관성이 있었다.

부록 B를 훑어보면, 바울 서신의 어떤 부분은 다만 몇몇 구절에서만 재림을 언급하고 있는 것을 쉽게 발견할 수 있을 것이다―예를 들면, 고린도후서 (8), 갈라디아서 (1), 에베소서 (4), 골로새서 (3). 이와는 대조적으로 그 외의 서신에서는 재림을 많이 언급하고 있다―로마서 (22), 고린도전서 (23), 빌립보서 (10). 목회 서신은 각각 몇몇 곳에서만 재림에 관한 구절들이 있지만, 그것들은 신약성경에서 가장 강력하고 분명한 진술이다: 디모데전서 (3), 디모데후서 (6), 디도서 (3).

갈라디아서에 있는 한 구절은 우리가 신경 쓸 필요가 없다. 바울은 그 서신에서 믿음과 할례 사이에 있는 논쟁에 초점을 맞추었다. 여섯 장은 그 주제를 마음에 두고 빈틈없이 조직되었으며 조심스러운 말로 표현되었다; 더 많이 포함하는 것은 다른 주제에 대한 논쟁을 산만하게 한다. 이것은 물론 몇몇 다른 서신에서도 마찬가지이다.

다시 한 번 나는 34개의 핵심 견해를 배열해 놓았다―데살로니가서와는 달리 이번에는 바울 서신에서 한 이야기 형식으로 수집해 놓았다. 그 중 열다섯 항목은 이 서신들에만 있는 것으로 별표로 표시하였다. 이 이야기 다음에 우리는 다음의 두 가지 중요한 개념을 토의할 것이다: 창조의 변형과 종말의 심판.

바울 서신의 기록

바울이 교회가 예수님의 영광스러운 재림에 대하여 알기 원했던 모든 것

1. 우리는 크신 하나님과 구세주 예수 그리스도의　　　　딛 2:11-13

영광이 나타나심을 기다려야 한다.

2. 왜냐하면 이것이 우리의 복스러운 소망이며,

롬 18:24-25;
갈 5:5; 딤전 1:1;
딛 2:13

3. 주께서 가까우시므로 우리는 그에 맞게 살아야 한다.   롬 13:11-12; 빌 4:5

4. 우리는 하늘로부터 그리스도께서 강림하실 것을   고전 1:7; 빌 3:20;
온전히 기대하고 몹시 기다린다.   딛 2:13

5. **그는 마지막 나팔 소리가 날 때 오신다.***   고전 15:52

6. **그의 강림은 그리스도를 최상의 통치자, 만왕의**   딤전 6:14-15
왕, 만주의 주로서 절대적인 권위를 선포할 것
이요,

7. 또한 함께 왕 노릇 할 것이다.   딤후 2:12

8. **그 때 그리스도 안에서 죽은 자들이 부활할 것**   고전 6:14;
이며,   15:22-23; 고후 4:14

9. 그는 우리의 몸을 그의 영의 능력 있는 역사로 변하   고전 15:42-44,
게 하실 것이다.*   51-53; 고후 5:1-5;
빌 3:10-11, 14, 21;
골 3:4

10. 이 변화는 눈 깜짝할 사이처럼 순식간에 일어날   고전 15:52
것이다.*

11. 이것은 양자 곧 우리 몸의 구속이 될 것이다.   롬 8:23-25; 엡 1:14

12. 피조물의 변화도 이 때 일어날 것이다.   롬 8:21

13. **그는 "그 날"(that day).***   딤후 1:12, 18; 4:8

14. -"그 날 (the day),"   롬 2:16; 13:12;
고전 3:13; 고후 1:14

15. -"진노의 날,"   롬 2:5

16. -"우리 주 예수 그리스도의 날,"   고전 1:8; 5:5;
고후 1:14;
빌 1:6, 10; 2:16

17. -"구속의 날"*에 오실 것이다.*   엡 4:30

18. **그의 나타나실 때에 산 자와 죽은 자는 심판을**   롬 2:16; 엡 6:8;

받을 것이다.

19. 그가 오실 때 그는 마음의 뜻은 물론 어두움에 감추인 것들을 드러내신다.*

20. 우리는 하나님의 심판대 앞에 설 것이며, 우리의 상을 받을 것이며,*

21. 그의 나타나심을 사랑하는 모든 자에게 의의 면류관을 주실 것이다.

22. **그의 영광이 우리에게 나타날 것이며,**

23. 우리 믿는 자들도 그와 함께 영광 중에 나타날 것이요.*

24. 현재의 고난으로부터 안식을 얻을 것이다.

25. 부분적(미완성)으로 하던 모든 것들이 폐하리라.*

26. 구원받은 믿는 이스라엘의 남은 자가 있을 것이다.

27. **그리스도의 나타나실 때까지 점도 없고 책망받을 것도 없이 하나님의 명령을 지키는 것이 중요하다.***

28. 우리가 성찬식에 참여할 때마다 우리는 그리스도의 죽으심을 그가 오실 때까지 기념해야 한다.*

29. 교회는 그리스도가 오실 때까지 영적 은사에 참여해야 한다.*

30. 그리스도는 그의 백성이 재림 때에 흠이 없도록 그들을 끝까지 견고케 하시고/보존시키실 것이다.*

31. 그는 그 날까지 나의 의탁한 것을 지키실 것이다.*

32. 그 날에 우리는 서로가 자랑이 될 것이다.*

33. 교회가 세상과 천사를 판단할 것이다.

34. **사도 바울의 통렬한 기도: "오 주님, 임하옵소서!"**

골 3:24-25; 딤후 4:1

고전 4:5

롬 14:10-12;

고전 3:8; 고후 5:10

딤후 4:8

롬 8:18-19; 엡 5:27

골 3:4

롬 8:18

고전 13:10

롬 9:27-28;

11:15, 25-26

딤전 6:14

고전 11:26

고전 1:7

고전 1:8

딤후 1:12; 4:18

고후 1:14

고전 6:2-3

고전 16:22

※신약성경의 다른 곳에서는 발견되지 않는다고 여겨지는 구절

피조물의 변화

*피조물의 고대하는 바*는 하나님의 아들들의 나타나는 [드러나는] 것이니, 피조물이 허무한 데 굴복하는 것은 자기 뜻이 아니요, 오직 굴복케 하시는 이[즉, 하나님]로 말미암음이라. 그 바라는 것은 *피조물도 썩어짐의 종 노릇 한 데서 해방되어* 하나님의 자녀들의 영광의 자유[하나님의 자녀들의 영광으로부터 나오는 자유]에 이르는 것이니라. *피조물이 다* 이제까지 함께 *탄식하며 함께 고통하는 것*을 우리가 아나니.

로마서 8:19-22 (강조 첨가)

21절의 NLT 번역은 다음과 같다: "모든 피조물은 하나님의 자녀들이 죽음과 부패에서 벗어나 영광스러운 자유와 함께 할 그 날을 기다린다." 우리 몸이 영화롭게 되는 것과 부활이 필요한 것과 같은 이유에서 피조물도 해방과 변화가 필요하다. 브루스는 "마치 현재의 인간이 하나님의 영광에 이르지 못한 것처럼 피조물 전체도 창조된 대로의 온전한 목적에 이를 수 없다. *인간처럼 피조물도 타락에 종노릇해 왔기 때문에 피조물도 구속되어야만 한다*"고 맞는 말을 했다 (강조 첨가).[1]

하나님이 인간을 온전히 구원하시는 일은 의로운 죽은 자의 부활 때에 완성될 것이다. 이것은 바울이 "하나님의 아들들이 나타나는 것"(19절)이라고 일컫는 것이다. 그는 우리 몸이 하나님의 성령에 의해서 영화로운 몸으로 변화되는 첫 부활을 언급한다: "나팔소리가 나매 죽은 자들이 썩지 아니할 것으로 다시 살고, 우리도 변화하리라. 이 썩을 것이 불가불 썩지 아니할 것을 입겠고, 이 죽을 것이 죽지 아니함을 입으리로다" (고전 15:52-53). 요한은 말한

다: "사랑하는 자들아, 우리가 지금은 하나님의 자녀라. 장래에 어떻게 될 것은 아직 나타나지 아니하였으나, 그가 나타내심이 되면 우리가 그와 같은 줄을 아는 것은 그의 계신 그대로 볼 것을 인함이니" (요일 3:2).

피조물은 이러한 일이 일어나기를 고대하고 있다. 왜냐하면 그것은 피조물이 죄로 인해 이 땅에 놓여진 "썩어짐의 종 노릇"(롬 8:21)한 데서 해방되거나 자유롭게 될 때임을 알려 주기 때문이다. 첫 인간 아담은 그의 죄와 반항 때문에 그 자신, 그의 자손과 자연의 모든 것을 하나님의 저주 아래 두었다. 그리스도는 그의 삶, 죽음과 부활을 통하여 죄의 저주를 깨뜨리시고, 궁극적으로 그의 백성과 지구를 구속하시고, 영화롭게 하실 계획을 착수하였다.

캠벨 몰건은 기록했다: "교회뿐만 아니라 피조물 전체가 그의 재림을 기다린다. 오늘날 하나님의 아들들은 알려지지 않거나 또는 멸시되고 핍박받고 있다; 그러나 주께서 오실 때 그들은 그와 함께 나타날 것이다―그리고 그것은 지구상의 사람들이 기다리고 있는 이 종말을 위한 것이다....피조물은 탄식과 고통으로부터 자유롭게 될 것이다; 자연에 있는 병인(病因)은 제거될 것이고, 아름다움을 완전하게 나타내는 것이 타락한 인간과 함께 이제 고통받는 모든 것을 대신할 것이다."[2]

이 문맥에서 피조물이라는 단어는 인간을 제외한 창조된 모든 것들을 가리킨다. 바렛(C. K. Barrett)은 그의 번역서에서 그것을 "창조된 전체 세계"[3]라고 부른다. 땅, 자연과 피조물은 아담의 죄를 통해서 "썩어짐의 종 노릇" 가운데로 빠져 들었다. 이것은 가시, 잡초, 화산 폭발과 해일, 가뭄과 홍수, 부패의 법칙과 약한 상태, 붕괴,

경쟁과 죽음의 결과를 가져왔다. 이 강제 속박은 하나님이 허용하셨다. 왜냐하면 그것은 인간과 피조물이 궁극적으로 죄, 사망과 반항에서 자유롭게 되는 길을 마련해 주기 때문이다.

이 계획을 위한 하나님의 믿음이 우리의 소망이 된다. 피조물처럼 인간도 탄식하며 (예를 들면, 고후 5:2 참조) 이 세대의 종말과 다가올 세대의 시작을 고대하고 있다. 그러나 물질적인 피조물은 하나님의 성도들이 영화롭게 될 때까지는 해방될 수 없다—그리고 이것은 그리스도의 재림 때에 일어날 것이다.

더 나아가서 21절은 말한다: "피조물도 썩어짐의 종 노릇 한 데서 해방되어 하나님의 자녀들의 *영광의 자유*에 이르는 것이니라" (강조 첨가). *영광의 자유*보다 더 나은 번역은 "영광으로부터 솟아나오는 자유"(바렛)일 것이다.[4] 다른 말로 말하면, *영광*은 자유의 일종을 단지 묘사하는 것을 의미한 것이 아니고, 오히려 *하나님의 자녀들의 영광*은 부패와 대조되어 있는 독립적인 개념이다. 그것은 부활과 재림 때에 쏟아져 나오는 하나님의 영광이며, 우리의 속박과 부패의 근거가 되는 능력을 깨뜨릴 것이다. 인간의 몸은 "썩을 것으로 심고 썩지 아니할 것으로 다시 살며, 욕된 것으로 심고 영광스러운 것으로 다시 살며, 약한 것으로 심고 강한 것으로 다시 살며, 육의 몸으로 심고 신령한 몸으로 다시 사나니, 육의 몸이 있은즉 또 신령한 몸이 있느니라" (고전 15:42-44).

피조물의 구속은 인간의 몸의 구속과 일치한다. 이것은 하나님의 고안이다. 왜냐하면 물질의 세계와 연결되는 것은 인간의 몸이기 때문이다. 아담은 피조물의 관리자였으며, 그가 타락했을 때 피조물 또한 자동적으로 타락된 것이다. 그리스도는 타락의 결과를 없애 주는 구속을 가져 오셨다—인간을 위할 뿐만 아니라, 또한 인간의 관리 아래 있는 피조물을 위해서. 바울이 본문에서 말하고 있는 것처럼 피조물은 다만 기다리고, 바라며, 탄식할 뿐이다. 그리고 비록 우리는 우리를 도우시는 성령님이 계시지만, 우리 또한 다가올 변화를 고대하며, 기다리고, 바라고, 탄식할 뿐이다. 하나님의 백성이 지상의 속박으로부터 완전히 자유롭게 될 때 모든 피조물 또한 자유롭게 될 것이다.

그리스도는 마태복음 19장 28절에서 세상이 새롭게 되는 것에 대해서 말씀하셨다. 헬라어 단어 *팔린제네시아*에 해당되는 영어 단어로 "중생"을 사용하고 있다. "신생"이라고 번역하면 좋을 것이다. 세상은 변화될 것이고 완전하게 구속받은 인간에게 맡겨질 것이다. 이것은 문자 그대로 천년왕국의 의미를 새로운 수준으로 올려 준다 (부록 D 참조).

다음 장에서 우리는 베드로후서 3장을 다룰 것이다. 과격한 대변동의 변화는 죄의 속박으로부터 세상을 깨끗하게 하기 위해서 문자 그대로 무엇이 일어날 것인지에 대한 생생한 그림이 있음을 묘사해 준다. 브루스는 다음과 같은 적절한 주석을 달아 준다 (강조 첨가):

> 바울의 이러한 말은 계시의 날에 현재의 물질적 우주를 전적으로 새로운 우주로 교체하기 위한 우주의 소멸을 가리키는 것이 아니라, *하나님이 우주를 창조하신 목적을 성취하도록 현재의 우주를 변화시키는 것을 가리키는 것이다.* 여기에서 우리는 구약성경의 희망의 메아리를 다시 듣는다—"의에 거하는 바 새 하늘과 새 땅"의 창조 (벧후 3:13; 사 65:17; 66:22 인용; 계 21:1 참조).5)

우리는 모두 하나님 앞에 설 것이다

아마도 재림에 관한 성경적 가르침에 있어서 가장 큰 놀라움은 어떻게 지속적으로 책임과 심판에 대한 주제가 확인되는가일 것이다. 예수님과 신약성경의 여섯 저자들은 *죄인들*(그리스도를 거절한 믿지 않는 자들)이 그들의 행위는 물론 그리스도를 통한 하나님의 구원을 거절한 것 때문에 심판을 받는 반면, *성도들*(예수 그리스도를 믿고 그의 구원을 받아들인 자들)은 그들의 자비와 은혜의 행위에 따라서 심판받을 것임을 강조한다.

신약성경을 읽는 자는 누구나 *각 사람*이 하나님 앞에 서고 개개인의 행위에 근거하여 심판받는다는 것을 곧 깨달을 것이다. 그러나 언제 그러한 심판이 있을 것인지는 그리 분명하지가 않다.

성경을 선택해서 읽어보면 성도와 죄인 모두 다 같은 때에 함께 심판받는 것을 말해 준다. 참고가 되는 모든 성경 구절들을 조화시켜 보면 심판이 두 번 있을 것임을 밝혀 준다: 첫 번째, 그리스도가 재림하실 때 그리스도인들의 심판, 두 번째, 성도나 죄인 모두 다 각 사람이 하나님 앞에 설 때 최후의 심판. 그리스도인들을 첫 심판하는 것은 그리스도의 심판대라고 부르고, 모든 사람들을 마지막으로 심판하는 것은 크고 흰 보좌 심판이라고 부른다.

최후의 두 심판 장면을 고찰해 보자.

그리스도의 심판대

그리스도의 심판대 앞에 서는 것은 하나님의 백성에게 놀라운 특권이다. 그 목적은 당신을 영원토록 천국 또는 지옥으로 보내는 것을 결정하는 것이 아니다. 그리스도와 함께 하는 당신의 장래는 당신이 죄를 회개하고, 용서를 빌고, 그리스도를 당신 개인의 구세주와 주로 영접했을 때 이미 확인되었다. 오히려 이 심판은 당신의 행위와 영적 활동에 대한 평가가 될 것이다. 그리스도는 그를 충성스럽게 섬긴 자들에게 관대하게 상 주기를 원하시고, 그들 모두는 그리스도를 위해서 그들이 지상에서 증거한 결과에 대한 온전하고 진정한 깨달음을 갖게 될 것이다.

각 믿는 자는 그리스도와 *함께 하는* 운명을 가지고 있으며 (고후 5:8), 우리 각자는 개인적으로 그리스도를 *향한* 책임지는 삶을 살아야 한다. 당신이 그리스도의 심판대 앞에 서는 것은 선택 사항이 아니다; 그것은 자동적으로 일어날 것이다. "이것은 단지 천국 뜰에 '나타나는 것'만을 말하는 것이 아니라 (롬 14:10 참조), 어두움에 가리어 있던 것이 하나님의 조명으로 비추어지고, 비밀의 목표와 동기가 하나님 앞에 노출되는 것을 말한다. 그러므로 자세히 조사받은 사람은 ('그에게 적당한') 공정하고 온전한 보상을 받을 것이다."[6]

우리가 다 반드시 그리스도의 심판대 앞에 드러나 각각 선악간에 그 몸으로 행한 것을 따라 받으려 함이라.

고린도후서 5:10

우리가 다 하나님의 심판대 앞에 서리라.

로마서 14:10

실제 심판 자리

바울은 법적인 심판대로 사용되는 *베마* (bema) 또는 재판 자리에

정통했다. 그는 가이사랴에 있는 재판 자리에 앉아 있었던 베스도에게 증언하였다, "내가 가이사의 재판 자리 앞에 섰으니, 마땅히 거기서 심문을 받을 것이라" (행 25:10). 우리는 또한 고린도에 있는 성난 유대인들이 "[바울을] 재판 자리로 데리고 왔다"(행 18:12; 또한 마 27:19; 요 19:13을 보라)고 읽는다 .

그 자리 자체는 인상적이 아니었다. *베마*라는 단어는 판사가 앉았던 법적인 심판대 또는 자리를 가리킨다; 고소인이 그 앞에 섰다. 바울 시대에 그것은 "계단으로 높이 설치해 놓은 장소; 공식적인 재판관의 자리로 사용된...단(壇)"[7]을 가리킨다. *베마*는 점차적으로 변호사 역할을 하는 법관석으로 사용하게 되었으며, 그리스의 법정에서 하나는 고소인을 위한, 또 하나는 피고를 위한 것으로 제공되었다. *베마*는 또한 로마 행정 장관 또는 통치자의 법정에 적용되었다.

바울은 의심의 여지없이 위의 법적인 상황 파악을 고려하였지만, 또한 *베마*라는 단어가 원래 심판 자리 외에 올림픽 경기에서 사용된 단순하지만 최상의 명예로운 수상 옥좌를 가리켰다는 것도 인식하였다. 그 경기의 심판원은 경기 참가자들을 심판하면서 *베마* 위에 앉았다. 그는 각 종목의 우승자들에게 월계관을 씌워 주었다. 헤롯은 "가이사랴에 있는 극장에 그러한 건물을 지었으며, 그는 거기에서 경기를 관람하고 백성에게 연설하곤 하였다."[8]

바울은 고린도전서 9장 25절에서 "이기기를 다투는 자마다 모든 일에 절제하나니, 저희[올림픽 경기 참가자들]는 썩을 면류관을 얻고자 하되, 우리[그리스도인들]는 썩지 아니할 것을 얻고자 하노라"고 말한다.

심판받기 위해서 줄지어 기다리고 있는 수백만의 사람들에게 문자 그대로의 *베마*가 있지는 않을 것이다. 그것은 순식간에 일어날 것이다. 그리스도는 재림하실 것이고, 그를 믿는 자들은 변화되어 그를 만나기 위해 들려 올릴 것이다. 문자 그대로의 *베마*는 나타나지 않을 것이다; 하나님의 종들은 순식간에 흰 옷을 입고 영광의 면류관을 쓰고 있는 것을 발견할 것이다. 우리가 현재 이해하도록 돕는 *베마* 설명은 그의 백성을 향한 하나님의 사랑과 은혜가 갑자기 넘쳐나는 가운데 잊혀질 것이다. 그 때 살아 있는 믿지 않는 자들은 고통을 받으며 죽을 것이며, 그들의 영혼은 믿지 않고 죽은 나머지 모든 자들과 합세할 것이다.

그러므로 그리스도의 심판대는 믿는 자들에게는 상을 받는 보좌 이상이지만, 동시에 믿지 않는 자들에게 그것은 그들이 천 년 후에 크고 흰 보좌 앞에 설 때까지 감금된 상태에서 자동적으로 법적 예비 심판대 역할을 할 것이다.

상

그리스도인들은 봉사할 때 마치 우승자의 면류관을 머리에 쓸 짜릿한 영광의 순간을 맛보기 위해서—그리고 고국에 돌아와서 큰 상을 받기 위해서 호된 훈련을 견디어 낸 그리스의 우승자들처럼 그들과 똑같은 올림픽 경기의 정신으로 임해야 한다.

사실은 신약성경의 가르침의 상당수가 예수 그리스도의 종이 받는 상과 관계가 있다. 여기에 목록이 있다:

하늘에서 상이 크다 (마 5:12)

은밀한 사역에 대한 공개적인 상 (마 6:4)

선지자의 상 (마 10:41)

행한 대로 갚다 (마 16:27)

행한 일에 "상당한" 또는 공정한 보응 (눅 23:41)

행한 것이 아닌 것으로 여기는 상 (롬 4:4)

유업의 상 (골 3:24)

우리의 노동에 걸맞은 상 (딤전 5:18)

공정한 상 (히 2:2)

온전한 상 (요이 8)

면류관은 어떠한가? 성경에 나오는 다섯 가지가 있다:

1. *승리자의 면류관*: 그리스도인의 목적을 성취한 승리 (고전 9:24-27; 빌 3:12-14; 히 12:1-2; 벧전 1:13)

2. *영혼 구령자의 면류관*: 다른 사람들을 그리스도께로 인도하는 일에 충성 (잠 11:30; 빌 4:1; 살전 2:19-20; 약 5:20)

3. *의의 면류관*: 예수님의 재림에 헌신하는 동기 (빌 4:5; 딤후 4:5-8; 요일 3:3)

4. *생명의 면류관*: 시련에 대한 믿는 자의 인내와 수용 (요 16:33; 약 1:2-3, 12)

5. *목자의 면류관*: 교회를 돌보는 일에 충성 (요 21:15-18; 벧전 5:1-4)[9]

믿는 자에게 상실(喪失)은 잠재력을 헛되이 쓴 것과 기회를 낭비한 것을 깨닫게 할 것이다. 성경은 "상을 잃지 않는 것"(막 9:41)과 "상을 빼앗지 못하게 하는 것"(골 2:18)에 대해서 말하고 있다."[10]

흠 없이 나타남

이것은 마치 우리가 노력하지 않은 것에 대해 부족감이나 수치감을 가지고 주님 앞에 나타날 수 있는 것처럼 괴로운 일인 것 같다. 그리스도를 위하여 우리가 섬기는 일에 부지런하라고 바울과 다른 저자들이 우리에게 도전하고 경고하는 것의 순수성은 의심할 바가 없다. 그럼에도 그들은 또한 그리스도의 심판대가 우리가 실제로 그 앞에 완전하게 나타날 수 있는 놀라운 경험이라는 인상을 준다.

그것을 이렇게 상상해 보라. 각 그리스도인이 하나님 앞에 서 있고, 각 사람의 행위와 노력이 그의 발 아래에 더미로 쌓여 있다고 하자. 예수님이 태우는 진리의 횃불을 가지고 오셔서 각 사람의 더미를 태우신다. 썩기 쉬운 물건과 같은 모든 열매 없고 어리석은 노력은 곧 재로 변한다. 썩지 않는 물건과 같은 영원한 가치를 지닌 행위는 영원한 인내로 빛난다. 비록 모든 것이 불탄다 할지라도 진정으로 믿는 그리스도인은 여전히 영원히 구원받을 것이다. 그의 지위는 그의 동료의 지위만큼 영광스럽지 못할지는 모르지만, 주님의 영원한 기쁨은 그의 몫이 될 것이다. 고린도전서 3장 13-15절은 "각각 공력이 나타날 터인데, 그 날이 공력을 밝히리니, 이는 불로 나타내고, 그 불이 각 사람의 공력이 어떠한 것을 시험할 것임이니라. 만일 누구든지 그 위에 세운 공력이 그대로 있으면 상을 받고, 누구든지 공력이 불타면 해를 받으리니, 그러나 자기는 구원을 얻되 불 가운데서 얻은 것 같으리라"고 진술한다.

베드로는 말한다, "그러므로 사랑하는 자들아, 너희가 이것을 바라보나니, 주 앞에서 *점도 없고 흠도 없이* 평강 가운데서 나타나기를 힘쓰라" (벧후 3:14, 강조 첨가). 바울은 너희가 "우리 주 예수 그리스도의 나타나심을 기다림이라. 주께서 너희를 *우리 주 예수 그리스도의* 날에 *책망할 것이 없는 자로* 끝까지 견고케 하시리라" (고전 1:7-8, 강조 첨가)고 말한다. 요한은 우리에게 "그 안에 거하라. 이는 주께서 나타내신 바 되면 그의 강림하실 때에 우리로 담대함을 얻어 *그 앞에서 부끄럽지 않게 하려* 함이라"(요일 2:28, 강조 첨가)고 권면한다. 그러한 구절들은 우리 개인의 헌신의 중요성을 강조해 준다.

그가 나타나실 때에 우리가 점 없고, 흠 없고, 견고하고, 부끄럽지 않을 수 있는 이유는 우리가 진정으로 회개하였고, 그리스도를 영접하였으며, 거듭났고, 우리의 능력을 최대한으로 발휘하여 하나님의 영광을 위해서 살았기 때문이며; 그리하여 우리는 하나님 앞에서 (그의 은혜로!) "심판받지 않게" 되는 것이다. 그리스도의 피가 우리를 죄에서 깨끗하게 하였으며 (요일 1:7-9), 성령님이 우리를 새롭게 하셨고 (딛 3:5), 하나님의 말씀이 우리에게 구원의 믿음을 갖게 하였다 (롬 10:9-10, 17). 우리는 죄의 권능과 결과로부터 구원받았다. 예수님은 이러한 삶을 그 안에 "거하는" 삶이라고 하셨다 (요 15:4).

그렇다면 우리 그리스도인들은 우리가 자백한 죄 때문에 심판받지 않는다는 사실에 즉시 기뻐할 것이며; 동시에 우리가 하나님을 섬긴 것에 대해서 마땅히 받을 상을 틀림없이 정확히 받는다는 것을 깨달을 것이다.

크고 흰 보좌 심판

　요한계시록 20장 11-15절은 크고 흰 보좌 앞에 있는 최후의 심판을 묘사해 준다. 그리스도의 심판대와 크고 흰 보좌는 차이가 있다. 프록터(W. C. G. Proctor)는 『새성경주석』(The New Bible Commentary)에서 이것을 분명히 구별하고 있다:

> 헬라어 단어 [*베마*]는 "상 주는 보좌"라는 뜻이며, 올림픽 경기와 관련하여 사용된 단어이다. 요한계시록 22장의 "하나님의 심판 보좌"는 다른 단어이다. 충성된 자를 위한 상의 개념은 우리 주님께서... 그리고 또한 일반적으로 신약성경의 저술에서 분명히 가르치고 있다. *드러내*(고후 5:10)라는 단어 역시 심판을 위한 것이 아니고 상을 위해 드러내는 것임을 암시해 준다. 그 단어는 더 정확하게 "명백히 하다"로 번역된다.... *받다*(10)로 번역된 헬라어 단어는 "공급하다," "획득하다," "얻다"와 같은 여러 의미를 지닌 단어이다. 그러므로 그리스도를 위해 일하는 그리스도인들은 좋은 것들을 성취할 수도 있지만, *나쁜* ("가치 없는") 것들도 달성할 수 있다는 뜻이다. 그들이 어떤 종류의 것을 성취했는가는 "우리가 그리스도의 심판대 앞에 설" 때 나타날 것이다.11)

　재림이 하나님의 백성에게 가져다 줄 따뜻한 접대와는 아주 상반되게 믿지 않는 자들은 육체적으로 멸망되고 *동시에* 믿지 않고 죽은 자들의 거처(일반적으로 지옥, 하데스, 게헨나 또는 무저갱)에 영적으로 의탁된다. 바울은 "하나님을 모르는 자들과 우리 주 예수의 복음을 복종치 않는 자들에게 형벌을 주시리니, 이런 자들이 주의 얼굴과 그의 힘의 영광을 떠나 영원한 형벌을 받으리로다. 그 날에 강림하사 그의 성도들에게서 영광을 얻으시고"(살후 1:8-10)

라고 묘사한다.

그리스도가 재림하시고 그의 심판대에서 상을 주신 후에 그와 그의 백성은 새 땅에서 천년을 살며 통치할 것이다. 그 때 마지막에 (무저갱에서 모든 믿지 않은 자들과 결박되어 있던) 사단은 믿지 않은 많은 무리와 함께 풀려나서 하나님의 일을 파괴시키려는 (가망 없고 힘 없는) 마지막 시도를 할 것이다.

사단과 믿지 않는 자들에 대한 하나님의 최후의 심판은 순식간에 일어날 것이며, 각 사람의 양심은 즉각적으로 하나님의 공의로운 의로우심을 알게 된다. *이것은 각 개인에 대한 최후의 심판이 될 것이다.* 하나님의 보좌는 모든 인간에게 베풀어 준 의와 공의를 강조하기 위하여 눈부시게 희게 보인다. 믿지 않은 자들이 그 날에 희고 빛나는 옷을 입고 영광으로 불타오르는 면류관을 쓰고 서 있는 주님의 구속받은 자들을 볼 때 놀라운 하나님의 은혜를 갑자기 깨닫게 될 것이다. 그러므로 그 날에 구원받은 자들과 구원받지 않은 자들이 각각 그들의 운명을 결정지을 하나님의 심판을 받을 것이다.

그 날에 심판받지 않고 서 있기 위해서는 주 예수 그리스도를 믿은 모든 자들의 이름이 생명책에 기록되어 있어야만 한다는 것을 여기에서 강조해 두고 싶다. 우리가 지은 죄는 단지 시간이 지남에 따라 없어지는 것이 아니다. 지은 죄는 성경적으로 다루어져야만 한다. 성경이 요구하는 것은 죄는 자백해야 하며, 용서되어야 하고, 적절한 성경적인 회복이 이루어져야 한다는 것이다. 그러한 의로운 다수에 들라: 그리스도를 위해 살도록 결단하라!

이러한 일이 일어날 때, 당신과 나는 바울과 같이 다음과 같은 최대한의 의미 있는 말을 할 수 있다: "그러므로 이제 그리스도 예수 안에 있는 자에게는 결코 정죄함이 없나니" (롬 8:1).

다음 장은 가장 흥미 있는 질문을 제기한다: 우리는 재림이 빨리 오게 할 수 있는가? 베드로의 답은 당신을 놀라게 할 것이다! 현대 과학 소설과 같은 땅의 변화에 대한 베드로서의 내용 또한 그렇다. 이러한 일들이 실제로 일어날 것인가?

세상은 불타오를 것이다

오래 전에 땅과 그 거민들은 한 번 물로 멸망하였다. 인간의 이해를 초월한 하나님이 보내신 홍수에 의해서 족장 노아의 방주에 있는 그의 가족과 함께 한 생물을 제외한 모든 생물을 하나님은 쓸어버리셨다. 땅이 홍수로 덮였는데, 높은 산까지도 다 덮였다. 무섭고 호된 시련이 끝났을 때 하나님은 세상을 결코 물로 다시 멸망시키지 않을 것이라고 약속하셨다.

그러나 마지막 때에 악함과 타락이 세상에 만연하므로 하나님은 땅과 거기에 거하는 인간들을 불로 멸망시킬 것을 분명히 결정하셨다. 이 대 화재는 예수님의 재림의 불타는 듯한 영광에 의해서 발화될 것이다. 노아의 시대처럼 하나님의 말씀을 순종하는 의로운 남은 자를 제외한 모든 사람들이 멸망할 것이다. 이러한 거룩한 자들은 땅과 그 주위의 상황이 불로 타오를 때에도 주님을 만나기 위해서 하늘로 올리울 것이다.

이것은 사도 베드로가 제시했고, 본장에서 논의된 의미심장한 두 개념 중 하나이다. 이제 우리는 일반 서신에 기초한 다섯 번째 이야기 형식의 구절에 이르렀다. 야고보, 베드로, 요한, 유다와 히브리서의 저자는 우리에게 서른한 개의 개념을 인상적으로 배열해 놓았는데, 그 중 다섯 개는 일반 서신에만 있다 (다시 한 번, 다음의 이야기 형식의 구절에서도 이것들은 별표로 표시해 두었다). 우리는 그리스도의 재림의 교리가 확인된 진리이지, 어떤 가공의 꾸며낸 이야기나 "공교히 만든 이야기"가 아닌 것을 확신한다.

당신은 다음 구절들을 읽어나갈 때, 이 부분에 나타난 예수님의 재림에 대한 신약성경의 모든 개요가 당신 앞에 있다는 것을 염두에 두기 바란다. 이러한 이야기 형식은 밝혀지지 않은 시간들을 수집하고 조직할 수 있는 굉장한 정보의 개요를 나타내 준다. 그것들이 그리스도와 재림에 대해서 당신이 더욱 헌신하게 할 개념들을 당신에게 제공해 주기를 바란다.

일반 서신의 기록

다른 저자들이 예수님의 영광스런 재림에 대하여
교회가 알기를 원했던 모든 것

1. **이 교리는 공교히 만든 이야기가 아니다.**   히 6:2; 벧후 1:16
2. **그리스도는 구원에 이르게 하기 위하여 죄와 상**   히 9:28; 벧전 1:5
   관없이 두 번째 나타나실 것이다.*
3. 그는 우리의 목자장으로 나타나실 것이다.   벧전 5:4
4. 자기를 바라는 자들에게   히 9:28; 벧후 3:12
5. 그의 영광이 나타날 것이며,   벧전 4:13
6. 우리가 그와 같을 줄을 아는 것은 그의 계신 그대로   요일 3:2
   볼 것을 인함이니.
7. 우리는 영광의 면류관과   약 1:12; 벧전 5:4
8. 그리고 큰 평안(개역성경에는 "은혜": 역자 주)을   벧전 1:13
   얻을 것이다.
9. 우리는 그리스도의 고난에 참예하는 것으로 즐거워   약 5:8;

하고 기뻐할 것이다.   벧전 1:7, 13; 4:13

10. **그의 재림이 가까웠다.**   약 5:9; 벧전 4:7;

     요일 2:18

11. 주께서 그의 수만의 성도와 함께   유 14

12. 심판자로서   약 5:9

13. 모든 사람을 심판하시기 위하여 임하실 것이다.   벧전 4:5; 유 15

14. **주의 날이 도적 같이 올 것이다.**   벧후 3:10

15. 그들은 기롱하는 자들을 믿었기 때문이다.   벧후 3:3-4

16. **그리스도는 오래 참으사 (아무도 멸망치 않고)**   벧후 3:9

     다 회개하기에 이르기를 원하신다.

17. 우리 또한 인내가 필요하다.   히 10:36-38;

     약 5:7-8

18. 하나님의 날이 임하기를 바라보라.*   벧후 3:12

19. **재림은 권고하시는 날,**   벧전 2:12

20. -그 날,   히 10:25

21. -심판 날,   벧후 2:9; 3:7; 유 6

22. -주의 날,   벧후 3:10

23. -하나님의 날이 될 것이다.   벧후 3:12

24. **즉각적인 자연의 반응이 일어날 것이다: 하늘이**   히 12:26-27;

     불에 타서 풀어지고,   벧후 3:10, 12

25. 체질이 뜨거운 불에 녹아질 것이고,   벧후 3:7, 10, 12

26. 그 중에 있는 모든 일이 드러날 것이다.   벧후 3:10

27. **그러므로 거룩한 행실과 경건함으로 담대하며,**   벧후 3:11

28. 주 앞에서 점도 없고 흠도 없이 평강 가운데서 나타   벧후 3:14

     나기를 힘쓰며,

29. 길이 참고 마음을 굳게 하며,   약 5:8

30. 끝까지 마음의 허리를 동이고 근신하라.   벧전 1:13

31. 그 안에 거하라. 이는 우리로 담대함을 얻어 부끄럽   요일 2:28

     지 않게 하려 함이라.

※ 신약성경의 다른 곳에서는 발견되지 않는다고 여겨지는 구절

우리는 주의 오심을 재촉해야 한다

놀라운 구절이 앞의 이야기 형식의 18번에 열거되었다:

이 모든 것이 이렇게 풀어지리니 너희가 어떠한 사람이 되어야 마땅하뇨? 거룩한 행실과 경건함으로 *하나님의 날이 임하기를 바라보고* 간절히 사모하라....

베드로후서 3:11-12 (강조 첨가)

*하나님의 날이 임하기를 바라보라*는 구절은 흥미 있고 동시에 의미심장하다. 우리는 실제로 그 날이 임하도록 재촉할 수 있는가? 개혁신학교 (Reformed Theological Seminary) 교수인 사이몬 키스트메이커(Simon Kistemaker)는 이것을 "진실로 놀랄 만한 진술이다. 베드로는 우리가 하나님의 날이 임하는 시간을 단축시키는 데 지극히 중요한 역할을 한다"[1]라고 말한다. 키스트메이커는 두 가지 번역이 가능하다고 말한다—능동적으로 *그의 날이 임하기를 재촉하라*와 재귀적으로 *간절히 사모하라*. 그는 "성경에 축적되어 있는 증거, 신구약 사이의 문학 및 유대인의 출처는 첫 번째 번역을 '그리고 그의 오심을 재촉하는 것'을 지지해 준다고 생각한다."[2]

비더울프는 "복음의 진보를 위한 우리의 거룩한 삶과 노력으로 그 날의 강림이 빨라지게 하면서 서두른다"는 의미에서 "재촉한다"는 말을 좋아한다.[3] 이와 비슷하게 NLT 번역은 하나님의 날에 관해서 우리에게 "서두르라"고 강조한다. 이것이 건전한—그리고 도전적인!—해석으로 보인다.

땅이 변화될 것이다

　이제 우리는 인간 역사의 종말에 하늘, "체질" 그리고 땅에 무슨 일이 일어날 것인가에 대해 성경에 있는 가장 두렵고 생생한 묘사를 상고하려고 한다. 래드 교수는 "그리스도의 오심은...물리적인 질서 전체의 변화를 포함한다"[4]는 것을 우리에게 상기시켜 준다. 그리스도의 재림에 대한 독특하고 강력한 표현을 하는 베드로후서의 마지막 장은 실제로 우리가 지금 알고 있는 이 세상의 멸망을 다음과 같이 묘사한다:

> *주의 날*이 도적 같이 오리니, 그 날에는 하늘이 큰 소리로 떠나가고, 체질이 뜨거운 불에 풀어지고, 땅과 그 중에 있는 모든 일이 드러나리로다. 이 모든 것이 이렇게 풀어지리니 너희가 어떠한 사람이 되어야 마땅하뇨? 거룩한 행실과 경건함으로 *하나님의 날*이 임하기를 바라보고 간절히 사모하라. 그 날에 하늘이 불에 타서 풀어지고 체질이 뜨거운 불에 녹아지려니와, 우리는 그의 약속대로 의의 거하는 바 새 하늘과 새 땅을 바라보도다.
>
> 베드로후서 3:10-13 (강조 첨가)

　나는 땅이 녹아지고 변화된다는 베드로의 두려운 묘사는 문자 그대로 피조물의 해방에 대한 바울의 묘사(지난 장에서 이미 다룬 로마서 8:19-21)와 서로 조화를 이룬다는 것을 확신한다. 베드로는 이 지각 변동이 *어떻게* 일어날 것인지를 묘사하는 반면, 바울은 땅의 해방에 대한 근원적인 이유를 제시해 준다. 마치 인간이 부활할 때 최후의 영화를 경험하는 것처럼 땅도 그리스도의 재림의 경이로운 광채를 직면할 때 최후로 깨끗하게 되는 변화를 경험할 것이다.

기롱하는 자들이 말세에 올 것이다. 불로 멸망할 세상을 묘사한 위에 인용한 강한 진술을 하기 전에 베드로는 그리스도의 재림(벤후 3:3-4)에 도전하여 기롱하는 자들을 조소한다. 그는 하나님의 명령("하나님의 말씀")에 의해서 원래 하늘과 땅이 창조된 것을 (5절) 우리에게 상기시켜 준다. 똑같은 말씀으로 원래의 피조물은 노아 시대의 홍수로 "멸망되었다" (6절). 그것은 전멸된 것이 아니라, 세상으로서의 형태와 본질을 잃은 것이며; 그것은 다른 형태와 상태로 격하된 것이다. 그리고 이제, 하나님의 말씀의 명령 아래에서 현재의 하늘과 땅은 심판과 불로 멸망할 날까지 여전히 보존하여 두실 것이다 (7절).

하나님은 우리가 갖고 있는 시간 개념을 가지고 있지 않으시다－베드로는 또한 "주께는 하루가 천 년 같고 천 년이 하루 같다"(8절)는 것을 지적해 준다－그리고 그가 "아무도 멸망하지 않기를 원하신다"는 것을 우리가 깨닫는 그 이상으로 훨씬 더 오래 참으신다 (9절).

하늘이 큰 소리로 떠나가고. 이것은 대기 중의 하늘이 큰 소리로 떠나 갈 것임을 의미한다 (10절). "큰 소리"는 로이제돈(roizedon)을 번역한 것으로, 로버트슨은 이것을 "새가 나는 것, 천둥, 맹렬한 불길과 같은 공기를 통해서 나는 급한 동작의 윙하는 소리"[5]라고 묘사한다. 어떤 사람들은 큰 소리는 하늘이 떨어지거나 불길이 치솟는 소리를 가리킨다고 생각한다. 『확대성경』은 그것을 "천둥 같은 요란한 소리"라고 일컫는다. 비더울프는 "더 나은 번역은 '돌진하는 소리'"[6]라고 제안한다. 키스트메이커는 베드로가 한 이 묘사는 "요한이 묘사한 것처럼 종말의 사건들: '하늘은 종이 축이 말리는 것 같이 떠나간다(계 6:14; 사 34:4를 보라)'고 생각한다. 하늘이 떠나갈 때 울려 퍼지는 불길의 탁탁 튀는 소리가 들릴 것이다."7)

체질이 뜨거운 불에 풀어지고. 10절의 *체질(스토이케이아:* stoicheia)이란 용어는 생물의 조직체의 구성 성분을 가리킨다.8) 어떤 사람들은 불에 타는 요소는 천체—해, 달과 별—라고 말한다. 또 다른 사람들은 이것들은 땅, 물과 공기라고 믿는다 (고대 사람들은 물리적인 우주는 네 요소, 즉 공기, 물, 불과 땅으로 구성되었다고 믿었다). 현대 화학자들은 백 개 이상의 화학적 요소에 대한 원자 목록을 연구한다.

아마도 *체질*은 땅 위에 있는 물체의 원자 구조와 대기 중의 하늘에 있는 물체, 다시 말하면 우주의 물질적인 요소를 가리킬 것이다. 그것이 무엇이든, 이러한 체질, 창조물의 구조를 구성하는 성분 또는 요소는 녹아질 것이다.

풀어지리니(11절)에 대한 헬라어는 단지 "느슨해지다"는 의미를 가진 루오(luo)의 미래 수동형이다. 상상을 초월하는 뜨거운 불 때문에 느슨해지고, 용해되고, 녹아지는 일이 있을 것이다. 그 체질은 문자 그대로 "타 버릴" 것이다.

12절은 체질이 "뜨거운 불에 녹아질" 것이라고 우리에게 말해 준다. 비록 어떤 주석가들은 문자 그대로의 의미를 주장하는 것을 주저하지만, 나는 땅의 지각이 용해되는 것을 받아들이는 것에 문제가 없다고 본다. 우리는 모두 텔레비전의 매개를 통하여 활화산에서 나오는 불타는 화산암이 녹아서 흘러내리는 것을 잘 알고 있다. 베드로의 묘사는 우리가 보아온 것을 단지 세계적인 차원으로 확대시킨 것이다. 이 본문은 (비더울프가 지적한 것처럼) 세상이 무(無)로 녹이질 것임을 명확하게 진술하고 있지 않다.⁹⁾ 우리는 아직도 베드로가 소멸을 의미했는지 아니면 변형을 의미했는지에 대한 의문을 가지고 있다. 나는 그가 변형을 의미했다고 믿는다. 왜 그런지 설명해 보자.

땅과 그 중에 있는 모든 일이 드러나리로다. "체질"과는 다르게 10절의 "모든 일"은 하나님의 피조물인 인간과 자연을 가리킨다. 우리가 지어놓은 훌륭한 도시, 건축 상의 불가사의한 위대한 건축물, 엄청난 과학적인 업적, 모든 세대의 예술적인 공적─이러한 모든 것들이 그 날에는 전혀 대수롭지 않게 될 것이다.

대부분의 번역물은 "드러나리로다"(10절)라는 번역을 사용하는데, 헬라어 사본에 있는 상이한 내용 때문에 이 본문에 대한 것은 불확실하다. 어떤 사람은 땅이 "발견될 것이다"라고 말하고, 다른 고대 사본들은 "나타내다"라고 말한다. 땅에 무슨 일이 일어날 것인가? 다음의 여러 종류의 번역을 주목하라:

> *오늘의 영어번역*: "땅과 그 안에 있는 모든 것은 사라질 것이다."
> *이십 세기 신약성경*: "...드러낼 것이다."
> *현대 영어 성경* (Contemporary English Version): "...그것들이 있는 그대로 보일 것이다."
> *필립스* (Phillips): "...소멸될 것이다."
> *로더햄과 행간* (Interlinear) (마샬): "...발견될 것이다."
> NIV와 NEB: "...폭로될 것이다."

나는 NIV와 NEB의 "폭로될 것이다"란 번역을 좋아한다. 키스트메이커는 이것을 "가장 어렵고 오래된 헬라어 독법(讀法)"이라고 일컬으면서 그것은 아마도 원본의 내용일 것이라고 제안한다. 그것은 확실히 상황에 맞는다. 그는 "주의 날이 심판의 날로 여겨지기 때문에, 폭로될 *것이다*란 동사는 아마 '땅과 사람의 모든 일이 하나님의 심판대 앞에 드러날 것이다'를 의미할 것이다."[10)

새 하늘과 새 땅. 우리가 위에서 다룬 본문을 계속 염두에 두면, 13절은 전부 소멸한다는 인상을 주지 않고, 변화 또는 변형의 개념을 준다. 나의 취지는 그리스도께서 영광스럽게 재림하실 때 땅은 굉장한 변화를 겪게 되고, 모든 불완전한 것들이 불로 깨끗해진 변화된 땅은 성도들이 천년왕국과 다가올 세대에 거할 새 땅이 된다는 것이다. 나는 헨리 알포드(Henry Alford)가 몇 년 전에 한 다음의 진술에 동의한다: "홍수가 땅을 전멸시키지는 않았지만 변화시켰다; 그리고 새 땅이 홍수의 결과인 것처럼 최후의 새 하늘과 새 땅도 불의 결과가 될 것이다."[11)

영광이 이제와 영원한 날까지 저에게 있을지어다. 18절에 있는 "영원한 날까지"(*eis hemeran aionos)*는 "영원의 날까지"를 의미할 수 있다 (로버트슨).[12) 비더울프는 이것을 "'마지막 때에 동틀 녘이 되고, 끝이 없는 것을 스스로 아는 날'이라고 일컫는다. '영원'이라는 단어는 문자 그대로 '영구'(永久)이며, 그것을 문자 그대로 번역한 뜻은 '영구의 날까지'인데, 오직 여기에만 나온다."[13) 나의 취지는 천년왕국이 앞으로 올 시대(영구)이기 때문에, 베드로는 우리 주님이시요 구세주이신 예수 그리스도에게 이제와 주님의 천 년의 날까지 영광을 선포하고 있다. 그 변화된 땅에 의가 자리 잡을 것이다

(사 65:17 이하; 66:22; 계 21:1).

성도들이 온전히 구속되고 땅이 완전히 새롭게 된 후에 하나님의 백성은 그리스도와 함께 새 땅에 살면서 통치할 것이며, 사람과 피조물을 위한 하나님의 원래의 의도를 성취할 것이다. (구속된 땅에서 그리스도의 천년왕국 통치를 논할 때는 우리가 함께 상고할 부록 D의 예수님, 바울, 베드로와 요한의 가르침을 보라.)

하나님과 사단 사이의 오랜 세대의 전투는 다음 장에서 그 절정에 이른다. 우리는 마침내 "예수 그리스도의 계시"라고 정당하게 일컫는 신약성경의 마지막 부분에 도달했다. 거기에 언급된 모든 신비스러운 주제들에 대해서 철저히 연구할 시간이 없지만, 여섯 개의 매혹적인 부차적인 논제가 당신의 관심을 끌 것이다. 당신은 특별히 마귀를 없애려는 하나님의 세 단계 계획을 살펴보기 원할 것이다! 천년왕국의 주제에 대한 정보는 한 장으로 충분하며, 부록 D에 제시되어 있다.

12

요한계시록: 최후의 승리

사 도 요한은 성경의 경전을 신약성경의 가장 예언적이고 계시적인 책으로 끝맺는다. 이 신비한 *예수 그리스도의 계시*는 모든 세대에게, 특히 핍박받는 자들에게, 희망과 기대를 안겨다 주었다. 의심과 두려움으로 시험받을 때, 그리스도인들은 거듭 반복해서 성경의 맨 마지막 책으로 가서 모든 일이 결국 어떻게 끝나는지를 읽는다. 어떤 묘사는 우리를 멈칫하게 하지만, 우리는 이 색다른 책에서 하나님의 감동적인 열정과 긴박성을 감지하게 된다. 그리고 우리는 그 안에서 악을 능가하는 선의 최후의 승리를 발견한다.

다음의 이야기 형식의 내용을 어린 아이 같은 기대를 가지고 기쁨으로 읽어 나가라; 그런 다음에 우리는 이 성경의 마지막 책에 제시된 여섯 가지 중요한 견해를 토의할 것이다.

요한계시록의 기록

요한이 예수님의 영광스러운 재림에 대하여
교회가 알기를 원했던 모든 것

1. **그리스도께서 오실 것이며,**   계 1:4, 7-8; 4:8; 11:17
2. 하늘에서 내려오실 것이며,   계 19:11

3. 구름을 타고 오실 것이며,　　　　　　　　계 1:7; 14:14-20
4. 각인의 눈이 그를 보겠고,　　　　　　　　　　　계 1:7
5. 그를 찌른 (십자가에 못박은) 자들도 볼 터이요,*　　계 1:7
6. 땅에 있는 모든 족속이 그를 인하여 애곡할 (애통해　계 1:7
　　할) 것이다.
7. **그는 승리하시는 만주의 주시요 만왕의 왕으로**　계 14:14-20;
　　오실 것이다.　　　　　　　　　　　　　17:14; 19:11-16
8. 하늘에 있는 군대들(천사들과 성도들)이 그를 따를　계 19:14
　　것이다.
9. 그것은 진노의 날이 될 것이며,　　　　계 6:16-17; 14:14-20
10. 죽은 자를 심판하실 때일 것이다.　　계 11:17-18; 20:11-14
11. 주는 땅의 익은 곡식을 거두실 것이다.　　　　계 14:14
12. 일곱째 천사가 소리 내는 날, 하나님의 비밀이 이루　계 10:7; 11:15
　　어질 것이고, 그리고*
13. 그리스도의 통치가 시작될 것이다.*　　　　　　계 11:15
14. **그가 오실 때, 그는 각 사람에게 줄 상이 있어**　계 21:7-8; 22:12
　　그가 일한 대로 갚으실 것이다.
15. **그리스도의 재림은 해, 달과 별들에게 나타나는**　　계 6:12-13
　　우주적인 징조 후에 있을 것이다.
16. **그것은 첫째 부활이 될 것이다.**　　　　　　　계 20:5-6
17. **예수님은 "내가 속히 오리니"(곧)라고 다섯 번**　계 2:16; 3:11;
　　말씀하셨다.　　　　　　　　　　　　　　22:7, 12, 20
18. 그는 "도적 같이" 오실 것이라고 두 번 말씀하셨다—　계 3:3; 16:15
　　그러므로 우리는 깨어 있어야만 한다!
19. **소아시아에 있는 일곱 교회 중 세 교회는 그의**　계 2:25; 3:3, 11
　　재림에 비추어 영적으로 일깨었다.
20. 우리는 거짓 가르침을 묵인하는 것을 일깨우고 회　　계 3:3
　　개해야 한다.
21. 당신의 믿음(당신이 가진 것)을 굳게 잡아 네 면류　계 2:25; 3:11
　　관을 빼앗지 못하게 하라.
22. 이 책의 예언의 말씀을 지키라.*　　　　　　　계 22:7
23. **성경은 사도 요한의 진심에서 나오는 기도로 끝**　계 22:20

을 맺었다: "아멘. 주 예수여, 오시옵소서!"

※ 신약성경의 다른 곳에서는 발견되지 않는다고 여겨지는 구절

주의 재림에 대한 묘사

요한계시록은 재림으로 시작해서 재림으로 끝난다: "그가 오시리라"(계 1:7)와 "주 예수여, 오시옵소서!" (22:20). 성경의 이 마지막 책은 예수 그리스도의 계시 또는 "드러내는" 책이다.

장차 오실 이. 요한계시록에 하나님과 그리스도께서 사용하신 이 위엄 있는 묘사가 네 번 나온다; "이제도 계시고, 전에도 계시고, 장차 오실 이" (1:4, 8; 4:8; 11:17). 이것은 그분의 임재가 과거, 현재와 미래를 지배하는 신구약성경의 저 위대한 "나는 스스로 있는 자이다"에 대한 증거이다 (출 3:14; 요 8:58). *장차 오실 이*는 그리스도의 재림에 대해 특별히 중대한 의미를 지니고 있다.

모두가 그를 볼 것이다. 예수님은 구름을 타고 오실 것이며, 그를 찌른 자들도 볼 것이다 (계 1:7). (스가랴 12장 10절을 인용하는) 요한복음 19장 37절을 상기해 보라: "저희가 그 찌른 자를 보리라." 땅의 그를 거역한 모든 족속들이 크게 애곡할 것이다!

그의 진노의 큰 날. 요한계시록은 사건이 직선적으로 진행되는 것을 따라가는 것 같아 보인다: 일곱 교회, 일곱 인, 일곱 나팔, 일곱 대접. 요한계시록 6장 16-17절에서 세상 사람들은 산과 바위에게 큰 소리로 말한다, "우리 위에 떨어져 보좌에 앉으신 이의 낯에서와 어린양의 진노에서 우리를 가리우라. 그들의 진노의 큰 날이

이르렀으니 누가 능히 서리요?" 여섯째 인을 떼실 때에 하늘에서 무서운 징조들이 나타났다.

그러자 마지막 또는 일곱째 인이 떼어졌다 (8:1). 일곱 나팔을 가진 일곱 천사가 땅에 진노를 쏟기 위해 차례로 나아갔다. 분명히 그 진노가 절정에 이르고 일곱째 천사가 나팔을 불 때 주님은 오실 것이다 (10:7; 11:15-18).

곡식이 익어 거둘 때가 되었다. 예수님이 땅의 수확을 거두는 것을 생생하게 묘사한 것(14:14-20)은 의심할 바 없이 재림을 가리키는 것이다.

도적 같이. 요한계시록 16장 15절은 아주 긴장이 고조된 장(章)의 한가운데로 이끌어 준다. 우리가 기대하지 않을 때 그리스도가 재림하신다는 의미에서 그리스도는 세상에 도적 같이 오실 것이다. 그러나 교회가 깨어서 영적인 일에 부지런해야 하고 준비되어야 함을 권고하고 있다.

백마를 타고. 그러자 하나님의 말씀이신 예수 그리스도는 하늘에 있는 군대들을 인도하여 만국을 치신다 (19:11-16).

사단의 세 단계 소멸

요한계시록에서 가장 명백한 주제는 그의 대적 사단을 이기고 최후의 승리를 거두는 것이다. 다음의 도표는 마귀를 패배시킬 하나님의 세 단계 계획을 설명하는 데 도움이 될 것이다.

이 도표 다음에 세 원수를 위한 세 단계, 즉 죄, 마귀와 죽음을 언급한 것을 주목하라. 흠정역은 세 군데 모두 그리스도의 승리를 묘사하기 위해서 *멸망시키다*라는 단어를 사용한다. 헬라어 *카타르게오*(katargeo)는 "무가치하게 만들다 또는 능력이 약해지다, 패배시키다, 힘을 잃게 하다"란 뜻이다. NASB는 "무능하게 되다"라고 한다. 각 원수는 다음의 세 단계 하나하나에 극심한 심판(더 나아가서 박탈당함과 봉쇄)에 처하게 된다.

마지막 때의 연대기

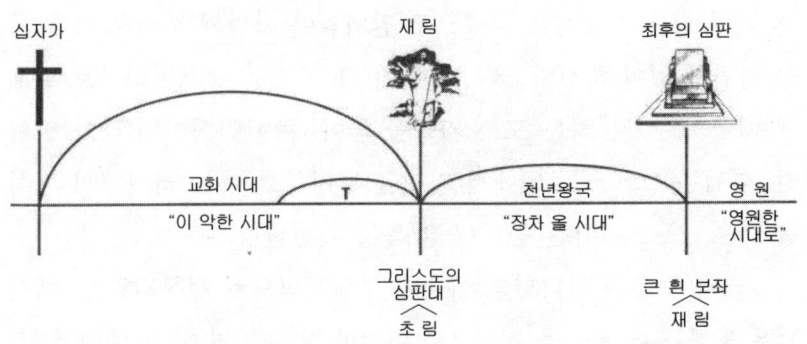

세 원수를 위한 세 단계

죄	1. 십자가	2. 재림	3. 최후의 심판
마귀	1. 십자가	2. 구렁	3. 불못
죽음	1. 예수님의 부활	2. 초림	3. 재림

I. 예수 그리스도의 죽음, 장사 및 부활

예수님이 우리를 위해서 죽으시고 그의 보배로운 피를 흘리셨을 때, 그는 우리 죄를 속죄하셨다. 그리하여 죽음과 사단처럼 죄는 파멸되었다. 히브리서 9장 26절은 그리스도께서 "자기를 단번에 제사로 드려 죄를 없게 하셨다"고 가르친다. 로마서 6장 6절은 "우리 옛 사람이 예수와 함께 십자가에 못박힌 것은 죄의 몸이 멸하여 [카타르게오], 다시는 우리가 죄에게 종 노릇 하지 아니하려 함이니"라고 지적해 준다. 이제 우리가 그에게 우리의 죄를 자백할 때 예수님의 피는 우리를 죄에서 깨끗하게 해 준다 (요일 1:8-9).

그리스도는 사단을 멸망시키셨다. 그 처음의 결정적인 승리는 이미 성취되었다! 히브리서 2장 14-15절은 "그도 또한 한 모양으로 [혈육]에 함께 속하심은 사망으로 말미암아 사망의 세력을 잡은 자 곧 마귀를 없이 하시며 [카타르게오], 또 죽기를 무서워하므로 일생에 매여 종 노릇 하는 모든 자들을 놓아 주려 하심이니"라고 말한다. 마귀는 그리스도 안에서 자신들의 지위를 아는 하나님의 백성을 마귀 스스로 이길 능력이 없음을 발견한다.

그래서 죽음은 하나님의 아들이 부활하심으로 정복되었다. 예수님은 또한 후에 죽음을 전적으로 이기실 전 교회의 첫 열매(고전 15:23)이시다. 디모데후서 1장 10절은 "우리 구주 그리스도 예수의 나타나심으로 말미암아 나타났으니, 저는 사망을 폐하시고 [다시, 카타르게오] 복음으로써 생명과 썩지 아니할 것을 드러내신지라"고 말한다. 그리고 마지막으로 고린도전서 15장 25-26절은 이렇게 기록되어 있다: "저가 모든 원수를 그 발 아래 둘 때까지 불가불 왕 노릇 하시리니, 맨 나중에 멸망받을 원수는 사망이니라."

2. 첫째 부활을 동반하는 그리스도의 재림

죄의 사람(적그리스도)과 모든 죄인들은 그리스도께서 불꽃 중에 나타나실 때에 멸망의 형벌을 받게 된다 (살후 1:7-10; 2:8). 이와는 전혀 상반되게, 교회는 모든 죄를 깨끗하게 해 주신 그리스도의 보배로운 피를 믿으면서 흠 없게 나타난다. 바울은 기도한다, "너희 온 영과 혼과 몸이 우리 주 예수 그리스도 강림하실 때에 흠 없게 보전되기를 원하노라" (살전 5:23).

마귀는 무저갱에 던져지고 천 년 동안 모든 영향력과 기만하는 능력이 없어진다 (계 20:1-3). 교회는 마지막 원수인 죽음을 정복한다. 그리스도 안에서 죽은 자들은 영화롭게 된 몸으로 부활하며, 살아 있는 성도들 또한 하나님의 능력으로 영화롭게 된 몸으로 변화된다 (고전 15:51-53; 살전 4:16-17). 고린도전도 15장 54절의 극적인 진술을 주목하라: "이 썩을 것이 썩지 아니함을 입고, 이 죽을 것이 죽지 아니함을 입을 때에는 '*사망이 이김의 삼킨 바 되리라*'고 기록된 말씀이 응하리라."

3. 둘째 부활을 동반하는 최후의 심판

천년왕국의 끝에 잠깐 나온 (또는 부활하여) 믿지 않은 자들은 사단과 합세하여 하나님과 하나님의 프로그램을 멸망시키려고 마지막으로 한 번 시도할 것이다 (계 20:3, 7-10). 그런 다음에 죄, 죄인들, 사단, 짐승, 거짓 예언자, 죽음과 하데스는 모두 최후의 심판이 집행되어 불못에 던져진다.

(우리가 주목해온 대로) 많은 진지한 그리스도인들은 그리스도의 초림과 재림 사이의 현 시대가 천년왕국으로 알려진 기간이라고 믿는다. 그들은 또한 요한계시록 20장에 묘사된 사단의 결박이

이제 효력이 있다고 믿는다. 사단은 민족들을 속일 수 없도록 현재 결박되어 있다.

성경은 명백히 우리의 현 시대가 사단을 이긴 승리에 관하여 아주 강하게 진술하고 있다. 위에 나온 성경 구절 외에 누가복음 10장 19절, 에베소서 2장 6절, 골로새서 2장 15절과 요한일서 3장 8절이 있다. 이러한 모든 구절들은 그리스도의 권위가 그들에게 주어졌다고 주장하는 자들에게 그리스도의 죽음, 장사, 부활과 승천에 의해서 사단이 무기력해졌음을 지적해 준다.

그러나 이것은 사단이 활동을 중단한다는 의미인가? 바울은 마귀를 대적하라고 말한다 (엡 6:10-18). 야고보는 "마귀를 대적하라. 그리하면 너희를 피하리라"(4:7)고 말한다. 베드로는 "너희는 믿음을 굳게 하여 저희를 대적하라"(벧전 5:9)고 우리에게 권면한다. 요한은 "온 천하를 꾀는 자"인 마귀가 하늘에서 땅으로 내어쫓길 것이라고 기록한다 (계 12:9). 이 내어쫓김은 천년왕국 전에 일어날 것이고, 아직 이 일이 일어나지 않았기 때문에 우리는 마귀가 결박되어 현재 사람들을 속일 수 없는 것인지를 말할 수 없다. 나는 이십 여 나라에서 복음을 전해왔는데, 사단이 각처에서 사람들을 수단 방법을 가리지 않고 속이고 있음을 입증할 수 있다!

사도 요한은 또한 "온 세상은 악한 자 안에 처한 것이며"(요일 5:19)라고 말하면서 이것을 확증해 준다. 사단은 우리가 속기 쉬운 점을 이용할 것이므로 우리는 그의 속이는 전략에 무지해서는 안 된다 (고후 2:11). 이 속이는 적(敵)은 자기를 광명의 천사로 가장한다 (고후 11:14). 그리스도의 재림 전 마지막 때에 악한 영이 들어간 짐승은 사람들을 속이고 그들이 짐승의 표를 받게 만든다 (계 19:

20). 위에 나온 성경과 사회의 단순한 사실에 비추어 볼 때, 요한계시록 20장에 나오는 사단을 결박하여 사람들을 속일 수 *없게* 한다는 것은 아주 어려운 일이다.

그리스도인들은 때로는 마귀를 다룰 더 많은 능력을 위해 기도한다. 실제로 우리는 성령의 능력을 이미 가지고 있다. 우리가 필요하고도 해야 할 일은 예수 그리스도가 마련해 놓으신 권위를 사용하는 것이다. 나는 수 커란(Sue Curran) 목사의 다음 진술을 좋아한다: "사단을 패배시키는 것은 우리의 과제가 아니다; 예수님이 이미 사단을 패배시켜 놓으셨다. 우리의 과제는 *갈보리의 승리를 강화시키는 것*뿐이다....우리는 마귀를 대항해서 싸우도록 부름받은 것이 아니라, 오히려 *갈보리의 승리를 강화시키*도록 위임받은 것이다."[1]

요한계시록 20장의 묘사에서 내가 받은 인상은 그러한 문자 그대로 관련된 사건들과 함께 너무나 극적이고 강렬하여 요한이 본 그림은 분명히 성취를 기다리고 있다는 것이다. 사단은 잡힐 것이고, 사슬에 결박되어 무저갱에 던져질 것이며; 문이 닫히고, 안전하게 잠긴 후 그의 감옥은 단단히 봉해질 것이다.

마귀를 패배시킬 하나님의 세 단계 계획에 있어서 그 첫 단계는 십자가와 부활이고, 두 번째 단계는 마귀를 임시로 소멸시키는 것이 포함됨을 기억하라. 천년왕국이 성취된 다음에야 세 번째 단계가 있을 것이며, 그 때 그는 불못에 던져져서 영원히 그 곳에 남게 될 것이다. 우리의 적은 그리스도께서 패배시켜 놓으셨지만, 우리는 그리스도의 승리를 강화해야만 한다.

그 상황은 세계 제 2차 대전 후에 남태평양 섬에서 계속된 전투를 생각나게 한다. 일본은 정식으로 연합군에 항복했었지만, 우리가 들은 이야기는 그 항복이 지난 몇 년 후에도 밀림에 있던 일본 군인들은 그 항복 사실을 모른 채 여전히 전투에 임하고 있었다는 것이다! 승리는 합법적이나, 그것은 소탕 작전을 통해서 강화되어야 했었다.

이것이 우리의 적과의 상황이다. 다음의 도표는 사단의 패배의 과정을 보여 준다:

사단의 소멸

교회 시대	천년왕국	천년왕국 말	영 원
사단 패배	사단 (잠시) 결박	사단 놓임	사단 처형
민족들 기만당함	땅 해방	의인이 불신자에게 공격당함	불못

왜 두 부활인가? 이 둘은 서로 같은 것인가?

그리스도인 개개인은 모든 죽은 자들이 살아날 것을 믿는다. 그러나 그들이 모두 다 한꺼번에 살아날 것인가, 아니면 두 번의 부활이 있을 것인가—한 번은 의인을 위해서 그리고 또 한 번은 불의한 자를 위해서인가? 요한계시록 20장 4-6절은 두 번의 부활이 있을 것이라고 했는데, 이 두 부활이 모두 문자 그대로의 몸의 부활과 같은 종류의 부활이 아니라는 것을 믿을 납득할 만한 이유가 없다.

이것은 분명해 보일지 모르나, 어떤 사람들이 하는 논쟁점은 첫째 부활은 우리가 영적으로 회심할 때 일어나고, 둘째 부활은 우리의 죽은 몸이 부활될 때 일어난다는 것이다.

이것은 사과와 오렌지를 비교하는 것과 같다. 첫째 부활과 둘째 부활은 같은 본질의 것임에 틀림이 없다. *아나스타시스*(anastasis)는 몸의 부활을 의미한다. 알포드가 한 옛 비평은 이 주제에 가끔 인용되는데, 나는 그것이 여전히 정확하다고 생각한다: "만일 두 부활이 언급되는 문장에서...첫째 부활은 그리스도와 함께 한 영적인 부활인 반면에 둘째 부활은 무덤으로부터의 *문자 그대로* 부활임을 의미한다고 이해해야 한다. 그리고 모든 언어의 의미에는 마지막 의미가 있으며, 성경은 어떠한 언어도 명확하게 증거해 준다."[2]

경건한 자와 불경건한 자는 둘 다 죽은 자 가운데서 살아날 것이다.[3]

> 바울은 말했다, "하나님께 향한 소망을 나도 가졌으니, 곧 의인과 악인의 부활이 있으리라 함이라" (행 24:15).
> 예수님은 말씀하셨다, "무덤 속에 있는 자가 다 그의 음성을 들을 때가 오나니, 선한 일을 행한 자는 생명의 부활로, 악한 일을 행한 자는 심판의 부활로 나오리라" (요 5:28-29).
> 요한은 기록했다, "이 첫째 부활에 참예하는 자들은 복이 있고 거룩하도다" (계 20:6).

요한계시록 20장은 천 년이 두 번의 부활을 구별해 준다고 말해 준다. 바울의 내용은 재림 때에 있을 의인의 부활에 중점을 두는 반면에, 요한은 아직 살아 있는 불신자들의 멸망을 묘사하고 있다. 이 두 번의 부활은 다음과 같이 요약해 볼 수 있다:[4]

첫째 부활: 의인(선을 행한 자, 축복된 자와 거룩한 자)의 부
활; 예수 그리스도를 믿는 자들. 재림 때에 일어나며, 이러한
의인들을 영원한 축복의 상태로 인도한다.

둘째 부활: 불의한 자(악을 행한 자들—축복받지 못한 자들과
거룩하지 않은 자들)의 부활; 예수 그리스도를 거절한 자들.
천 년의 마지막에 일어나며, 이러한 불의한 자들을 영원한
파멸의 상태로 인도한다.

크고 흰 보좌

내가 이해한 바와 우리가 10장에서 고찰한 대로, 하나님의 심판
은 두 양상으로 올 것이다. 첫 부분은 재림 때에 순식간에 일어날
것인데, 이 때 성도들이 부활되고, 영화롭게 되고, 환영받고, 상을
받게 될 것이다. 이것은 우리가 그리스도의 심판대 앞에 나타나는
순간이다. 동시에 불신자들은 그리스도의 영광스러운 나타나심에
의해서 죽임을 당할 것이다. 그들의 영혼은 전 시대를 통하여 죽은
모든 영혼과 즉시 합세할 것이다. 이 모든 사람들은 지옥, 하데스,
무저갱이라고 일컫는 곳인 죽어 있는 악한 자들이 거하는 처소로
보내질 것이다. (실제로 이것은 불신자들이 지금 죽으면 일어나는
일이다.)

하나님의 심판의 두 번째 양상은 천년왕국의 마지막에 크고 흰
보좌에서 되어질 것이다. 그리스도와 그의 백성은 깨끗해진 지구에
서 함께 통치할 것이다. (의로운 자들은 이미 재림 때에 그들의 상

을 받았을 것이다).

활동의 중심은 하나님의 보좌이다. 요한계시록 20장 11절에서 "흰"은 의, 정직과 하나님의 공의를 선포하는 것으로 묘사된다. 비록 그 색은 전에 주어진 것이 아니지만, 나는 그것이 요한계시록 전체에서 언급된 유일하고 똑같은 하나님의 보좌라고 생각한다.

빛나는 흰 옷을 입고 번쩍이는 면류관을 쓴 성도들이 보좌 주변의 하나님의 영광을 누리고 있을 때, 놓인 자들은 사단과 죽은 악한 자들에게 넘겨진다. 그와 그의 추종자들은 하데스에서 나오는 검은 구름같이 분출되며, 악한 자들의 영혼은 그들의 부활된 몸과 결합된다. 이러한 바로잡을 수 없는 자들은 교훈을 배우지 못한 것이다. 그들은 회개하지 않고, 여전히 그들 안에서 반항이 끌어 오른다. 그들의 행동은 그들의 운명을 정한다: 하나님이 계신 곳에서 나오는 불 그리고 불못으로 보내지는 위탁.

이것은 아마도 지나치게 간소화한 것 같이 보일지 모른다. 또한 혼란스러워 보일지도 모른다. 하나님은 왜 이미 마귀를 가두어 두셨었다가 풀어 놓으셨는가? 그러나 이 전후 관련은 모든 성경적인 자료를 조화롭게 혼합시켜 준다.

그것을 이렇게 생각해 보라. 은행이 약탈당해서 죄 없는 구경꾼들이 살해되었다. 강도들은 체포되었으며, 감옥으로 연행되었고, 보석(保釋)이 거절되었다. 그들의 범죄 행위에 대한 증거는 분명히 의심할 여지가 없었다. 그들은 한 달 동안 투옥되었다가 교도소로부터 기소되었다. 그들은 법정에서 반란을 꾸몄고, 보안관과 부관에게 반항하고 심지어는 재판장을 죽이려는 시도까지 했다. 그들은 진압되어서 재판을 받게 되었고 집행 유예 없이 종신형을 받았다.

유죄의 그 강도들처럼 사단과 악한 자들은 재림 때에 처음으로 체포되어 탈출이 방지된 무저갱의 감옥으로 던져진다. 그들이 기다린 기간(천년왕국)의 마지막에, 그들은 법정으로 가기 위해 잠시 풀려났지만, 그들은 하나님의 백성들에게 육체적인 폭행을 겸한 중대한 탈출을 시도한다. 그런 다음에 천지 만물의 의로우신 재판장은 아무도 반박할 수 없는 *유죄* 판결을 내리신다. 그는 그 악한 자들을 마귀와 그 사자들을 위하여 예비된 감금의 장소인 영원한 불에 들어가라고 선고하신다 (마 25:46).[5]

그는 속히 오신다

우리는 요한계시록에서 다섯 번이나 "보라, 내가 속히 오리라!"는 구절을 본다. *속히*는 비록 그의 임하심이 아직도 멀지 모르지만, 모래시계 안의 모래처럼 그리스도의 프로그램이 결말을 향하여 신속하게 움직이는 것을 의미한다. 그러는 동안에 우리는 깨어 있고, 준비되고, 대비하면서 경계를 늦추지 말아야 한다. 우리는 이러한 경계의 기초를 그가 즉각적으로 오시는 것에 두지 말고 오히려 *피할 수 없게 오시는 것*에 그 기초를 두어야 한다.

세상적인 사람들은 아마 그러한 구별을 이해하지 못할지 모른다. 젊은 사람들은 그런 것을 제대로 이해하지 못해서 노골적으로 인내하지 못한다. 그러나 나의 칠십 인생의 경험에서 볼 때 시간은 정말로 신속히 지나간다고 말할 수 있다. 그리스도가 오실 때 우리 모두는 "그가 진실로 속히 오셨도다!"라는 것을 확인할 것이다. 나는 그리스도인이 된 지 59년 되었는데, 나의 인생은 너무도 빨리 지나갔지만, 그럼에도 나는 아직도 예수님의 오심을 지금 그 어느 때보다도 더 열망하고 있다. 그렇다면 히브리서 10장 37절을 경청하라: "잠시 잠깐 후면 오실 이가 오시리니, 지체하지 아니하시리라."

그의 오심을 준비하는 것은 너무 간단해서 누구나 준비할 수 있다. 당신은 처방된 과정을 이미 따랐는가?

무엇보다도 당신은 하나님께서 당신을 용서하시고 그의 자녀로 삼으시도록 예수님의 이름으로 기도하면서, 하나님을 대항한 자신의 거역과 죄를 회개해야만 한다. 생활 양식의 방향 전환(회개의 의미)을 하고, 당신 자신의 뜻을 버리고, 예수 그리스도께 의지적으로 굴복하라.

이러한 간단한 결단의 과정을 따라감으로 당신은 예수님을 당신의 구세주와 주님으로 받아들이는 것이다. 어떤 사람들은 그것을 구원받았다 또는 거듭났다고 일컫는다. 이러한 말은 성경적인 용어로 그리스도인이 되는 첫 단계를 묘사해 준다. 당신은 물 세례를 받고 영적인 좋은 교회에 나가면서 성장해야 한다. 또한 성경을 매일 읽고 기도하는 것이 당신의 새로운 삶의 일부분이 되어야만 한다. 간단히 말하면, 당신은 성령의 능력으로 신약성경이 묘사하고 있는 방법으로 하나님을 위한 삶을 시작해야만 한다.

하나님의 임재는 당신의 삶에서 실제적이고 의미 있게 될 것이고, 당신은 주 예수 그리스도를 섬기는 것이 즐거운 일이라는 것을 알게 될 것이다. 그리고 당신이 예수님을 더 잘 알수록 그의 오심을 더욱 더 기대하게 된다는 것을 알게 될 것이다.

여기에 그를 사랑하고 섬기는 자들에게 주는 약속이 있다. 그것

들을 마음의 눈으로 읽어보라:

"(보라,) 내가 속히 임하리니, 네가 가진 것을 굳게 잡아 아무나 네 면류관을 빼앗지 못하게 하라."

계 3:11

"보라, 내가 도적 같이 오리니, 누구든지 깨어 자기 옷을 지켜 벌거벗고 다니지 아니하며, 자기의 부끄러움을 보이지 아니하는 자가 복이 있도다."

계 16:15

"보라, 내가 속히 오리니, 이 책의 예언의 말씀을 지키는 자가 복이 있으리라."

계 22:7

"보라, 내가 속히 오리니, 내가 줄 상이 내게 있어 각 사람에게 그의 일한 대로 갚아 주리라."

계 22:12

이것들을 증거하신 이가 가라사대 "내가 진실로 속히 오리라."

계 22:20

우리의 반응이 항상, "아멘, 주 예수여, 오시옵소서!"가 되기를!

13

마침내! 모든 조각들을 한데 모으다

아이들이 퍼즐 조각들을 탁자 위에 흩어 놓았다. 그들이 퍼즐 조각들을 제 자리에 짜 맞추기 위해서 조각들을, 특히 가장 자리 부분이 될 곧은 모서리 조각들을 서로 먼저 차지하려고 다툴 때, 그들의 흥분은 고조에 달했다. 이렇게 보충해 주는 조각들은 처음에 짜 맞추는 속도에 박차를 가해 준다; 그런 다음에 점점 속도가 느려지기 시작하면서 각 조각을 진지하게 응시하며 검토하게 되는 시간을 갖게 된다. 아이들은 때로 맞지 않는 두 조각을 강제로 짜 맞추려는 시도를 하기도 한다. 부모로서 확신하는 것은 퍼즐의 모든 조각들이 거기에 있으며, 그 조각들을 강제로 짜 맞추거나 탕탕 칠 필요가 없다는 것이다. 또한 어떤 조각도 남는 것이 없다. 천천히 놀랍게도 그 조각들은 다 짜 맞추어져서 아름다운 그림으로 나타나게 된다!

자, 이제 우리는 퍼즐의 절정에 도달했다. 159개의 핵심 개념을 산출해 낸 453개의 신약성경 구절과 함께 한 성경적인 교리는 퍼즐 맞추기와 같다. 본래의 퍼즐에서처럼, 그것은 당신이 시작하기 전에 최종의 산물에 대한 그림을 미리 볼 수 있게 해 줄 것이다. 그러한 그림이 우리에게 있다: 그리스도가 천사들과 성도들과 함께 구름 위에 나타나실 때 유일한 그리스도의 영광스러운 재림. 이제 내가 발견한 바를 당신에게 알려 주었는데, 나는 당신이 그 조각들이 들어맞다는 것에 동의하기 바란다.

앞에 나온 기록들 또는 이야기 형식은 신약성경의 여러 부분에 있는 참고 구절들과 견해들을 함께 모아서 이미 나온 여러 장에서 제시한 바 있다. 이 장에서는 퍼즐의 조각들이 그리스도의 재림에 관한 성경의 놀라운 가르침을 정돈되고 포괄적인 의미를 주는 방법으로 배열해 놓았다.

신약성경의 기록

하나님이 예수 그리스도의 영광스러운 재림에 대해서 우리가 알기를 원하시는 모든 것

1. **하나님의 아들, 주 예수 그리스도의 재림—땅으로 오심—은 하나님의 영감으로 주어진 교리이다.** 행 1:11; 살전 4:15; 5:2; 히 6:2
2. (공교히 만든 이야기를 좇은 것이 아니요) 벧후 1:16
3. 위로와 소망을 주시고, 깨어 근신하고, 견고하게 하기 위하여. 살전 4:18; 5:6; 살후 1:10; 딛 2:11-13
4. 그리고 교회가 거룩한 삶을 살도록 오실 것이다. 요일 3:3; 계 22:7, 12
5. **그의 재림의 정확한 때(날 또는 시간)는 모른다 (비록 믿는 자들은 때와 철을 알아야 하지만).** 마 24:36, 42; 25:13; 막 13:32-36; 눅 12:39-40
6. 그러나 우리는 그리스도의 재림이 아직 이르지 않은 것을 안다. 살후 2:2
7. **우리는 우리의 크신 하나님 구주 예수 그리스도의 영광스러운 나타나심을 기다려야 한다.** 딛 2:13; 벧후 1:16
8. 왜냐하면 이것이 우리의 복스러운 소망이며, 롬 8:24-25; 갈 5:5; 딤전 1:1; 딛 2:13

9. 때가 가까웠으며, 주께서 아주 속히 (빨리) 오시기 때문이다.

빌 4:5; 약 5:9;
벧전 4:7;
요일 2:18; 계 3:11;
22:7, 12, 20

10. 그러므로 깨어 있으라!

마 24:42;
막 13:35, 37;
롬 13:11-12

11. **세상적인 사람들은 그러한 일이 일어나는 것을 기롱할 것이지만,**

벧후 3:3-4

12. 교회는 그것을 전적으로 기대하고 간절히 기다릴 터인데,

마 24:42; 고전 1:7;
빌 3:20; 살전 1:10;
5:4; 딛 2:13

13. 그것은 철 또는 징조를 이해하며 (여름철의 징조를 인정하듯이),

마 24:32;
눅 21:29-31

14. "이런 일이 되기를 시작하거든"을 강조해 준다.

눅 21:28

15. **그의 오심은 갑자기, 돌연히, 놀라게 하는ㅡ예기치 않은, 예견하지 않은, 세상 사람들이 기대하지 않은ㅡ다음의 실제 삶의 상황에 예증한 바대로. 그의 오심은 다음과 같을 것이다...**

눅 17:28, 30;
살전 5:2-3;
계 3:3, 14;
계 16:15

16. ㅡ번개의 번쩍임,

마 24:27; 눅 17:24

17. ㅡ덫의 함정,

눅 21:34-36

18. ㅡ주검이 있는 곳에 독수리의 나타남,

마 24:28; 눅 17:37

19. ㅡ여름이 가까움 (무화과나무의 꽃),

마 24:32-33

20. ㅡ노아 때의 홍수,

마 24:37-39;
눅 17:26-27

21. ㅡ롯 때의 심판,

눅 17:28-30

22. ㅡ일하거나 자는 사람들이 갑자기 데려감을 당함,

마 24:40-41;
눅 17:34-36

23. ㅡ도적이 집을 뚫음,

마 24:43;
눅 12:39-40; 17:30;
살전 5:2-7;

	벤후 3:10;
	계 3:3; 16:15
24. ─종을 감시하는 주인,	마 24:45-51;
	눅 12:42-48
25. ─종의 활동을 조사하는 주인,	막 13:35-36;
	눅 12:35-37
26. ─되돌아온 귀인,	눅 19:12-27
27. ─신랑의 도착,	마 25:1-13
28. ─돌아와서 계산을 요구하는 종의 주인,	마 25:14-30
29. ─그리고 해산의 갑작스런 고통은 기쁨과 같을 것 이다.	요 16:21
30. 먼저 배도하는 일이 있고, 불법의 사람[적그리 스도, 메시지]이 나타나기 전에는 이르지 아니 할 것이다.	살후 2:3
31. 그것은 일곱째 천사의 나팔 소리가 날 때 일어날 것이다.	계 10:7; 11:15
32. 전 세계가 복음 증거를 들을 것이며,	마 24:14; 막 13:10
33. 그리고 예루살렘(유대인)이 그를 축복하기 원할 것이다.	마 23:39; 눅 13:35
34. 그것은 모든 선지자들이 말한 대로 회복할 때가 절정이 될 것이며,	행 3:20-21
35. 천문학적인 징조 후에 일어날 것이며 (해가 어두 워지며, 달이 빛을 내지 아니하며, 별들이 하늘에 서 떨어지며),	마 24:29-30; 막 13:24-25; 눅 21:25-26; 행 2:20; 계 6:12-13
36. 땅의 징조들을 인하여 혼란에 빠뜨리며,	눅 21:25
37. 이것은 믿는 자들이 그들의 구속이 가까웠음을 알 게 해 줄 것이다.	눅 21:28
38. 주 예수 그리스도─주님 자신─	요 14:3; 빌 3:20; 살전 2:19; 3:13; 4:16; 살후 2:1;

딤전 6:14-15

39. ―그와 똑같은 예수님은 죽은 자들 가운데서 다시   행 1:11; 살전 1:10;
사셨고―   계 1:4, 7-8; 4:8;
    11:17

40. 하늘로부터 강림하실 것이며,   빌 3:20;
    살전 1:10; 4:16;
    살후 1:7; 계 19:11

41. 그의 거룩하고 능력 있는 천사들과 함께   마 16:27; 24:31;
    25:31; 막 8:38;
    눅 9:26; 요 1:51;
    살후 1:7; 계 19:14

42. 수만의   유 14

43. 그의 모든 성도와 함께   살전 3:13; 4:14;
    계 19:14

44. 하늘 구름을 타고 오실 것이다.   마 24:30; 26:64;
    막 13:26; 14:62;
    눅 21:27; 살전 4:17;
    계 1:7; 14:14-20

45. 각인의 눈이 그를 보겠고 (즉, 그는 지구상의   마 24:30; 눅 17:24;
모든 인간에게 보일 것이다),   계 1:7

46. 그를 찌른 자들도 볼 것이다.   계 1:7

47. **그는 하늘로 가심을 본 그대로 오실 것이다.**   행 1:11

48. **그는 능력과 큰 영광으로 오실 것이며,**   마 6:13; 24:27;
    막 13:26; 눅 21:27;
    살후 1:9; 딛 2:13;
    벧전 5:1

49. 그의 아버지의 큰 영광으로,   마 16:27; 24:30;
    막 8:38; 눅 21:27;
    벧전 4:13

50. 자기 영광으로,   마 25:31;
    눅 9:26; 21:27

51. "권능의 우편에 앉으셔서" 　　　　　　　마 26:64; 막 14:62;
　　　　　　　　　　　　　　　　　　　　　　눅 22:69

52. **그는 호령으로 오실 것이다.** 　　　살전 4:16; 요 5:25, 28

53. **그는 하나님의 나팔로 강림하실 것이요,** 　마 24:31; 살전 4:16

54. 마지막 나팔에 　　　　　　　　　　　　　　　고전 15:51

55. **그는 천사장의 소리로 오실 것이다.** 　　　　　살전 4:16

56. 그는 그의 천사들을 보내실 것이요, 　　　마 24:31; 막 13:27

57. 저희가 "그 택하신 자들을 하늘 이 끝에서 저 끝까　마 24:31; 막 13:27;
　　지 사방에서 모으리라." 　　　　　　　　　눅 13:28-30

58. 천사들이 의인 중에서 악인을 갈라 낼 것이다. 　마 13:39-42, 49-50

59. **그는 죄 없이, 그리고 우리를 구원하시려고 나타** 　히 9:28; 벧전 1:5
　　나실 것이요,

60. 그를 바라는 자들에게 　　　　　　　　히 9:28; 벧후 3:12

61. 그는 우리의 목자장으로 　　　　　　　　　　벧전 5:4

62. 그리고 불신자들과 불순종하는 자들의 심판자로 　마 7:23; 12:32,
　　오신다. 　　　　　　　　　　　　　　　41-42; 24:37-41;
　　　　　　　　　　　　　　　　　　　　　　살후 1:8-9;
　　　　　　　　　　　　　　　　　　　약 5:9; 벧전 4:5;
　　　　　　　　　　　　　　　　　　　　　　　유 15

63. **그는 불꽃 중에 나타나실 것이요,** 　　　　　　살후 1:8

64. 불법하는 자가 나타나리니, 주 예수께서 그 입의 　　살후 2:8
　　기운으로 저를 죽이시고,

65. 멸망이 홀연히 이르리니 결단코 피하지 못하리라. 　　살전 5:3

66. **동시에 하늘이 큰 소리와 불로 떠나 갈 것이요,** 　히 12:26-27;
　　　　　　　　　　　　　　　　　　　　벧후 3:10, 12

67. 체질이 뜨거운 불에 풀어지고, 　　　　　벧후 3:10, 12

68. 땅과 그 중에 있는 모든 일이 불에 탈 것이다. 　벧후 3:7, 10

69. 피조물도 해방될 것이다. 　　　　　　　　　롬 8:21

70. **그가 오실 때, 죽은 그리스도인들의 몸이 죽은** 　요 5:25-29;
　　자 가운데서 일어날 것이다 (부활된)― 　6:39-40, 44, 54;
　　　　　　　　　　　　　　　　　　　　11:23-26;

빌 3:10-11, 14;

살전 4:15-16; 5:10;

고전 15:22-23, 52;

고후 4:14

71. 그들의 몸이 그들의 살아 있는 영혼과 결합되며—   살전 3:13; 4:14

72. 그리고 땅에 아직 살아남아 있는 성도들도 다른   살전 4:15, 17;
성도들과 함께 구름 속으로 끌어 올려 공중에서   계 20:5-6
주를 만날 것이다 ("휴거되어").

73. 이 첫째 부활은 전 세계에 있는 하나님의 선택된   마 22:28, 30-32; 24:31;
백성들이 관련될 것이다.   막 12:25-26;

눅 20:33-38;

고전 6:14; 살전 3:13

74. 그러므로 우리는 항상 (영원히) 주와 함께 있을   살전 4:17; 5:10
것이며, 그와 함께 살 것이다.

75. 하나님의 백성은 부활을 소망한다.   행 23:6; 24:15, 21;

26:6-8; 28:20

76. **우리 모두의 몸은 순식간에 변화되어 (구속되**   롬 8:23;
어) 그의 영광의 몸과 같게 될 것이며,   고전 15:51-53;

엡 1:14; 골 3:4

77. 성령의 능력 있는 역사로 완성된 행위이다.   고후 4:14, 5:1-5;

빌 3:21

78. 우리가 그리스도를 그의 계신 그대로 볼 것을 인함   요일 3:2
이니   고전 15:52

79. 우리의 변화는 순식간에 홀연히 일어날 것이다.   살전 3:13; 5:23;

80. **거룩함에 흠이 없게 산 성도들은**   딤전 6:14

벧전 4:13

81. 큰 기쁨으로   요 14:3; 고전 15:23;

82. 그 앞에 모일 것이요,   살전 2:19; 3:13;

살후 2:1

83. 그리고 주는 그의 성도들에게서 영광을 얻으실 것   롬 8:18-19;
이요,   살후 1:10; 2:14;

84. 모든 믿는 자에게서 기이히 여김을 얻으시리라. 　　　　벧전 1:7
　　　　　　　　　　　　　　　　　　　　　　　　　　　　살후 1:10

85. 그들이 땅의 고통으로부터 마지막 안식을 얻을 　롬 8:18; 살후 1:7
　　　때에

86. 구원받은 믿는 이스라엘의 남은 자가 있을 것이다. 　　롬 9:27-28;
　　　　　　　　　　　　　　　　　　　　　　　　　　　11:15, 25-26

87. 그가 오실 때 그는 어두움에 감추인 것들을 드러 　　　고전 4:5
　　　내고 마음의 뜻을 나타내시리니,

88. 그리고 부분적으로 (미완성의) 하던 것이 폐하 　　　고전 13:10
　　　리라.

89. 우리 믿는 자들은 그와 함께 영광 중에 나타날 것 　엡 5:27; 골 3:4
　　　이다.

90. 그리고 큰 평안이 주어질 것이며, 　　　　　　　벧전 1:13

91. 하나님의 완전하고 최종적인 구원은 물론, 　　　　살전 5:9

92. 우리는 하나님 앞에 거룩함에 흠 없이 확고히 될 　　　살전 3:13
　　　것이다.

93. 재림은 성경을 성취시키고 절정에 이르게 할 것 　　행 3:20-21
　　　이며,

94. 최상의 통치자이며, 만왕의 왕과 만주의 주로서 　　　행 2:35-36;
　　　그리스도의 절대적인 권위를 선포하실 것이다. 　딤전 6:14-15;
　　　　　　　　　　　　　　　　　　　　　　　　　　　계 14:14-20;
　　　　　　　　　　　　　　　　　　　　　　　　　　　　19:11-16

95. 재림은 주의 크고 영화로운 날이 될 것이며, 　행 2:20; 살전 5:2;
　　　　　　　　　　　　　　　　　　　　　　　　　　　　벧후 3:10

96. ―"그 날에," 　　　　　　　　　　　　　　마 7:22; 눅 10:12;
　　　　　　　　　　　　　　　　　　　　　　살후 1:10; 딤후 1:18

97. ―"그 날에," 　　　　　　　　　　　　　　　　　　딤후 4:8

98. ―"그 날까지," 　　　　　　　　　　　　　마 26:29; 막 14:25;
　　　　　　　　　　　　　　　　　　　　　　　　　　　　딤후 1:12

99. ―"그 날," 　　　　　　　　　　　　　　　마 24:36; 막 13:32;
　　　　　　　　　　　　　　　　　　　　　　눅 21:34; 살후 2:3

100. ―"권고하시는 날,"   벧전 2:12

101. ―"그 날,"   마 25:13; 눅 17:30;

롬 13:11-12;

고전 3:13-15;

살전 5:5, 8; 히 10:25

102. ―"심판의 날,"   마 10:15; 11:22, 24;

12:36; 막 6:11;

행 17:31; 벧후 2:9;

3:7; 롬 2:16;

요일 4:17; 유 6

103. ―"마지막 날,"   요 6:39-40, 44, 54;

11:24; 12:48

104. ―"진노의 날,"   롬 2:5-10;

계 6:16-17; 14:14-20

105. ―"우리 주 예수 그리스도의 날,"   눅 17:24; 롬 2:16;

"자기 날의 인자,"   고전 1:8; 5:5;

고후 1:14; 빌 1:6, 10;

2:16; 살후 2:2

106. ―"구속의 날,"   엡 4:30

107. ―"하나님의 날"이 될 것이다.   벧후 3:12

108. 그는 만왕의 왕과 만주의 주로 오실 것이다. 마 6:13; 24:3, 30;

딤전 6:14-15;

계 17:14; 19:11-16

109. 그는 자기 영광의 보좌에 앉으실 것이요, 마 19:28; 25:31

110. 그리고 그는 도시와 나라들을,   마 12:18, 20;

25:31-46;

눅 10:12-14

111. 그리고 세대 사람들을 심판하실 것이다.   눅 10:14;

11:31-32, 51

112. 이것은 세상이 "새롭게 되게" 할 것이다.   마 19:28

113. 땅의 모든 족속들이 봉곡할 것이다.   마 24:30; 눅 21:35;

계 1:7

114. 사도들은 열두 보좌에 앉아 이스라엘 열두 지파 마 8:12; 19:28;
를 심판할 것이며, 교회는 세상과 천사들을 심판 고전 6:2-3
할 것이다.

115. 그리스도가 왕 노릇 하실 것이며, 계 11:15

116. 그리고 우리도 그와 함께 왕 노릇 할 것이다. 마 8:11; 딤후 2:12;
계 20:6

117. 그는 각 사람의 행한 대로 갚으실 것이다. 마 15:13; 16:27;
25:19; 막 10:30-31;
눅 6:35; 롬 2:6-9;
고전 3:8; 엡 6:8;
골 3:24-25; 계 2:23;
21:7-8; 22:12

118. 우리 모두는 그리스도 앞에 설 것이다. 롬 14:10-12;
고전 3:8; 고후 5:10

119. 우리는 예수님의 말씀에 의해 심판받을 것이다. 요 12:48

120. 숨은 것이 드러나지 아니할 것이 없다. 마 18:35; 눅 8:17

121. 우리는 의인의 부활시에 "갚음"을 받게 될 것 눅 14:14
이다.

122. (산 자와 죽은 자를 위하여) 심판하실 것이며, 행 10:42; 17:31;
24:25; 롬 2:16;
딤후 4:1; 유 15;
계 11:17-18;
20:11-14

123. 그리고 상을 주시며 (주의 나타나심을 사모하는 딤후 4:8; 약 1:12;
모든 자에게 썩지 않는 의의 면류관), 벧전 1:13; 5:4

124. 그리고 우리는 한 때 그와 함께 고난을 받았고 행 14:22;
시련을 겪었다. 히 10:36-38;
11:35; 약 5:8;
벧전 1:7, 13; 4:13

125. 그는 처소를 예비하고 우리를 영접하실 것 요 14:3

이다.

126. 그는 오셔서 그를 믿는 자들을 섬기실 것이며,   눅 12:37-40

127. 그리고 우리와 함께 새 포도나무에서 난 것을 마   마 26:29;
시고 유월절 음식을 잡수실 것이다.   눅 22:16, 18, 29-30

128. 그리스도가 오실 때까지 하나님의 계명을 지키   딤전 6:14
는 것은 중요하다.

129. 소아시아의 일곱 교회 중 세 교회는 그의 재림을   계 2:25; 3:3, 11
더 잘 준비하도록 영적으로 도전받았다.

130. 우리는 거짓 선생들을 용납한 것을 각성하고 회   계 2:16
개해야 한다.

131. 우리는 (우리에게 있는) 면류관을 잃지 않도록   계 2:25; 3:11
믿음을 굳게 지켜야 한다.

132. 우리는 이 책[요한계시록]의 예언의 말씀을 지켜   계 22:7
야 한다.

133. 우리는 행실과 경건함에 담대해야 하며,   벧후 3:11

134. 점도 없고 흠도 없이 평강 가운데 나타나기를 힘   벧후 3:14
써야 한다.

135. 우리가 성만찬에 참여할 때마다 그리스도의 죽으   고전 11:26
심을 그가 오실 때까지 기념해야 한다.

136. 우리는 믿음으로 하나님께로서 난 의를 가져야만   빌 3:9
한다.

137. 교회는 그가 오실 때까지 영적 은사에 참여해야   고전 1:7
한다.

138. 그리스도는 우리가 재림시에 흠 없게 되도록 끝   고전 1:8
까지 견고케 하실 것이다.

139. 너희가 그리스도의 강림에 참여하는 것이 우리   살전 2:19
의 가장 큰 기쁨이다.

140. 그를 인내하며 기대하며 기다리라.   살전 1:10; 살후 3:5

141. 마음을 편히 갖고 우리의 증거를 믿으라.   살후 1:10

142. 왜냐하면 그가 이루실 것이기 때문에.   살전 5:24

143. 그리스도는 최대의 수확을 얻기 위한 적절한   막 4:29; 약 5:7-8;

때를 인내하며 기다리고 계신다. 벧후 3:9; 계 14:14

144. 우리 또한 길이 참아야 한다. 히 10:36-38; 약 5:7

145. 그가 임하시기를 바라보고 간절히 사모하라— 벧후 3:12

146. 마음을 굳게 하며, 약 5:8

147. 끝까지 마음의 허리를 동이고 바라며, 벧전 1:13

148. 그 안에 거하라. 이는 우리로 담대함을 얻어 그 요일 2:28
앞에서 부끄럽지 않게 하려 함이라.

149. 나의 의탁한 것을 그 날까지 저가 능히 지키실 딤후 1:12; 4:18
것이다.

150. 그리고 그 날에 우리는 서로의 자랑이 될 것이다. 고후 1:14

151. **예수님의 질문: 인자가 올 때에 세상에서 믿음** 마 28:20; 눅 18:8
을 보겠느냐?

152. 우리는 다른 사람들의 헌신에 대해서 염려하지 요 21:22-23
말고 그가 오실 때까지 그를 섬겨야 한다.

153. 그가 믿는 자들을 영접하실 것이다. 요 14:3, 18, 28-29;
16:16-22

154. 우리는 기도하면서 그를 기다려야 한다. 눅 12:36

주의: 다음의 세 항목은 그 구절들이 본질상 난해하므로 5장과 7장에서 특별히 강조한
바 있다.

155. 그 때 살아 있는 사람 중에 죽기 전에 인자가 그 마 16:28; 막 9:1;
왕권을 가지고 오는 것을 볼 자들도 있다. 눅 9:27; 벧후 1:16

156. 제자들이 이스라엘의 모든 동네를 다 다니지 못 마 10:23
하여서 인자가 오실 것이다.

157. 이 세대가 지나가기 전에 이 일이 다 이루어질 마 24:34; 막 13:30;
것이다. 눅 21:32

사도의 기도:

158. 바울의 기도: "오 주여, 임하소서!" 고전 16:22

159. 요한의 기도: "아멘. 주 예수여, 오시옵소서! 계 22:20

한 가지 최상의 고찰

일곱 명의 전문가들—예수님, 누가, 바울, 베드로, 요한, 야고보와 유다—이 지금까지 얼마나 그들의 자료를 훌륭하게 잘 제시하였는가! 저자들의 양식과 견해가 다름에도 불구하고, 그리고 오래 전 사회 고유의 의사 소통의 문제에도 불구하고 이 주제에 관한 아름다운 조화와 일치는 신약성경 전체에 흐른다.

부록 네 개에 있는 귀중한 자료는 당신이 이 주제를 이해하는 데 큰 도움이 될 것이다. (그 자료를 지금까지 나온 장 안에 포함하는 것보다 부록에 포함하는 것이 더 좋은 것 같다. 이 본문의 어떤 것은 앞으로 참조하는 데 잘 활용될 것이다.) 내가 바라는 것은 예수님의 재림에 대한 전체적인 이야기를 보통 사람이 읽기 쉬운 양식으로 제시하면서 동시에 철저한 연구를 하도록 내용을 보급해 주는 데 있다. 이 책에서 당신은 모든 가능한 성경 구절들과 기본적인 통찰력을 얻는 것과 함께 지극히 중요한 주제를 참으로 독특하게 다루게 된 것이다.

우리는 영성의 기교에 있어서 막다른 길에 다다르는 경향이 있다. 예수님과 신약의 저자들은 그 점을 고찰한 많은 원리들을 우리에게 제시해 준다. 그러나 그것들은 예수님의 재림에 대한 지극히 중요한 한 가지 면에 집중시켜 준다: *준비됨*. 그가 오실 때까지 나와 함께 우리 앞에 놓여진 과업에 언제나 조심스럽고 언제나 헌신적으로 주님을 충성스럽게 섬기려고 하는 새로운 노력을 기울이사.

부록 A

그리스도의 재림에 관한
네 가지 중요한 질문

이 개요는 그리스도의 재림에 관한 네 가지 근본적인 질문에 답한 스물아홉 개의 성경적 견해를 사용한다:

1. *왜* 예수님은 다시 오셔야만 하시는가?
2. 어떤 모습으로 그가 다시 오실 것인가?
3. 그가 다시 오실 때 *무슨 일이 일어날 것인가?*
4. *언제* 그가 다시 오실 것인가?

나는 위의 질문에 대한 답이 나올 성경적인 대답과 참조 구절들을 제시하였다. 다음의 개요는 위의 네 질문 밑에 그리스도의 재림에 대한 스물아홉 개의 중요한 사실들을 포함해 놓았다.

왜 예수님은 다시 오셔야만 하시는가?

모든 성경을 성취하고 절정에 달하게 하기 위해서 (행 3:20-21; 벧후 1:16).

예수님이 만왕의 왕이시요, 만주의 주이심을 최종적으로 그리고 확실하게 보여 주기 위해서 (딤전 6:14; 계 19:16).
땅의 열매를 거두어들이기 위해서 (약 5:7; 계 14:14).
심판하고 상을 주기 위해서; 공의를 성취하기 위해서 (유 15; 계 22:12).
교회를 그에게로 모으기 위해서 그리고 성도들에게서 영광을 얻으시기 위해서 (살후 1:10; 요 14:3, 18).

어떤 모습으로 예수님이 다시 오실 것인가?

속히 그리고 홀연히 (눅 21:35; 살전 5:2; 벧후 3:10; 계 22:20).
하늘로 가심을 본 그대로 같은 몸으로 (행 1:11).
아버지의 영광 가운데서, 불꽃 중에 (마 16:27; 24:30; 25:31; 살후 1:7).
수만의 그의 성도들과 함께 하고 천사들과 함께 (마 16:27; 24:31; 살후 1:7; 유 14).
하늘의 구름을 타고 (마 24:30; 26:64; 막 14:62; 눅 21:27; 계 1:7).
각인의 눈이 그를 보겠고 (마 24:27; 계 1:7; 마 24:30).
호령과 천사장의 소리와 일곱째 나팔로 (살전 4:16; 계 10:7).
죄와 상관없는 자로서, 완성의 극치 (히 9:28).

예수님이 다시 오실 때 무슨 일이 일어날 것인가?

첫째 부활, 의인의 부활이 있을 것이다. (요 5:28; 고전 15:52;

살전 4:16).

우리의 몸을 영광의 몸의 형체와 같이 변하게 하실 것이다 (고전 15:51; 빌 3:21; 골 3:4).

그리스도는 하나님을 모르는 자들에게 형벌을 주실 것이고, 악한 자들을 멸망시키실 것이다 (마 24:37-39; 살후 1:8; 2:8).

천사들이 구속받은 자들을 모을 것이다 (마 24:31; 막 13:27).

주님은 그의 교회가 행한 대로 갚으실 것이다 (마 16:27; 눅 9: 26; 12:37; 19:15; 고전 4:5; 딤후 4:1, 8; 벧전 4:13).

우리는 그와 같을 것이다 (요일 3:2).

주님은 우리를 개인적으로 영접하실 것이다 (요 14:3).

피조물은 격렬하고 깨끗하게 하는 대변동을 겪을 것이다 (벧후 3:7-13).

언제 예수님이 다시 오실 것인가?

아주 속히! (계 22:20).

정확한 시간은 아무도 모르나, 교회는 대략의 시간과 때를 알 것이다 (마 23:39; 24:42; 15:13; 막 13:32; 눅 21:30).

유대인들(예루살렘)이 그를 기꺼이 축복할 때 (마 23:39).

전 세계가 복음을 들은 후에 (마 24:14).

해가 어두워지며 달이 빛을 내지 아니하며 (마 24:29; 눅 21: 25; 계 6:12).

마지막 때 적그리스도의 조직이 드러난 후에 (살후 2:3; 계 19:20).

일곱째 천사가 나팔을 불 때 (고전 15:2; 살전 4:16; 계 10:7).

마지막 날 (요 6:39-40, 44, 54).

부록 B

재림에 관한 신약성경의 모든 구절

당신은 책의 내용이 너무 좋고 의미심장해서 당신에게 책값 이상의 가치가 있다는 것을 확신하기 때문에 책을 사 본 적이 있는가? 나는 그런 일을 많이 경험해 보았다. 십대 그리스도인이었던 나는 그리스도의 재림에 관한 기본적인 모든 참고 문헌을 구하는 데 많은 노력을 했지만 헛수고였다. 나는 계속해서 그런 책을 찾아 다녔다. 이제 당신은 그런 책을 당신의 손에 들고 있다! 나는 그런 책을 찾을 수 없었기 때문에, 내가 그런 책을 쓴 것이다.

이 부록 B는 당신 앞에 분명하게 신약성경의 453개의 재림에 관한 구절을 싣고 있다. 그것은 본서의 본문의 중추가 된다—그리고 본서의 책값보다 훨씬 더 가치가 있음을 쉽사리 발견하리라!

물론 어떤 그리스도인들은 내가 선택해 놓은 모든 구절들에 동의하지 않을 것이라는 것을 나는 알고 있다. 그것은 나에게 문제가 되지 않는다; 나는 단지 본서가 당신에게 그 주제에 관한 진지한 묵상을 하도록 유발시켜 주기를 바라면서 내가 할 수 있는 최선을 다하여 당신에게 알찬 내용을 주기 원할 뿐이다. 내가 연구한 바에 의하면, 성경을 공부하는 대부분의 진지한 학생들은 만일 내가 선택한 내용 전부에 동의할 수 없다면, 대부분의 내용에는 동의할 것이라고 나는 생각한다. 재림에 관한 믿음은, 비록 아름답게 세워졌다고 할지라도, 난해한 구절들을 고의적으로 빠뜨리거나 제쳐놓거나 또는 무시해서는 안 된다. 퍼즐의 모든 조각들은 딱 맞게 되어 있다!

주의: 다음의 453개의 구절들은 주님의 재림, 재림의 날, 죽은 자들이 살아나고 변화되는 것, 그리고 심판과 구속의 때에 대해 말해 준다.

마태복음 (106절)

6:13   "나라와 권세와 영광이 아버지께 영원히 있사옵나이다."

7:22-23   "그 날에 많은 사람이 나더러 이르되, '주여, 주여, 우리가...?' 하리니, 그 때에 내가 저희에게 밝히 말하되, '내가 너희를 도무지 알지 못하니.'"

8:11-12   "많은 사람이 이르러 아브라함과 이삭과 야곱과 함께 천국에 앉으려니와 나라의 본 자손들은 바깥 어두운 데 쫓겨나 거기서 울며 이를 갊이 있으리라."

10:15   "심판 날에 소돔과 고모라 땅이 그 성보다 견디기 쉬우리라!"

:23   "이스라엘의 모든 동네를 다 다니지 못하여서 인자가 오리라."

11:22   "심판 날에 두로와 시돈이 너희보다 견디기 쉬우리라."

:24   "심판 날에 소돔 땅이 너보다 견디기 쉬우리라."

12:18   "그가 심판을 이방에 알게 하리라."

:32   "이 세상과 오는 세상에도 사하심을 얻지 못하리라."

:36   "사람이 무슨 무익한 말을 하든지 심판 날에 이에 대하여 심문을 받으리니."

:41-42   "심판 때에 니느웨 사람들이 일어나 이 세대 사람을 정죄하리니...심판 때에 남방 여왕이 일어나 이 세대 사람을 정죄하리니."

13:30	"추수 때에 내가 추숫군들에게 말하기를, '가라지는 먼저 거두어 불사르게 단으로 묶고, 곡식은 모아 내 곳간에 넣으라.'"
:39-42	"추수 때는 세상 끝이요, 추숫군은 천사들이니....인자가 그 천사들을 보내리니, 저희가 그 나라에서 모든 넘어지게 하는 것...을 거두어 내어 풀무 불에 던져 넣으리니."
:49-50	"세상 끝에도 이러하리라. 천사들이 와서 의인 중에서 악인을 갈라내어...."
15:13	"심은 것마다 내 천부께서 심으시지 않은 것은 뽑힐 것이니."
16:27	"인자가...오리니 그 때에 각 사람의 행한 대로 갚으리라."
:28	"여기 섰는 사람 중에 죽기 전에 인자가 그 왕권을 가지고 오는 것을 볼 자들도 있느니라."
18:35	"너희가 각각 중심으로 형제를 용서하지 아니하면 내 천부께서도 너희에게 이와 같이 하시리라."
19:28	"세상이 새롭게 되어 인자가 자기 영광의 보좌에 앉을 때에 나를 좇는 너희도 열두 보좌에 앉아 이스라엘 열두 지파를 심판하리라."
22:28	"저희가 다 그를 취하였으니, 부활 때에 일곱 중에 뉘 아내가 되리이까?"
:30-32	"부활 때에는 장가도 아니 가고 시집도 아니 가고...죽은 자의 부활을 의논할진대...하나님은 죽은 자의 하나님이 아니요, 산 자의 하나님이시니라."
23:39	"이제부터 너희는 '찬송하리로다. 주의 이름으로 오시는 이여' 할 때까지 나를 보지 못하리라."
24:3	"어느 때에 이런 일이 있겠사오며, 또 주의 임하심과 세상 끝에는 무슨 징조가 있사오리이까?"
:14	"이 천국 복음이...온 세상에 전파되리니, 그제야 끝이 오리라."
:27	"번개가...번쩍임 같이 인자의 임함도 그러하리라."
:28	"주검이 있는 곳에는 독수리들이 모일지니라."
:29-31	"그 때에 인자의 징조가 하늘에서 보이겠고...그들이 인자가 ...오는 것을 보리라. 저가...천사들을 보내리니."
:32-33	"...너희도 이 모든 일을 보거든 인자가 가까이...이른 줄 알라."

:34	"이 세대가 지나가기 전에 이 일이 다 이루리라."
:36	"그러나 그 날과 그 때는 아무도 모르나니."
:37-39	"노아가 방주에 들어가던 날까지 사람들이...깨닫지 못하였으니, 인자의 임함도 이와 같으리라."
:40-42	"하나는 데려감을 당하고 하나는 버려둠을 당할 것이니라....어느 날에 너희 주가 임할는지 너희가 알지 못함이니라."
:43-44	"만일 집 주인이 도적이 어느 경점에 올 줄을 알았더면...이러므로 너희도 예비하고 있으라. 생각지 않은 때에 인자가 오리라."
:45-51	"생각지 않은 날 알지 못하는 시간에 그 종의 주인이 이르러...."
25:1-13	"...신랑이 더디 오므로...너희는 그 날과 그 시를 알지 못하느니라."
:14-30	"...그 종들의 주인이 와서 그들과 셈을 청산하였다."
:31-46	"인자가 자기 영광으로 모든 천사와 함께 올 때에 자기 영광의 보좌에 앉으리니, 모든 민족을 그 앞에 모으고...."
26:29	"...내 아버지의 나라에서 새 것으로 너희와 함께 마시는 날까지."
:64	"인자가...하늘 구름을 타고 오는 것을 너희가 보리라."
28:20	"내가 세상 끝날까지 너희와 항상 함께 있으리라."

마가복음 (22절)

4:29	"추수 때가 이르렀음이니라."
6:11	"심판 때에 소돔과 고모라가 그 동네보다 견디기 쉬우리라!"
8:38	"...인자도 아버지의 영광으로...올 때에."
9:1	"여기 섰는 사람 중에 죽기 전에 하나님의 나라가 권능으로 임하는 것을 볼 자들도 있느니라."
10:30-31	"내세에 영생을 받지 못할 자가 없느니라. 그러나 먼저 된 자로서 나중 되고, 나중 된 자로서 먼저 될 자가 많으니라."
12:25-26	"사람이 죽은 자 가운데서 살아날 때에는 장가도 아니가고 시집도 아니가고...."

13:10	"또 복음이 먼저 만국에 전파되어야 할 것이니라."
:24-25	"해가 어두워지며, 달이 빛을 내지 아니하며, 별들이 하늘에서 떨어지며...."
:26-27	"인자가 구름을 타고 큰 권능과 영광으로 오는 것을 사람들이 보리라. 또 그 때에 저가 천사들을 보내어."
:30	"이 세대가 지나가기 전에 이 일이 다 이루리라."
:32-33	"그 날과 그 때는 아무도 모르나니...그 때가 언제인지 알지 못함이니라."
:34-37	"그러므로 깨어 있으라. 집 주인이 언제 올는지...너희가 알지 못함이라."
14:25	"내가 포도나무에서 난 것을 하나님 나라에서 새 것으로 마시는 날까지."
:62	"인자가...하늘 구름을 타고 오는 것을 너희가 보리라."

누가복음 (82절)

6:35	"너희 상이 클 것이요."
8:17	"숨은 것이 장차 드러나지 아니할 것이 없고."
9:26	"인자도 자기...의 영광으로 올 때에."
:27	"여기 섰는 사람 중에 죽기 전에 하나님의 나라를 볼 자들도 있느니라."
10:12	"저 날에 소돔이 그 동네보다 견디기 쉬우리라."
:14	"심판 때에 두로와 시돈이 너희보다 견디기 쉬우리라."
11:31	"심판 때에 남방 여왕이 일어나 이 세대 사람을 정죄하리니."
:32	"심판 때에 니느웨 사람들이 일어나 이 세대 사람을 정죄하리니."
:51	"〔피〕를 이 세대가 담당하되."
12:35-38	"너희는 마치 그 주인을...기다리는 사람과 같이 되라...."
:39-40	"...너희도 예비하고 있으라. 생각지 않은 때에 인자가 오리라."
:42-48	"주인이 이를 때에 그 종의 이렇게 하는 것을 보면 그 종이 복이

있으리로다."

13:28   "너희가 아브라함과 이삭과 야곱과 모든 선지자는 하나님 나라
에 있고 오직 너희는 밖에 쫓겨난 것을 볼 때에 거기서 슬피 울
며 이를 갊이 있으리라."

:29   "사람들이 동서남북으로부터 와서 하나님의 나라 잔치에 참석
하리니."

:30   "나중 된 자로서 먼저 될 자도 있고, 먼저 된 자로서 나중 될 자
도 있느니라."

:35   "너희가 '주의 이름으로 오시는 이를 찬송하리로다' 할 때까지는
나를 보지 못하리라."

14:14   "의인들의 부활시에 네가 갚음을 받겠음이니라."

17:22-37   "번개가...번뜻하여...비침 같이...노아의 때에 된 것과 같이 ...
롯의 때와 같으리니...롯의 처를 생각하라....하나는 데려감을
당하고, 하나는 버려둠을 당할 것이요....주검 있는 곳에는 독
수리가 모이느니라."

18:8   "인자가 올 때에 세상에서 믿음을 보겠느냐?"

19:12-27   "어떤 귀인이 왕위를 받아가지고 오려고 먼 나라로 갈 때에...왕
위를 받아 가지고 돌아와서...."

20:33-38   "부활 때에 그 중에 뉘 아내가 되리이까?"..."저 세상과 및 죽은
자 가운데서 부활함을 얻기에 합당히 여김을 입은 자들은 장가
가고 시집가는 일이 없으며...."

21:25-28   "일월성신에는 징조가 있겠고...그 때에 사람들이 인자가...오
는 것을 보리라...."

:29-31   "너희가 이런 일이 나는 것을 보거든 하나님의 나라가 가까운
줄을 알라."

:32   "이 세대가 지나가기 전에 모든 일이 다 이루리라."

:34-36   "...조심하라...너희는 장차 올 이 모든 일을 능히 피하고 인자
앞에 서도록 항상 기도하며 깨어 있으라."

22:16, 18   "내가 [이 유월절]이 하나님의 나라에서 이루기까지 다시 먹지
아니하리라....내가 이제부터 하나님의 나라가 임할 때까지 포
도나무에서 난 것을 다시 마시지 아니하리라."

:29-30   "...너희로 내 나라에 있어 내 상에서 먹고 마시며."
:69   "이제 후로는 인자가 하나님의 권능의 우편에 앉아 있으리라."

요한복음 (28절)

1:51   "하늘이 열리고 하나님의 사자들이 인자 위에 오르락내리락하
          는 것을 보리라."
5:25-29   "무덤 속에 있는 자가 다 그의 음성을 들을 때가 오나니, 선한
          일을 행한 자는 생명의 부활로, 악한 일을 행한 자는 심판의 부
          활로 나오리라."
6:39, 40, "그를 내가 마지막 날에 다시 살리리라."
   44, 54
11:23-26 "네 오라비가 다시 살리라....나는 부활이요...."
12:48   "나의 한 그 말이 마지막 날에 저를 심판하리라."
14:3   "내가 다시 와서 너희를 내게로 영접하여...."
  :18   "내가...너희에게로 오리라."
  :28-29 "내가 갔다가 너희에게로 온다...."
16:16-18 "조금 있으면 너희가 나를 보지 못하겠고...."
  :19   "조금 있으면 나를 보리라."
  :20-21 "너희 근심이 도리어 기쁨이 되리라."
  :22   "내가 다시 너희를 보리니."
21:22-23 "내가 올 때까지 그를 머물게 하고자 할지라도 네게 무슨 상관
          이냐?..."

사도행전 (16절)

1:11   "이 예수는 하늘로 가심을 본 그대로 오시리라."

2:20	"주의 크고 영화로운 날이 이르기 전에...."
:35	"내가 네 원수로 네 발등상 되게 하기까지."
3:20-21	"그가...예수를 보내시리니...."
10:42	"...산 자와 죽은 자의 재판장."
14:22	"우리가 하나님 나라에 들어가려면 많은 환난을 겪어야 할 것이라."
17:31	"정하신 사람으로 하여금 천하를 공의로 심판하실 것이다."
23:6	"죽은 자의 소망 곧 부활을 인하여 내가 심문을 받노라!"
24:15	"하나님께 향한 소망을 나도 가졌으니, 곧 의인과 악인의 부활이 있으리라 함이라."
:21	"내가 죽은 자의 부활에 대하여 오늘 너희 앞에 심문을 받는다."
:25	...그리고 장차 오는 심판.
26:6-8	"이제도 여기 서서...약속하신 것을 바라는 까닭이니, 이 약속은 우리 열두 지파가...바라는 바인데...."
28:20	"이스라엘의 소망을 인하여 내가 이 쇠사슬에 매인 바 되었노라."

로마서 (23절)

2:5-10	진노의 날...하나님께서 "각 사람에게 그 행한 대로 보응하시되 ..."
:16	하나님의 예수 그리스도로 말미암아 사람들의 은밀한 것을 심판하시는 그 날이라.
8:18-19	...우리에게 나타날 영광...하나님의 아들들의 나타나는 것.
:21	피조물도...해방되어.
:23-25	우리도 속으로 탄식하여...우리 몸의 구속을 기다리느니라.
9:27-28	"...남은 자만 구원을 얻으리니...."
11:15	그 받아들이는 것이 죽은 자 가운데서 사는 것이 아니면 무엇이리요?
:25-26	"...이방인의 충만한 수가 들어오기까지 이스라엘의 더러는 완

악하게 된 것이라...."

13:11-12 자다가 깰 때가 벌써 되었으니, 이는 이제 우리의 구원이 처음
믿을 때보다 가까웠음이니라.

14:10-12 우리가 다 하나님의 심판대 앞에 서리라....우리 각인이 자기
일을 하나님께 직고하리라.

고린도전서 (23절)

1:7-8 우리 주 예수 그리스도의 나타나심을 기다림이라....우리 주 예
수 그리스도의 날[우리 주 예수 그리스도가 재림하실 때]에 책
망할 것이 없는 자로.

3:8 각각 자기의 일하는 대로 자기의 상을 받으리라.

:13-15 각각 공력이 나타날 터인데, 그 날이 공력을 밝히리니...그 불
이 각 사람의 공력이 어떠한 것을 시험할 것임이니라.

4:5 주께서 오시기까지 아무 것도 판단치 말라.

5:5 ...영은 주 예수의 날[주께서 재림하실 때]에 구원 얻게 하려
함이라.

6:2-3 성도가 세상을 판단할 것이며...우리가 천사를 판단할 것이다.

:14 하나님이 주를 다시 살리셨고, 또한 우리를 다시 살리시리라.

11:26 주의 죽으심을 오실 때까지 전하는 것이니라.

13:10 온전한 것이 올 때에는 부분적으로 하던 것이 폐하리라.

15:22-23 그리스도 안에서 모든 사람이 삶을 얻으리라....다음에는 그리
스도 강림하실 때에 그에게 붙은 자요.

:42-44 몸은 썩을 것으로 심고, 썩지 아니할 것으로 다시 살며...영광
가운데...능력으로...신령한 몸으로 다시 사나니.

:51-54 ...죽은 자들이 썩지 아니할 것으로 다시 살고, 우리도 변화하
리라.

16:22 오 주여, 오시옵소서!

고린도후서 (8절)

1:14   주 예수의 날...우리가 너희의 자랑이 될 것이다.
5:1-5   ...우리가...탄식하며, 하늘로부터 오는 우리 처소로 덧입기를
          간절히 사모한다.
 :10   우리가 다 반드시 그리스도의 심판대 앞에 드러나....

갈라디아서 (1절)

5:5   우리가...믿음을 좇아 의의 소망을 기다리노니.

에베소서 (4절)

1:14   [성령은] 우리 기업의 보증이 되사 그 얻으신 것을 구속하신다.
4:30   너희가 구속의 날까지 인치심을 받았다.
5:27   [그리스도는 교회를 사랑하셔서] 자기 앞에 영광스러운 교회로
          세우려 하심이라.
6:8   각 사람이 무슨 선을 행하든지...주에게 그대로 받을 줄을 앎이니라.

빌립보서 (10절)

1:6   ...그리스도 예수의 날까지.
 :10   진실하여 허물 없이 그리스도의 날까지 이르라.
2:16   생명의 말씀을 [밝혀]...그리스도의 날에 나로 자랑할 것이 있

게 하려 함이라.

3:9 〔네가 그를 위하여 모든 것을 잃어버림은〕 그 안에서 발견되려
함이니,...내가 가진 의는 믿음으로 하나님께로서 난 의라.

:10-11 〔내가 그를 위하여 모든 것을 잃어버림은〕 내가 부활의 권능과
그 고난에 참예함을 알려 하여...죽은 자 가운데서 부활에 이르
려 하노니.

:14 나는 푯대를 향하여 그리스도 예수 안에서 하나님이 위에서 부
르신 부름의 상을 위하여 좇아가노라.

:20-21 우리는 구세주 곧 예수 그리스도를 기다리노니...우리의 낮은
몸을 자기 영광의 몸의 형체와 같이 변케 하시리라.

4:5 주께서 가까우시니라.

골로새서 (3절)

3:4 우리 생명이신 그리스도께서 나타나실 그 때에 너희도 그와 함
께 나타나리라.

:24-25 유업의 상을 주께 받을 줄 앎이니.

데살로니가전서 (19절)

1:10 그의 아들이 하늘로부터 강림하심을 기다리라.

2:19 ...그의 강림하실 때 우리 주 예수 그리스도.

3:13 ...우리 주 예수께서 그의 모든 성도와 함께 강림.

4:14-18 ...주 강림....주께서 강림하시리니...그 후에 우리도 공중에서
주를 만날 것이다....

5:2-7 주의 날이 밤에 도적 같이 이른다....

:8 낮에 속한 자는 근신하라.

:9   ...주 예수 그리스도로 말미암아 구원을 얻게 하신 것이라.
:10   우리로 하여금 깨든지 자든지 자기와 함께 살게 하려 하셨다.
:23   ...주 예수 그리스도의 강림.
:24   그가 그것을 이루시리라.

데살로니가후서 (10절)

1:7-10 ...주 예수 그리스도께서 하늘로부터 나타나실 때.
2:1-3   우리 주 예수 그리스도의 강림하심에 관하여...주의 날은 먼저
        배도하는 일이 있기 전에는 이르지 않을 것이다.
:8   그가 강림하실 때의 빛남.
:14   우리 주 예수 그리스도의 영광을 얻게 하려 하심이니라.
3:5   ...그리스도의 인내.

디모데전서 (3절)

1:1   ...우리 소망이신 그리스도 예수.
6:14-15 우리 주 예수 그리스도의 나타나심....

디모데후서 (6절)

1:12   나의 의탁한 것을 그 날까지 그가 능히 지키실 수 있다.
:18   ...그 날에 주의 긍휼.
2:12   우리가 참으면 우리는 또한 그와 함께 왕 노릇 할 것이다.
4:1   주님은 그가 나타나실 때에 산 자와 죽은 자를 심판하실 것이다.

| :8 | 나를 위하여 의의 면류관이 예비되었으므로...그 날에...주의 나타나심을 사모하는 모든 자에게니라. |
| :18 | ...나를 건져내시고 또 그의 천국에 들어가도록. |

디도서 (3절)

| 2:11-13 | ...복스러운 소망과 우리의 크신 하나님 구주 예수 그리스도의 영광이 나타나심. |

히브리서 (9절)

6:2	...교리와...부활과...영원한 심판.
9:28	그는 두 번째 나타나실 것이다.
10:25	...그 날이 가까움을 볼수록.
:36-38	...오실 이가 오시리니....
11:35	...어떤 이들은 더 좋은 부활을 얻고자 하여.
12:26-27	"내가 또 한 번 땅만 아니라 하늘도 진동하리라"....

야고보서 (4절)

1:12	그는 생명의 면류관을 얻을 것이다.
5:7	형제들아, 주의 강림하시기까지 길이 참으라.
:8	주의 강림이 가까우니라.
:9	심판자가 문 밖에 서 계시니라!

베드로전서 (9절)

1:5	말세에 나타내기로 예비하신 구원....
:7	...예수 그리스도의 나타나실 때에.
:13	...예수 그리스도의 나타나실 때에.
2:12	...권고하시는 날.
4:5	저희가 산 자와 죽은 자 심판하기를 예비하신 자에게 직고하리라.
:7	만물의 마지막이 가까웠으니....
:13	...그의 영광을 나타내실 때에....
5:1	...나타날 영광....
:4	목자장이 나타나실 때에....

베드로후서 (10절)

1:16	우리 주 예수 그리스도의 능력과 강림하심....
2:9	심판의 날.
3:3-4	말세에 기롱하는 자들이 와서...가로되, "주의 강림하신다는 약속이 어디 있느뇨?"
:7	심판의 날까지 불사르기 위하여 보존하여 두신 것이니라.
:9	"주의 약속은...더딘 것이 아니라...."
:10	주의 날이 도적 같이 오리니.
:11	"이 모든 것이 이렇게 풀어지리니...."
:12	[우리는] 하나님의 날이 임하기를 바라보고 간절히 사모해야 [마땅하다].
:14	"...주 앞에서 점도 없고 흠도 없이 평강 가운데서 나타나기를 힘쓰라."

요한일서 (5절)

2:18	이것이 마지막 때라.
:28	...주께서 나타내신 바 되면 그의 강림하실 때....
3:2-3	그가 나타내심이 되면 우리가 그와 같을 것이다....이 소망을 가진 자마다 자기를 깨끗하게 하느니라.
4:17	...심판 날에 담대함.

유다 (5절)

6	큰 날의 심판까지....
14-15	"보라, 주께서 임하셨나니."
21	...자기를 지키며, 영생에 이르도록 우리 주 예수 그리스도의 긍휼을 기다리라.
24	...너희로 그 영광 앞에 흠이 없이 즐거움으로 서게 하시도록.

요한계시록 (44절)

1:4	...그로부터...장차 오실 이.
:7	볼지어다, 구름을 타고 오시리라.
:8	주께서 가라사대..."장차 올 자요"....
2:16	"회개하라, 그리하지 아니하면 내가 네게 속히 임하여...."
:23	"내가 너희 각 사람의 행위대로 갚아 주리라."
:25	"다만 너희에게 있는 것을 내가 올 때까지 굳게 잡으라."
:26	"이기는 자와 끝까지 내 일을 지키는 그에게...."
3:3	"내가 도적 같이 이르리니, 어느 시에 네게 임할는지 네가 알지

못하리라."

:11	"내가 속히 임하리니, 네가 가진 것을 굳게 잡으라."
4:8	"...전에도 계셨고, 이제도 계시고, 장차 오실 자!"
6:12-13	"...해가 총담 같이 검어지고, 온 달이 피 같이 되며."
:16-17	"...그들의 진노의 큰 날이 이르렀으니."
10:7	"일곱째 천사가 소리 내는 날...하나님의 비밀이...이루리라."
11:15	일곱째 천사가 나팔을 불매: 그리고..."그가 세세토록 왕 노릇 하시리로다!"
:17	"옛적에도 계셨고, 시방도 계시고, (장차 오실 자)"
:18	"주의 진노가 임하여 죽은 자를 심판하시며."
14:14-20	구름 위에 사람의 아들과 같은 이가 앉았는데, 그 머리에는 금 면류관이 있고, 그 손에는 이한 낫을 가졌더라....그리고 땅에 곡식이 다 익었음이로다....
16:15	"내가 도적 같이 오리니."
17:14	"그는 만주의 주시요, 만왕의 왕이시다."
19:11-16	보라, 백마와 탄 자가 있으니, 그 이름은 충신과 진실이라....그 이름은 하나님의 말씀이라 칭하더라.
20:5-6	...이 첫째 부활에 참예하는 자들은 복이 있고 거룩하도다.
:11-14	또 내가 보니 크고 흰 보좌와...그리고 그들은 심판을 받았다.
21:7	"이기는 자는 이것들을 유업으로 얻으리라."
:8	"...불과 유황으로 타는 못에 참예하리니...."
22:7	"내가 속히 오리니!"
:12	"내가 속히 오리니."
:20	"내가 진실로 속히 오리라" 하시거늘, 아멘. 주 예수여, 오시옵 소서!

부록 C

다니엘의 칠십 이레 예언

다니엘 9장 24-27절은 성경에서 가장 범위가 넓은 예언이다. 모든 시대에서 가장 위대한 하나님의 여섯 가지 목적이 490년의 기한 안으로 제한되어 있다. 게다가 하나님의 천사는 메시아가 *정확한 해에* 그의 희생적인 십자가 처형은 물론 기름 부음 받을 것을 예언한다. 메시아 왕국의 도래가 암시되었으며, 삼 년 반(요한계시록에 다섯 번 언급됨)이라는 이상한 기간을 분명히 언급하기도 한다. 이 예언은 마지막 때의 사건들은 물론 성경의 마지막 책을 적절하게 이해하는 데 열쇠가 된다.

"이레"라고 번역된 단어는 더 정확하게는 "일곱"을 말한다; 그러므로 그 예언은 "일곱의 칠십 번," 즉 칠십 주 또는 490일을 가리킨다. 대부분의 학자들은 이 예언에서 하루를 일 년(창 29:27-28; 레 25:8; 민 14:34; 겔 4:6)으로 인정하며, 이것은 490년의 기간의 예언이 된다.

예언의 목적

바로 처음부터 그 예언은 그 초점을 분명히 해 준다: "*네 백성과*

*네 거룩한 성*을 위하여 칠십 이레로 기한을 정하였나니" (단 9:24,
강조 첨가). 주어는 본래의 이스라엘(그 당시의 하나님의 백성)과
예루살렘의 거룩한 성이다. 이 구절에 의하면, 여섯 가지 행동이 이
기간 동안에 성취되기로 되어 있다. 칠십 이레(또는 490년)는 다음
을 위하여 "정해졌다":

　허물을 없애고
　죄를 끝내며
　죄악을 속하고
　영원한 의가 가져오며
　이상과 예언이 응하고
　지극히 거룩한 자가 기름 부음을 받기 위하여

　우리가 곧 알게 될 텐데, 이러한 표현들은 유대인들과 이방인들
모두에게 관련된다. 비록 위의 여섯 가지 행동은 유대인들과 그들
의 도시와 관련이 있지만, 다니엘은 이 예언의 핵심인 세상 전체
를 위한 구속을 나타낼 것이다. 나는 케빈 코너의 이 주석을 좋아
한다:

　메시아의 사역은, 비록 유다와 예루살렘에게 먼저 한 것이지만, 실
　제로는 세상 전체를 위한 구속을 열어 준다. 이러한 이유 때문에, 그
　구절의 성취는 깊은 의미에서 유대인들과 이방인들이 다 관련되어
　있다....왜냐하면 이 여섯 구절들에 대한 고찰은 *사법상과 일시적으*
　로는 모든 것이 메시아의 초림 때에 갈보리에서 성취되었지만, 소
　유에 있어서나 *경험적으로는* 메시아의 재림 때에 모두 완전히 성취
　된다는 것을 보여 주기 때문이다. 그 구절들은 유다와 예루살렘뿐
　만 아니라, 비록 예언이 거기에 중심을 두고 있지만, 궁극적으로는

세상 전체를 포함한다. 그러므로 우리는 그 구절들이 성취되기 위해서 성취된다고 말할 수도 있다![1]

이 490년이란 정해진 시간 안에 두 역사적인 사건이 일어날 것인데, 그것은 위의 여섯 가지의 성취를 촉진시켜 줄 것이다: 그리스도의 십자가 처형과 그의 재림. 그러나 이것이 진실이 되기 위해서 490년이 연속적으로 일어날 수 없는데, 그것은 십자가와 재림은 (우리가 아는 바대로) 서로 이천 년 이상의 간격이 있기 때문이다. 이스라엘과 예루살렘에 흐르는 예언의 시간의 틀에서 벗어나게 해 줄 또는 위반하는 일이 있음에 틀림없다. 열린 구멍이나 틈은 하나님의 프로그램—하나님의 목적대로 인도함을 받게 될 이방인들을 위한 시간의 통로라고 할 수 있는 기회의 창—안에서 만들어져야 한다. 문장 안에 있는 한 쌍의 괄호처럼, 하나님께서 놀랍게 마련해 놓으신 어기는 일이 이방인들을 모으기 위해서 준비될 것이다.

이레의 구분

칠십 이레는 *세* 부분으로 나누어진다:

1. 일곱 이레 = 49년
2. 육십이 이레= 434년
3. 한 이레 = 7년

일곱 이레가 있을 것이다…. 그 예언은: "예루살렘을 중건하라는 영이 날 때부터"(단 9:25)로 시작된다. 바사 왕이 이 목적을 위해서 내린 조서가 일반적으로 세 개 있다고 받아들여진다: 기원 전 536년, 기원 전 457년과 기원 전 444년. 조서를 내린 날에 대한 가장 납득할 만한 날은 기원 전 457년이지만, 어느 왕이 그 칙령을 내렸는지에 대해서는 일치하지 않는다. 그것은 아마도 그의 통치 칠 년째 해에 아닥사스다 왕(에스더 왕후의 의붓아들)이나 고레스 왕에 의한 것이다.[2]

에스라는 그 조서를 성취시키기 위해서 선택받았다 (스 7). 처음의 "칠십 이레" (또는 49년) 동안에, 예루살렘 성은 실제로 "곤란한 동안에" (단 9:25) 재건되었다. 느헤미야서는 그 흥분되는 이야기를 기록해 준다.

다음의 도표는 포로로 사로잡혀간 시작부터 느헤미야가 바벨론으로 귀환할 때까지의 174년의 연대기를 망라한다.

포로의 신분에서 귀환까지의 개관

70년	기원 전 606년: 바벨론에서 포로 생활의 시작
	기원 전 536년: 포로 생활의 끝, 바사의 고레스 왕의 조서
20년	기원 전 536년: 49,897명의 유대인들이 스룹바벨과 함께 귀환
	기원 전 536년: 일곱 번째 달, 제단 건축, 희생 제사 다시 시작
	기원 전 535년: 성전 건축 시작과 중단
	기원 전 520년: 성전 건축 재개: 선지자 학개와 스가랴 도착
	기원 전 516년: 성전 완성
60년	기원 전 478년: 에스더가 바사의 왕후가 되다
25년	기원 전 457년: 에스라(7,000인과 함께)가 예루살렘으로 가다
	기원 전 444년: 느헤미야가 성을 (52일 안에) 재건하다
	기원 전 432년: 느헤미야가 바벨론으로 귀환하다

메데인과 바사인에 의한 바벨론의 멸망은 기원 전 538년에 일어났다. 이 년 후에 바사 왕 고레스는 유대인들이 예루살렘으로 귀환하여 성전 재건을 하도록 허락하는 조서를 내렸다. 이사야가 성전을 복구하는 일(사 44:28; 45:1-4, 13; 46:11)에 있어서 주께서 고레스를 사용하시리라는 것과 칠십 이레 예언의 날짜 추정이 실제로 기원 전 457년에 내린 조서와 함께 시작됨을 예언한 것을 주목하라.

흥미 있는 관점 사고(思考): 포로 생활은 기원 전 606년에 시작되었고, 기원 전 536년에 끝났으므로, 유배 생활의 기간은 칠십 년으로, 이것은 예레미야 25장 11-12절이 놀랍게 성취된 것이다.

에스라 7장은 다니엘의 예언의 성취를 우리에게 보여 준다. 성전이 완성된 지 대략 59년 후에, 에스라가 예루살렘에 도착하여 영적인 회복의 일을 시작하였다. 약 십삼 년 후에 느헤미야가 총독의 자격으로 도착하였다. 그러므로 성경의 두 위대한 인물인 에스라와 느헤미야가 하나님의 말씀을 성취하는 일에 동참하게 되었다.

...그리고 육십이 이레. "칠십 이레와 육십이 이레"(또는 483년)는 아닥사스다의 조서부터 "기름 부음을 받은 자 곧 왕까지"(단 9:25)의 기간을 말한다. 483년을 기원 전 457년과 합하면 주후 26년이 되는데, 학자들은 이 해가 예수님이 요단강에서 성령으로 기름 부음을 받은 해라고 믿는다. 예수님은 30세에 기름 부음을 받으셨는데 (민 4; 눅 3:23), 그 해가 주후 30년이 된다. 그러므로 우리가 현재 쓰는 달력이 다 알고 있는 4년의 오차가 있음을 감안하면, 다니엘의 예언은 예수님이 기름 부음을 받은 메시아가 되리라고 한 역사상의 정확한 해를 지적해 주면서 극적으로 성취된 것을 발견하게 된다!

마지막 주 또는 칠 년은 예언을 끝내 준다 (단 9:27). 칠 년—이제 그것은 어디와 일치하는가?3) 두 핵심적인 견해를 고찰해 보자. 하나는 왕이신 메시아와 관련이 있고, 또 하나는 "장차 한 왕"(26절)과 관련이 있다.

육십이 이레 후에 메시아가 끊어져 없어질 것이다. 이 "끊어져 없어질 것"(26절)은 메시아가 십자가에서 죽은 것을 가리킨다 (사 53: 8). 이 사건은 그 예언의 마지막 주간 중 언젠가 일어나도록 되어 있었다. 그것이 언제 일어날 것인가? (육십이 이레 후는 "그 바로 마지막"을 의미하지 않고, 오히려 "그 얼마 후"를 의미한다.) 그 대답은 다니엘 9장 27절에 있는데, 그것은 메시아가 "그 이레의 절반에," 즉 삼 년 반 후에 끊어져 없어질 것이라는 것을 우리는 발견한다.

메시아는 삼 년 반 동안에 무엇을 하시겠는가? 그 대답은 너무나 단순해서 빗맞히기 쉽다. 요단강에서 기름 부음을 받으신 때부터 십자가상의 죽으심까지 예수님의 지상 사역이 삼 년 반이었다! 어떻게 우리는 이것을 아는가? 그의 지상 사역 동안에 있었던 유월절 만찬을 가리킨 복음서(특히 요한복음)의 내용에서 추정해 보면 그 시간의 길이는 일반적으로 인정되는 사실이다. 또한 누가복음 13장 6-9절의 무화과나무에 대한 예수님의 비유는 그의 삼 년 반 사역을 입증하는 연대적으로 뚜렷한 의미를 지니고 있다.

장차 한 왕의 백성. 이것은 다니엘의 예언에 언급되어 있는 두 번째 왕이다. 첫 번째는 "기름 부음을 받은 자 곧 왕"(25절)이다. "장차 한 왕"(26절)은 주후 70년에 온 로마 황제 베스파시아누스(Vespasian)의 아들 디도(Titus)인데, "그 성읍과 성소를 훼파하려니와"(9:26)

라고 예언되었고, 그가 예언된 대로 하였다.

다음은 데이빗 셸의 흥미 있는 주석이다:

이 예언에 대해 특별히 놀라운 것은 왕의 "백성"이 성소를 훼파할 것이라는 말이다. 저명한 유대 역사가인 요세푸스는 이 우울한 사건에 대한 설명을 기록하였다. 그의 저술에 의하면, 로마 군인들이 예루살렘 성을 멸망시키기 시작할 때, 로마인들이 그 성읍의 남은 부분을 계속 멸망시키는 동안에 많은 유대인들이 성전 안에서 방어막을 쳤다. 이 유대인들 중 많은 사람들이 다치고 죽어갔다. 마지막으로, 굶주림으로 고통하고 더 많은 유대인들이 계속 죽자, 성전에서 나오는 부패되는 시체의 악취가 너무 심해서 *왕의 백성*인 군인들이 악취를 없애기 위해서 성전에 불을 붙여 남은 사람들을 죽이자고 주장하였다.

마침내 불이 꺼진 후에 로마인들이 성전에 들어갔을 때, 그들은 굉장한 양의 금이 녹아서 성벽을 만들 때 사용된 거대한 돌 밑으로 스며든 것을 곧 알아차렸다. 그들이 돌 밑에 금이 있다는 것을 알았을 때, 그들은 그 돌들을 하나씩 제거하였는데, 이리하여 이것은 예수님의 "*돌 하나도 돌 위에 남지 않고*"(마 24:1-2)라는 말씀을 성취시킨 것이다.[4]

예수님이 다가올 예루살렘의 멸망을 예언하셨을 뿐 아니라, 그는 또한 그의 예언(마 24:15; 눅 21:20-24)에 대한 근거로 다니엘의 예언을 사용하셨다.

그가 장차 많은 사람으로 더불어 한 이레 동안의 언약을 굳게 정할 것이다. 27절은 *그가 누구를 가리키느냐*에 따른 해석과 함께 전체 예언의 중추적인 구절이다! 오직 두 가지 실제적인 선택이 있다: "기름 부음을 받은 자 곧 왕"(25절)과 디도 왕(26절). 그와 같은 대명사를 사용한 것은 주어가 이미 확인되었음을 암시해 준다. 예를 들면, 만일 내가, "그가 방금 내 방으로 들어왔다"고 말했다면, 당신은 그가 누구인지에 대한 충분한 정보를 가지고 있지 않은 것이다. 그러나 만일 내가 "요한이 한 시간쯤 전에 도착하였고, 그가 방금 내 방으로 들어왔다"고 말했다면, 당신은 그가 요한인지를 금새 알 것이다. 대명사는 지시 대상을 필요로 한다.

어떤 사람들은 이 신비스런 그가 마지막 때의 적그리스도라고 제안한다. 그러나 문법적으로 이것은 가능성이 희박하다. 왜냐하면 그 예언 전체에 적그리스도에 대한 사전의 언급이 전혀 없기 때문이다. 그것이 아니고, 선택은 확실히 예수 그리스도와 디도 왕 사이에 있다.

그가 메시아로 해석될 때 그 구절의 명확함을 주목하라:

메시아는 오실 "그"이다 (25절).
메시아는 끊어져 없어질 "그"이다 (26절).
메시아는 언약을 정할 "그"이다 (27절).
메시아는 제사와 예물을 금지할 "그"이다 (27절).

오직 메시아이신 예수님만이 "언약을 정하실" 수 있다 (사 42:6; 롬 15:8; 히 13:20). 이것은 예수님 자신의 보배로운 피를 흘리심을 통하여 그가 "제사와 예물을 금지[하셨을] 때" (27절) 이루어졌다. 언약이 피흘림에 의해서 확인되었거나 실증되었다. 그리고 히브리서 9장 16절에 따르면: "유언은 유언한 자가 죽어야 되나니." 이것은 "그 자신을 위해서" 행해진 것이 "아니라" (26절), 백성을 위한 것이었다 (막 16:20; 히 7:27; 8:6, 10; 9:14-15; 10:10, 29를 보라). 하나님께서 피의 제사를 수용하신 것은 예수님이 십자가에서 돌아가셨을 때 끝났다. 이사야 66장 1-4절은 갈보리 후에 흘린 피를 향한 하나님의 태도를 우리에게 분명히 보여 준다. 예수님은 그 언약을 확인하시기 위해서 그의 보배로운 피를 흘리셨다. 이제 더 이상 소와 염소를 드릴 필요가 없다.

그러나 그 주의 절반에... 완전하고 영원한 제사로 자신의 희생을 통하여 메시아 예수님은 제사와 제물을 끝내셨다. 그것은 "그 이레의 절반에"(27절) 이루어졌다. 이것은 예수님이 죽으심으로 두 가지 방법으로 극적으로 성취되었다.

첫째로, 예수님은 삼 년 반 동안의 지상 사역 후에, 또는 다니엘의 예언의 마지막 칠 년 주간의 중반에 십자가 처형을 받으셨다.

둘째로, 강한 증거는 예수님이 문자 그대로의 칠 일 간의 고난 주간 중반에 죽으신 것을 지적해 준다. 이것은 그가 금요일에 십자가 처형을 받으신 것이 아니라, 오히려 수요일에 받으신 것을 의미한다. 만일 당신이 십자가 처형이 일어난 날이 언제인지에 관한 논쟁을 알지 못한다면, 이 진술은 굉장한 충격이 될 수 있다. 그 논쟁의 핵심은 마태복음 12장 40절이다: "요나가 밤낮 사흘을 큰 물고기 뱃속에 있었던 것 같이 인자도 밤낮 사흘을 땅 속에 있으리라." 실제의 날과 밤에 관한 이 분명한 진술은 전통적인 사고의 재평가를 요한다. 더 많은 정보를 원하면 각주를 보라.[5]

그 이레의 나머지 절반은 어디에 있는가? 다니엘의 예언은 "많은 사람으로 더불어 한 이레 동안의 언약을 굳게 정하기"(27절) 위하여 십자가와 재림을 둘 다 요한다. 그 예언의 마지막 절은 요한계시록과 연결되는 *이미 정한 종말까지*라는 표현을 사용한다. 그렇다면 마지막 삼 년 반은 시대의 종말임에 틀림없다! 그것들은 복음서, 사도행전 또는 서신서에 언급되어 있지 않지만, 요한계시록에 *다섯 번* 언급된다.

여기에 삼 년 반의 이 특별한 기간을 묘사하는 다섯 구절이 있다:

> 마흔두 달: 이방인들에 의해서 짓밟힌 예루살렘 (계 11:2)
> 1,260일: 두 증인의 예언적인 사역 (계 11:3)
> 1,260일: 광야에서 양육된 여자 (계 12:6)
> 한 때, 두 때, 반 때: 그 뱀의 낯을 피한 여자 (계 12:14)
> 마흔두 달: 짐승, 즉 적그리스도 세계의 통치가 계속되다 (계 13:5)

가브리엘 천사는 마지막 반 때 또는 일곱째 주에 관하여 다니엘을 지시하지 않았다. 왜냐하면 이 기간 동안은 다른 세대에 속하였기 때문이다. 그러나 이제 우리는 이 위대한 예언의 성취에 근접해 있다. 다니엘이 칠십 이레 예언을 받기 *전*과 받은 *후*에 그에게 삼 년 반의 기간이 언급된 것을 주목하라 (단 7:25; 12:7).

미운 물건이 날개를 의지하여 설 것이며. 흠정역은 *가증한 물건이 뒤덮여 있는 것을 위하여*라고 말한다. 데이빗 셸은 설명한다: "'날개'에 관한 히브리 단어는 뒤덮여 있다는 뜻인데, 이것은 한 쪽 끝에 있는 가증한 물건과 또 다른 끝에 있는 가증한 물건을 가리킨다....그 마지막 가증한 물건은 맨 마지막 또는 맨 끝에 기대어서 똑바로 위의 끝에 접한다."[6]

예수님은 마태복음 24장 15절에서 첫 가증한 물건을 언급하셨다: "'그러므로 너희가 선지자 다니엘의 말한 바 *멸망의 가증한 것*이 거룩한 곳에 선 것을 보거든' (읽는 자는 깨달을진저)." 누가복음

21장 20절은 그 의미를 분명히 확인해 준다: "너희가 예루살렘이 군대들에게 에워싸이는 것을 보거든 그 멸망이 가까운 줄을 알라." 그것이 바로 몇몇 제자들이 이 말씀이 성취되는 것—로마인들이 실제로 성전의 성소에 서 있는 것—을 볼 때까지 살았던 이유이다 (우리는 이것을 이미 7장에서 다루었다). 디도와 그의 군대가 성전, 도시와 백성들을 황폐하게 하는 일에 하나님의 도구가 된 것이다. 그들은 유대인들에게 불쾌한 태도로 그렇게 행하였으며, 이것이 예수님께서 언급하신 종교적인 가증한 것이었다. 로마인들에 의한 가증한 것과 황폐는 유대인들이 그리스도의 속죄를 거역하는 자연스러운 결과를 낳았다. 그러므로 예수님은 그들에게 말씀하셨다, "보라, 저희 집이 황폐하여 버린 바 되리라" (마 23:38).

오늘날의 세대 또한 하나님의 나라에 반대되는 이 종교적인 가증한 것이 "에워싸이는 것"을 보아왔다. 그것은 요한계시록 13장의 적그리스도 안에 있는 그 바깥 한계에 도달할 것이다. 바울은 이것을 "저 불법의 사람, 곧 멸망의 아들...저는 대적하는 자라. 범사에 일컫는 하나님이나 숭배함을 받는 자 위에 뛰어나 자존하여 하나님 성전에 앉아 자기를 보여 하나님이라 하느니라"고 한 데살로니가후서 2장 3-4절에 있는 "불법의 사람"으로 묘사한다. 이것은 이 황폐시키는 자에게 심판이 밀어닥치는 때인 "종말," 즉 그리스도의 재림 때까지 일어나도록 명한 것이다.

바울은 그것이 어떻게 끝날 것인지를 우리에게 확신시켜 준다: "그 때에 불법한 자가 나타나리니, 주 예수께서 그 입의 기운으로 저를 죽이시고 강림하여 나타나심으로 폐하시리라" (살후 2:8).

환난의 기간

어떤 주석가들은 이 세대 마지막에 칠 년 환난이 있을 것이며, 적그리스도가 이 한 이레의 절반에 유대인들과의 언약을 어긴다고 주장한다. 이 접근법에는 네 가지 중대한 문제가 있다:

1. 불법, 죄악의 끝과 영원한 의의 시작을 위한 화해가 있으려면 십자가는 필수적이다. 한 이레 전체를 마지막에 두는 것은 62이레가 *십자가 처형 삼 년 전에* 끝나기 때문에 490년에서 십자가를 고려하지 않은 것이다.
2. 다니엘 9장 27절의 *그가* 적그리스도를 가리키는 것이라고 추론하는 것은 대명사의 문법적인 법칙을 어기는 일이다ー대명사의 주어가 이미 나와 있어야 하는데, 이 경우에는 그렇지 않다.
3. 우리는 메시아 예수님이 어떻게 제사와 제물을 금지하시면서 한 이레의 절반에 끊어져 없어지셨는지를 무시해서는 안 된다. 이 세 번째 문제는 심각하다.
4. 요한계시록에는 칠 년 환난이 나오지 않는다! 그러나 (마지막 부분에서 확인되는) 삼 년 반 환난에 대한 언급이 다섯 번 나온다. 어떤 사람들은 두 개의 삼 년 반의 구절을 합하면 필요한 칠 년이 된다고 제안한다. 그렇다면 세 기간들을 더하거나 또는 다섯 기간들 모두를 더하지 못할 것이 있다는 말인가? 우리는 이렇게 한 전례가 없음을 안다.[7]

9장에 있는 환난에 대한 것을 더 보라.

"이방인의 때"

누가복음 21장 24절과 로마서 11장 25절에 나오는 이 표현은 다니엘의 칠십 이레의 첫 번째와 두 번째의 반 사이에 배치되는 삽입구적인 기간인 교회 시대를 가리킨다. 이 기간 동안에 하나님은 세상의 모든 이교도(이방인)들에게 그의 자비와 언약을 베푸신다 (눅 2:32; 행 9:15; 13:46-47; 15:14; 롬 11:11; 엡 3:6).

이스라엘과 예루살렘에게 전한 다니엘의 위대한 메시지는 이방 국가들에 대한 수많은 예언 가운데 놓여 있다. 하나님은 첫 번째 바벨론의 대 "우주적 제국"을 그의 백성을 현혹시키고 우상으로부터 그들을 치유하는 데 사용하셨다. 하나님은 그들을 회복시키시는 데 두 번째 우주적 제국인 메데 바사를 사용하셨다. 세 번째 우주적 제국인 로마는 유대인들을 복종시키고, 예루살렘을 멸망시키고, 그리스도인들을 학살하였다.

다니엘 2장은 오늘날의 국가들을 포함한 이방 국가들의 역사를 미리 녹음해 놓은 셈이다. 마침내 하나님의 나라가 세상의 큰 권력들을 쳐서 멸하고 무력하게 할 것이다 (단 2:44).

부록 D

천년왕국:
우리는 천 년 동안 무엇을 할 것인가?

또 내가 보매 천사가 무저갱 열쇠와 큰 쇠사슬을 그 손에 가지고 하늘
로서 내려와서 용을 잡으니, 곧 옛 뱀이요, 마귀요, 사단이라. 잡아
일천 년 동안 결박하여 무저갱에 던져 잠그고, 그 위에 인봉하여 천
년이 차도록 다시는 만국을 미혹하지 못하게 하였다가, 그 후에는 반
드시 잠간 놓이리라.

또 내가 보좌들을 보니 거기 앉은 자들이 있어 심판하는 권세를 받
았더라. 또 내가 보니 예수의 증거와 하나님의 말씀을 인하여 목 베
임을 받은 자의 영혼들과 또 짐승과 그의 우상에게 경배하지도 아니
하고 이마와 손에 그의 표를 받지도 아니한 자들이 살아서 그리스도
로 더불어 *천 년* 동안 왕 노릇 하니 (그 나머지 죽은 자들은 그 *천
년*이 차기까지 살지 못하더라), 이는 첫째 부활이라. 이 첫째 부활에
참예하는 자들은 복이 있고 거룩하도다. 둘째 사망이 그들을 다스리
는 권세가 없고, 도리어 그들이 하나님과 그리스도의 제사장이 되어
천 년 동안 그리스도로 더불어 왕 노릇 하리라.

천 년이 차매 사단이 그 옥에서 놓여 나와서, 땅의 사방 백성 곧
곡과 마곡을 미혹하고 모아 싸움을 붙이리니, 그 수가 바다 모래 같
으리라.

요한계시록 20:1-8 (강조 첨가)

나의 아내 조이는 내가 연구하고 있는 책의 유별난 제목인 『천년왕국의 어두운 면: 요한계시록 20장 1-10절에 있는 악의 문제』(The Dark Side of the Millennium: The Problem of Evil in Rev. 20:1-10)를 힐끗 보며, "그것이 도대체 무엇이죠?"라는 야릇한 표정을 지었다. 나는 그녀의 반응이 이해가 간다. 무천년설 신봉자인 저자 아더 루이스는 복음적신학학회(Evangelical Theological Society)의 1977년도 연례 모임에서 그의 견해를 처음 제시하였다. 어떤 가정에 근거하여 그는 문자 그대로의 천년왕국에 반대하여 논쟁하였다.

불행하게도 그 책은 악한 자와 국가들이 하나님 나라에 거할 것임을 믿으면서 문자 그대로의 천년왕국 신봉자들 모두를 일괄적으로 취급한다. 그러나 문자 그대로의 천년왕국을 믿는 우리들 대부분은 죄인들, 그리고 악과 반항이 천년왕국에 존재하리라는 것에 동의할 수 없다 (나의 논증은 후에 나올 것이다). 루이스의 접근법의 요점을 상고하라:

> 요한계시록 20장은 천년왕국의 사회는 성도들과 죄인들이 섞여 있다고 제시한다. 곡과 마곡은 천 년의 마지막에 왕에 대항하여 반란을 일으키지만, 그들은 그 시대 전 과정을 통하여 악한 자들의 그룹으로 존재한다. 이 면은 그 영광과 완전함을 변함없이 말하고 있는 하나님 나라에 관한 성경의 다른 구절들과 천년왕국과의 상호 관계에 대한 의문을 즉시 제기해 준다. 아주 심각한 면은 그것이 천 년 전체의 [원문 그대로] 구조를 해석해 주는 "아킬레스 건"(腱)이 된다고 증명해 줄지도 모르는 그런 그림의 어두운 면이다.[1]

루이스의 연구는 "악이 실로 요한계시록 20장에 묘사된 일천 년의 기간에서 빠뜨릴 수 없는 부분이고...[그리고] 천년왕국을 그리스도의 영광스러운 미래의 나라와 동일시하는 것을 부인하는 충분한 이유이다."[2]

문자 그대로의 천년왕국에 반대하는 기타 논증들

찰스 어드만(Charles R. Erdman)은 『요한계시록』(The Revelation of John)에서 문자 그대로의 천년왕국을 받아들이는 것이 어려운 두 가지 중요한 이유를 언급한다. 첫째, 그는 말한다, "그러한 천년왕국은 성경 어디에도 없다....우주적인 전쟁으로 비극적으로 끝나는 천 년의 한정된 평화의 기간은 영감으로 된 예언서의 다른 어느 곳에서도 찾아볼 수 없다."

어드만의 둘째 반대는 요한계시록 20장의 골격에 덧붙인 추가 사항에 대한 것이다. 그는 그가 받아들일 수 없는 세대주의적 접근법에 흔히 있는 일곱 가지 신념을 다음과 같이 열거한다:

그리스도의 두 강림
믿는 자들의 두 부활
구약성경의 예언을 성취하기 위한 자연의 변화
이스라엘의 회심과 그로 인해 형성되는 그리스도인의 교회와 구별되는 몸
유대 백성의 수도가 되는 확장된 예루살렘
복구된 동물의 희생이 있는 재건된 성전
그리스도와 이스라엘과 함께 영화로운 몸으로 지상에 나타나는 모든 세대의 그리스도인들은 전 세계를 통치할 것이다.[3]

나 역시 위의 일곱 사항 전부를 받아들일 수 없다. 그러나 문자 그대로의 천년왕국은 이러한 모든 공인되지 않은 이론을 포함시킬 필요가 없다.

문자 그대로의 천년왕국이란 무엇인가?

모든 학파의 해석은 천년왕국을 믿는다. 저변의 핵심적인 질문들은 다음과 같다: *이 기간의 본질은 무엇인가? 그것은 문자 그대로 천 년인가, 아니면 영적인 진리를 상징하는 것인가? 그것은 지금 일어나고 있는 것인가, 아니면 장차 올 것인가? 그것은 유대인과 연관되는 기간인가 또는 그리스도인과 연관된 기간인가?*

다음의 아홉 가지 질문은 가장 많이 묻는 질문들이다. 그에 대한 답들을 찾아보면서 우리는 천년왕국의 "어두운 면"을 고찰할 것이다.

I. 천년왕국은 무엇인가?

실제 그 단어는 영어 성경에 나타나지 않는다. 라틴어는 "일천 년"을 의미하며, 그것은 요한계시록 20장에 여섯 번 언급된 기간을 가리킨다. 그 기간은 그리스도의 재림과 사단의 감금으로 시작되고 (2절), 사단이 천 년 후에는 잠깐 놓인다 (3, 7절). *첫째 부활*(의인의 부활)은 천 년의 시초에 일어난다. *둘째 부활*(나머지 죽은 자의 일반적 부활)은 천 년의 마지막에 일어난다. 둘 다 요한계시록 20장에 나와 있다.

2. 천 년은 단지 상징적인가?

천년왕국이 요한계시록에만 나오므로, 어떤 사람들은 그것을 의례 상징으로만 해석해야 한다고 생각한다. 그러나 반드시 그런 것은 아니다; 그 본문의 상황은 그러한 해석의 필요를 지적해 주어야만 한다.

나는 요한계시록 20장이 *문자 그대로의* 기간을 가리키고 있음을 확신한다. 그러므로 그것은 이미 언급된 다른 주제들과 모순 없이 이어질 것이다:

천사는 문자 그대로 받아들여야 한다.

천국은 문자 그대로 받아들여야 한다.

열쇠, 쇠사슬과 인봉은 상징적일 수 있다—그러나 그것들은 무엇을 상징하는가? 실제적인 감금이 일어난다.

"용"은 상징적이지만, 그것은 쉽사리 "옛 뱀이요, 마귀요, 사단"(2절)과 동일시된다. (상징은 추가의 도움 없이는 분명하지 않은 어떤 상태 또는 국면을 위한 통찰력을 부여해 준다.)

무저갱(*abusson*)은 문자 그대로 장소이다. 귀신들이 예수님께 그곳에 들어가라 하지 마시기를 간구하였으며 (눅 8:31); 바울은 하늘과 음부를 실제의 장소로 대조시킨다 (롬 10:7). 요한계시록에 있는 다른 일곱 개의 참조 구절들 또한 무저갱이 실제 장소임을 지적해 준다.

순교자들의 영혼은 실재(實在)한다.

하늘로부터 내려오는 불은 실제이다.

불못은 확실히 문자 그대로이다—아니면 그것은 우리가 상상할 수 있는 것보다 훨씬 더 나쁜 것을 나타내 주는가?

위의 여덟 참조문 중 일곱은 분명히 문자 그대로 받아들여야 하는데, 왜 문자 그대로 천 년을 받아들이는 것이 무리인 듯해 보이는가?

요한계시록에 있는 시간에 관한 진술문은 문자 그대로의 기간과 가장 관련이 있는 것 같다: 삼 년 반; 마흔두 달; 한 때, 두 때와 반 때; 열흘. "하늘이 반 시 동안쯤 고요하더니"(계 8:1)는 분명히 질문을 유도해 준다.

그러나 "천 년"(때로는 정관사 "a"를 사용한 "일"천 년, 또 어떤 때는 정관사 "the"를 사용한 "그" 천 년)의 단조로운 반복―여섯 번이나!―은 의미심장하다. 요한은 이 관용구에 사로잡혀 있었던 것 같다. 만일 그가 확정되지 않은 기간을 전하려고 의미했었다면, 그는 다른 단어를 사용할 수 있었을 것이다. 이 본문에서 분명한 표현과 솔직한 제시는 그것을 문자 그대로 나타나게 해 준다.[4]

3. 왜 문자 그대로의 천년왕국이 필요했는가?

만일 당신이 우리의 몸이 변화되고 부활을 경험해야만 하는 이유를 설명할 수 있다면, 당신은 왜 지구 또한 강력한 변화를 경험해야 하고 의로운 자가 거기에 거해야만 하는지 그 이유를 답할 수 있다. 똑같은 이유가 적용된다. 우리의 몸은 우리의 전체 구원의 일부이고, 땅의 정화(淨化)도 하나님의 전체 구속의 프로그램의 일부분이다. 우리가 10장에서 다룬 로마서 8장과 11장의 베드로후서 3장을 살펴보라.

인간과 그의 구속은 땅과 그 해방과 연결되어 있으며, 하나님의 프로그램은 둘 다 저주로부터 자유로워질 때까지 미완성이 될 것이다. "피조물의 고대하는 바는 하나님의 아들들의 나타나는 것이니, 피조물이 허무한 데 굴복하는 것은 자기 뜻이 아니요, 오직 굴복케 하시는 이로 말미암음이라. 그 바라는 것은 피조물도 썩어짐의 종 노릇 한 데서 해방되어 하나님의 자녀들의 영광의 자유에 이르는 것이니라" (롬 8:19-21). 하나님의 구속을 위한 계획의 완성은 의롭고 구속받은 사람들이 정화되고 해방된 땅에서 그리스도와 함께 행복하게 살게 되는 것이다.

첫 사람 아담(비록 하나님은 그가 타락하리라는 것을 아셨지만)에게 땅을 다스릴 권위가 주어졌다. 한 번 타락한 아담과 하와와 그의 후손들은 저주받은 동산에서 부끄럽게 쫓겨났다. 그러나 땅은 원래의 영광과 아름다움을 회복하게 되어 있다—하나님의 형상대로 창조되고 하나님을 영화롭게 하기 위해서 창조된 사람을 기쁘게 섬기기 위해서. 그리스도와 그를 믿는 자들이 땅을 통치할 때, 그는 그리스도와 그의 교회를 통하여 완성될 회복된 사람이다. 새롭고 저주가 없는 땅은 구속받고, 영화롭게 되고, 예수 그리스도를 믿은 죄 없는 자들을 위한 이상적인 거주지이다. 찰스 스펄전이 말한 대로, "그는 그의 전투지에서 승리를 축하하고 싶어 한다."5) 이것은 예수 그리스도께서 재림하시고 최후의 승리를 하실 때 일어날 것이다. 인류 역사를 위해 얼마나 큰 절정에 도달한 것인가!

문자 그대로의 천년왕국을 믿는 최종적인 이유: 안식일 또한 성취를 필요로 하는 것처럼 일곱째 날에 대한 하나님의 원칙. 하나님, 인류와 땅은 의가 나타나고 죄가 더 이상 존재하지 않는 하나님의 안식과 함께 자연의 역사를 완성해야만 한다. 천년왕국은 어린양이 용을 이긴 승리를 축하하는 하나님의 백성처럼 기쁨과 희년의 때가 될 것이다.

　문자 그대로의 천년왕국을 믿어야 하는 여덟 가지로 요약된 중요한 이유가 여기에 있다:

1. **종결**.　모든 세대에 관한 하나님의 계획을 위한 알맞은 결론.
2. **변화**.　불로 깨끗이 한 땅에 대한 저주를 제거함으로 전체적인 물리적인 질서가 하나님의 본래의 의도대로 회복된다.
3. **구속**.　사망과 죄로부터 자유롭게 된 인간은 타락과 부패로부터 해방되어 지상에서 살 것이다.
4. **완성**.　하나님의 백성은 지상에서 하나님과의 즉각적인 교제를 하며 남게 될 것이다.
5. **변호**.　땅 위에 하나님의 나라를 세우는 것은 확실하며, 악을 이긴 의의 승리를 확신시켜 주는 증거가 될 것이다.
6. **위로**.　하나로 연합된 하나님의 백성(유대인들과 이방인들)은 마침내 지상에서 새 언약 밑에 살게 될 것이다. 믿는 이스라엘 사람들의 무화과나무에 대한 하나님의 회복에는 목적이 있다.
7. **높임**.　순교자들과 가장 고난받은 자들은 존경을 받으며 높여지고 상을 받게 될 것이다.
8. **안식일**.　그러한 안식일에는 거룩한 목적이 있다—세상적인 노력을 그치고 단순히 그리스도 안에서 안식하면서 그와 함께 살고 통치하는 것.

ᄂ. 선지자들은 이 때를 예언하였는가?

그렇다, "주의 날"에 대한 예언들은 천 년 동안에 의미 있게 성취될 것이다. "온 땅"에 대한 예언들은, 확실히 그러한 정확한 때의 골격이 도움이 되기보다는 더 혼돈되는 것을 입증해 주기 때문에, 비록 일천 년의 실제 연대기적인 때는 나타나 있지 않지만, 요한계시록 20장의 천년왕국을 묘사해 준다.

온 땅에 그 영광이 충만할지어다. 아멘, 아멘 (시 72:19).

"진실로, 나의 사는 것과 여호와의 영광이 온 세계에 충만할 것으로 맹세하노니" (민 14:21).

"그 영광이 온 땅에 충만하도다 [문자적으로, *온 땅의 충만함이 그의 영광이라*]" (사 6:3).

물이 바다를 덮음 같이 여호와를 아는 지식이 세상에 충만할 것임이니라 (사 11:9).

여호와의 영광을 인정하는 것이 세상에 가득하리라 (합 2:14).

여호와께서 천하의 왕이 되시리니, 그 날에는—"여호와께서 홀로 하나이실 것이요," 그 이름이 홀로 하나이실 것이며 (슥 14:9).

ᄃ. 예수님은 이 때를 예언하셨는가?

그렇다. 그러나 유대인 청중에게 말씀하셨을 때 그는 이 기간을 묘사하시기 위해서 라틴어 용어인 *천년왕국*을 사용하지 않으셨다. 그는 유대인의 마음에 의미 있는 용어를 사용하셨다. 그의 지상 사역 동안에, 예수님은 그 주제를 소개하셨다; 그러나 특정한 때의 길

이를 나타내는 것은 조숙하고 부적절하였을 것이다.[6]

그는 어떤 용어를 사용하셨는가? 마태복음 19장 28절에서 헬라어 *팔린제네시아*(*palin*, 다시; *genesis*, 탄생)는 *새롭게 되어*라고 번역되어 있다: "내가 진실로 너희에게 이르노니, 세상이 *새롭게 되어* 인자가 자기 영광의 보좌에 앉을 때에 나를 좇는 너희도 열두 보좌에 앉아 이스라엘 열두 지파를 심판하리라" (강조 첨가). 유대인들은 현존하는 질서가 끝나고 새로운 것이 시작되기를 간절히 기다렸기 때문에, 이것이 예수님께서 의미하신 것임을 그들이 이해한 바이다. 그리고 내 의견에 이것은 천년왕국에 대한 분명한 참조 구절이라고 생각한다. 5장 ("요단 너머의 유대"), 8장 ("유쾌하게 됨, 회복과 새롭게 됨의 시기") 그리고 10장("창조의 변화")에 더 자세히 설명해 놓은 것을 보라.

예수님은 또한 *이 세상*과 *오는 세상*(마 12:32)이란 단어를 사용하셨다. 그는 분명히 세상 끝이 있으리라는 것을 가르치셨다 (마 13: 39, 49). 헬라어 본분에서 20절은 *에이온*(세대)을 사용하면서 이 개념을 증명한다.[7] 우리는 "현재의 이 악한 세상"에서 산다. 예수님이 "오는 세상"를 언급하셨을 때, 그는 천년왕국을 의미하셨다. 영원은 "영원한 세대"(즉, 끝이 없는 세대)[8]로 번역되는 영어 단어이다.

예수님은 하나님 나라와 현재의 영적인 표현에 대해서, 그리고 그것이 어떻게 장차 극적으로 문자 그대로 성취되었는지에 대해서 많이 가르치셨다. 하나님 나라는 진정으로 오는 세상에 달려 있으며 현 세대와는 현저한 대조를 이룬다. 지금 우리는 죽음을 보지만, 하나님 나라에서는 영원한 생명을 즐길 것이다. 지금 우리는 의로운 자와 악한 자가 섞여 있는 것을 보지만, 장차 오는 하나님 나라에서는 모든 사악함과 죄가 소멸될 것이다. 사단은 이제 "이 세대의 신"으로 간주되지만, 장래에는 하나님의 법칙이 사단을 멸망시킬 뿐만 아니라, 악은 의로 대치될 것이다. 지상에서의 천년왕국은 하나님 나라에 대한 예수님의 가르침이 문자 그대로 완전하게 성취되기 위한 이상적인 장소이다. 그것은 나타나 있는 하나님의 법칙의 세대이며, 공의와 의, 사람들 가운데서의 평화, 주께서 하신 바 안에서 나누도록 허용된 피조물과 인류의 조화를 예증해 주며 절대적인 하나님 나라의 표현이다.

마지막으로, 비록 예수님은 천년왕국을 특별하게 언급하지 않으셨지만, 그는 천 년에 해당되는 용어를 사용하셨다. 그는 요한계시록 20장과 직접 연결되는 부활, 보좌와 심판에 대해서 말씀하셨다 (마 19:28-29).

6. 서신서는 이 때를 예언하였는가?

그렇다. 바울은 해방되어 하나님의 자녀들의 영광의 자유에 이르기를 기다리는 피조물의 탄식을 언급하였다 (롬 8).

베드로는 불로 땅을 깨끗하게 하는 것을 묘사하였다 (벧후 3). (11장에 묘사된) 변화된 땅은 해방되고 의를 위해 준비된 땅이다. 그는 기록한다, "주께는 하루가 천 년 같고 천 년이 하루 같은 이 한 가지를 잊지 말라" (벧후 3:8). 그는 아마도 시편 90편 4절을 인용했을 것이다: "주의 목전에는 천 년이 지나간 어제 같으며, 밤의 한 경점 같을 뿐임이니이다." 의심할 여지없이 하나님께서는 우리의 시간 개념에 따라 움직이지 않으신다는 것을 베드로는 지적해 주고 있다. 그러나 "주의 하루"가 천 년과 같다는 것은 흥미 있는 일이 아닌가!

7. 사단은 이미 결박되었는가?

어느 정도는 그러하다. 사단은 숨겨져 있지만 전멸되거나 또는 활동이 금지된 것은 아니다 (히 2:14). 우리는 피할 수 없는 한 가지 결론에 도달할 수밖에 없다: 비록 메시아의 나라가 사람들의 마음 가운데서 이미 시작되었다 하더라도 사단은 현재 지구상에서 활동하고 있다. 마귀를 이긴 하나님의 능력의 승리에는 실제로 *세* 단계가 있다. 12장의 "요한계시록: 최후의 승리"에 있는 나의 주석을 보라.[9] 마귀의 활동의 종말이 결정되었다: 첫째, 십자가가 그를 무력하게 만들어 놓았고; 둘째, 재림이 그를 천 년 동안 결박시켜 놓았으며; 셋째, 큰 흰 보좌가 그를 불못에 넣었다.

8. 누가 이 새 천 년의 땅에 살 것인가?

거주자들은 모든 세대의 구속받은 자들이 될 것이며, 그들의 원래의 몸은 첫째 부활에 변화되어 영화롭게 될 것이다. 그들은 하나님께 영광을 돌리기 위하여 하나님께 전적으로 헌신된 삶을 살 것이다. 그 부활은 장차 오는 세대인 천년왕국을 소개해 주고, 하나님의 백성을 영화로운 상태로 변화시킨다.

예수님의 말씀에 의하면, "부활 때에는 장가도 아니 가고 시집도 아니 가고, 하늘에 있는 천사들과 같으니라" (마 22:30). 부활 후에 구원받지 못한 자들을 회심시키려는 노력의 때는 물론 결혼과 해산의 때가 끝날 것이다. 이전에 땅에 거할 때의 삶을 특징짓던 생활 양식은 끝날 것이다. "혈과 육은 하나님 나라를 유업으로 받을 수 없고, 또한 썩은 것은 썩지 아니한 것을 유업으로 받지 못하느니라" (고전 15:50). 땅과 하나님의 백성은 안식일의 쉼을 즐길 것이다.

9. 이스라엘은 천년왕국 동안에 특별한 상태를 즐길 것인가?

많은 전천년설 신봉자들은 비록 그들이 그 정확한 본질에 대해서는 동의하지 않지만, 천년왕국 동안에 이스라엘의 특별한 상태를 인정한다. 천년왕국에 대한 세대주의적 접근법을 잠시 복습해 보자. 그것은 예상한다:

구약성경의 경제에 대한 실질적인 회복
하나님이 이스라엘과의 관계를 새롭게 하심
이스라엘이 팔레스타인 땅으로 귀환
문자 그대로 다윗의 보좌 위에 계시고 예루살렘에서 세계를 통치하시는 예수님
성전 예배, 제사장의 규칙과 제사 제도의 회복
그리스도의 때까지 사실상 성취되지 않은 구약성경의 모든 예언들의 성취[10]

아무리 천년왕국 신봉자라 할지라도, 나는 위에 묘사된 것과 같은 표현을 보면서 지상에서의 하나님 나라를 볼 수는 없다.
구약성경의 모든 정보를 알고 있는 것은 좋지만, 예수님과 사도

들이 한 것과 같을 때에만 그것을 적용하라. 그들은 오는 세대에서 하나님 나라에 대한 극적인 표현을 발견하리라는 것을 가르쳤다. 제자들은 예수님이 이미 다윗의 보좌에 앉으셨고, 그가 오는 세대에서 왕 노릇 하시리라는 것을 믿었다 (막 16:19; 눅 1:32; 행 2:33-36; 13:34; 골 3:1). 그러나 다시 제정된 유대 경제와 예배 제도와 함께 유대 나라에 대한 인식은 단지 초대 교회의 믿음의 일부가 아니었다.

문자 그대로 이스라엘은 하나님의 주된 관심의 대상으로서 교회를 대신할 것이라는 약속이 신약성경에 나오지 않는다. 바울은 하나님의 진정한 백성을 대표하는 감람나무가 하나 있을 것을 가르쳤다 (롬 11). 믿지 않는 유대인과 이방인은 둘 다 예수 그리스도를 믿는 믿음을 통하여 접붙여질 수 있다. 그리스도를 믿지 않는 자는 유대인이든 이방인이든 그들에게 구원은 없다. 이스라엘이라고 불리든 또는 교회라고 불리든, 이제는 다만 천 년 동안 그리스도와 왕 노릇 할 한 하나님의 백성이 있을 뿐이다 (갈 3:26-29). 앞의 6장의 내용 중에 왜 예루살렘이 버림을 당했는지를 가르쳐 주는 성경의 여덟 구절에 대한 나의 설명을 보라.

천년왕국에 어두운 면이 있는가?

아더 루이스는『천년왕국의 어두운 면』에서 천년왕국의 사회는 "성도들과 죄인들이 섞여 있을 것"이라고 제시했다. "세대 전체를 통하여 악한 사람들의 그룹"이 있게 마련이었다. 마지막으로, "악은 실로 천 년의 기간에 빠뜨릴 수 없는 부분이다."

불행하게도, 이것은 존 왈보어드와 같은 몇몇 천년왕국 신봉자들이 믿는 내용*이다*:

> 그러므로 천 년의 기간은 구원받은 유대인과 이방인들이 함께 하는 사회로 시작된다. 그러나 자녀가 가정에 태어날 때, 비록 그들이 천년의 좋은 환경에 있다고 할지라도, 이들 중 몇몇은 분명히 실제로 거듭나지 않은 것처럼 보이며, 이들 중 요한계시록 20장 8-9절에 있는 그리스도를 배반한 일단의 사람들로 형성된다.[11]

휘튼대학교(Wheaton College)의 아더 캐터존은 스가랴 14장 16절에 대한 주의를 끌며 말한다: "분명히 어떤 사람들은 적그리스도가 상대적으로 건드리지 않았기 때문에 그리스도가 재림하셔서 심판하실 때 살아남을 것이다."[12] 밥 건드리 또한 이러한 계열의 사고를 따른다.[13]

요한계시록 20장에서 반항하는 곡과 마곡 "나라"를 설명하기 위해서 전환난설 신봉자들과 후환난 세대주의 신봉자들은 이러한 죄인들이 어떻게 천년왕국에 들어갈 것인지를 우리에게 밝혀 주어야만 한다. 어떤 사람들은 외관상으로만 그리스도인으로 거듭날 것이고; 다른 어떤 사람들은 환난과 재림의 심판에서 살아남은 죄인들일 것이다. 그러나 이러한 두 개념은 쉽게 비판을 불러일으킨다.

첫째, 천년왕국에 거하면서 영화롭게 된 성도로 태어난 자녀는 없을 것이다. 예수님은 부활된 사람들은 재생산이 없다고 알기 쉽게 가르치셨다 (마 22:30). 둘째, 어떠한 죄인도 재림 때에 살아남지 않을 것이다. 모든 사람들은 죽을 것이고, 그들의 영혼은 둘째 부활을 기다리게 된다. 예수께서 "저의 능력의 천사들과 함께 하늘로부터 불꽃 중에 나타나실 때에 하나님을 모르는 자들과 우리 주 예수의 복음을 복종치 않는 자들에게 형벌을 주시리니, 이런 자들이 주의 얼굴과 그의 힘의 영광을 떠나 영원한 멸망의 형벌을 받으리로다"고 한 것을 상기해 보라 (살후 1:7-9). 천년왕국의 시민들은 왜 영화롭게 된 성도들이어야만 하는지 그 이유가 여기에 있다:

1. 칠십 이레 예언은 재림 때에 끝났다. 천년왕국은 재림 後에 온다. 죄, 죄인들, 범죄와 죄악은 심판받게 되고 제거될 것이다.
2. 적그리스도는 재림 때에 육체적으로 멸망되며, 재림 때와 똑같은 밝은 빛은 모든 죄인들을 없앨 것이다. 그러자 그들의 영혼은 둘째 부활 때에 최후의 심판을 기다리기 위해서 마귀와 함께 투옥될 것이다.
3. 만일 부활하고 영화롭게 된 성도들, 자연인과 개종하지 않은 자녀들이 천년왕국을 모두 함께 다 차지한다면, 비극적인 불일치가 이 기간 동안에 하나님의 목적을 망쳐놓을 것이다. 하나님은 그와 완전한 관계를 맺으며 살고, 완전한 정부를 가진 완전한 지구에 사는 완전한 사람을 원하신다.
4. 그리스도께서 지상에서 천 년 동안 왕 노릇 하시는 동안에 살아 있는 자들은 인간과 인간끼리가 아닌 하나님과 결혼해 있는 것이다.
5. 예수님의 비유는 좋은 사람들과 나쁜 사람들을 섞어 놓지 않을 것을 지적해 준다 (마 13과 25).

그렇다면 요한계시록 20장에 언급된 나라들은 누구인가? 천년왕국의 끝에 사단을 좇는 나라들은 천년왕국 동안에 지상에 살지 않는 둘째 부활 때에 부활한 믿지 않는 자들이다. 재림 때에 그리스도 안에서 죽은 모든 자들은 그들의 원래의 몸과 연합될 것이다. 그들은 눈 깜짝할 사이에 썩지 않을 몸으로 변화될 것이다. 그들의 몸은 죽어 있는 채 남아 있고, 그들의 영은 고통 가운데 있을 것이다.

천년왕국의 끝에, 모든 믿지 않은 자들은 그들의 행위를 평가받기 위하여 흰 보좌 심판 가운데 서게 될 것이다. 이것은 그들이 육체의 부활을 하는 때이다 (마 10:28을 주목하라). 그들은 그 동안 하데스 또는 지옥—무저갱(눅 8:31; 롬 10:7)의 다른 이름들—에 거했었다. 사단 또한 일천 년 동안 이 음부에 갇혀 있었다.

요한계시록 20장 9절에 의하면, "저희가 지면에 널리 퍼져." 이 "널리 퍼지는 것"은 (요한계시록 8장 4절에서 성도의 기도가 올라가는 것처럼, 마태복음 5장 1절에서 '예수께서 산에 올라가'처럼, 그리고 마태복음 3장 16절에서 예수께서 세례를 받으시고 물에서 올라오신 것처럼) 문자 그대로 "위로 올라가는 것"이란 뜻의 *아나바이노*(anabaino)를 번역한 것이다. 믿지 않고 죽은 자들은 부활되어 지면에 널리 퍼지면서 올라가는데 (죽음으로부터 올라가다), 이것은 지면 전체에 퍼져 있다는 것을 뜻한다. 사단은 성도들이 모이는 것을 둘러싸기 위하여 "땅의 사분의 사"로부터 그들을 모으면서 마지막으로 그들을 속이려고 돌진한다.

사단과 믿지 않는 자들의 이러한 마지막 반항에 응하여, 하나님은 그들을 삼키려고 불을 보내실 것이다.[14] 그런 다음에, 전능하신 하나님은 빛나는 옷을 입고 그의 보좌 앞에 서 있는 모든 믿는 자들이 있는 데서 믿지 않는 자들과 사단을 심판하실 것이다. (흰 보좌에 대해서는 12장의 나의 주석을 보라.)

부록 E

주요 일람표의 변화

우 리는 이스라엘 백성을 향한 수세기에 걸친 하나님의 사랑과 감정의 깊이를 도저히 이해할 수가 없다. 또한 하나님께서 그들을 바로잡아 주시고 인도해 주신 정도를 이해할 수도 없다. 예루살렘의 멸망과 예수님의 가혹한 말씀은 하나님의 속성을 벗어난 것 같아 보이지만, 그러한 행동은 진실로 하나님과 그의 백성의 최상의 유익을 위한 것이었다.

때때로 "역사의 한 개인, 가족, 국가 또는 심지어 세계의 방향을 완전히 변화시키는 "역사의 중심점"처럼 작용하는 일이 일어난다. 하나님께서 유대인들을 다루시는 데 있어서 극적인 변화가 그러한 사건이며, 그것은 구약성경의 놀랄 만한 이야기에 예시되어 있다. 이스라엘을 천 년 동안 발전시킨 후에 하나님은 그의 사랑하는 국가를 기꺼이 흩으셨다. 이 상처 깊은 행동이 교회 시대에 일어날 일의 예언적인 그림자였다.

고대 이스라엘의 분열

어느 날 솔로몬 왕의 시대에 모든 강제 노동을 담당한 큰 용사(勇

士)인 여로보암이 예루살렘 외곽의 시골 길을 홀로 걸어가고 있었다. 거기에서 그는 새 의복을 입고 있는 선지자 아히야를 만났다. 갑자기 그 선지자는 입고 있는 옷을 잡아 열두 조각으로 찢었다. 아히야는 선언하였다, "너는 열 조각을 취하라. 이스라엘 하나님 여호와의 말씀이 '내가 이 나라를 솔로몬의 손에서 찢어 빼앗아 열 지파를 네게 주고'" (왕상 11:31).

이 비극적인 심판은 주님의 길을 거슬러서 행한 이스라엘의 우상숭배, 반항과 불순종의 결과였다. 붕괴는 솔로몬의 아들 르호보암의 통치 기간 중 몇 년 안에 일어났다.

르호보암 왕이 노동자들을 부당하고 가혹하게 다루자, 아히야의 예언이 성취되어, 그들은 여로보함 밑에서 이스라엘의 북왕국을 형성하기 위해 열 지파가 북쪽으로 가면서 반항하였다. 외관상 비극적으로 전개된 이 일이 다음과 같은 특이한 표현으로 묘사되었다: "이 일은 여호와께로 말미암아 난 것이라" (왕상 12:15).

하나님은 높은 목적을 가지셨으며, 그의 백성이 협력했을 때 그러한 목적이 달성되었다. 그러나 하나님은 원칙을 위해서 그의 전체 프로그램을 기꺼이 희생하셨다. 다른 예들: 아담은 에덴동산에서 쫓겨났고; 하나님은 바벨탑에서 그들을 온 지면에 흩으셨고; 북쪽 지파들을 멸망시키시려고 여로보암의 죄를 사용하셨다.

국가의 이 분열의 결과로 거의 천 년 후에 유대교 자체 내의 분열이 뒤따랐다.

유대교의 분열

유대교만큼 주된 강조점의 변화로 인해서 도전받아온 세계 종교는 또 없다. 오랫동안 기다려 왔던 예언된 메시아가 마침내 강림하셨고, 그의 강림과 함께 예기치 않은 영적인 하나님 나라가 도래하였다.

메시아이신 예수님은 많은 사람들을 구원하셨고 치유하셨지만, 그는 세금 또는 정치적인 변화에 대해서는 아무 일도 하지 않으셨다. 그는 정부에 관심이 있으신 것이 아니라 인간의 마음을 변화시키는 일에 관심을 가지셨다. 그는 모세의 율법을 승격시킨 영적 원리들을 소개하셨으며, 아브라함에 대한 새로운 인식을 하게 하면서 믿음의 개념들을 소개하셨다.

예수님은 다윗의 혈통의 왕-제사장으로 오셨지만, 유대교의 영적인 삶을 갉아먹은 부패로부터 그 당시의 유대교를 깨끗하게 하려는 노력을 위하여 돌아가셨다. 그러나 그의 죽음은 보복 이상의 것이었다. 예수님은 속죄를 위하고, 그의 백성에게 구속의 은총을 베풀기 위하여 하나님의 어린양으로 돌아가셨다.

예수님은 팔레스타인에 살았던 유대 백성에게 삼 년 반 동안 집중적으로 사역하셨다. 제자들은 오직 유대인들에게만 복음을 증거하라는 예수님의 지시를 받았다. 그는 메시지를 전하기 위하여 여행하셨으며, 때로는 유대교의 중심지인 예루살렘 대 성전에 일반 사람들과 또한 종교 당국자들에게 메시지를 전하기 위하여 담대하게 들어가셨다.

그러나 그들은 예수님을 거절하였다. 전에는 거의 친구가 될 수 없었던 유대인과 로마인들이 주님을 십자가에 못박기 위한 세력에 합세하였다. "자기 땅에 오매 자기 백성이 영접지 아니하였으나" (요 1:11). 실제로, 그들은 그를 죽였다.

나사렛에서 온 랍비에게 장사된 지 사흘 후에 무슨 일이 일어날 것인지 아무도 예측하지 못했다. 로마 군인들이 지켰던 봉해 놓은 무덤이 갑자기 열렸다. 주님이시요 그리스도이신 예수님이 죽은 자 가운데서 살아나신 것이다!

부활하신 그리스도는 제자들을 갈릴리에서 여러 번 만나셨으며, 마침내 감람산에서 마지막 말씀을 하셨다. 예수님은 그의 친구들이 두려워하고 놀라는 가운데, 그들이 보는 앞에서 승천하시기 시작하였다. 그들은 예수님이 가볍게 여기신 정치적인 질문들을 여전히 주장하였다. 그 대신 그는 그들에게 예루살렘에서 그를 기다리라고 강조해서 말씀하셨다. 그는 그들이 메시지를 유대교를 넘어서 전 세계에 전할 수 있도록 해 줄 강력한 보혜사 성령님을 그들에게 보내 주실 것이다.

예수님이 밝은 구름에서 사라지실 때, 흰 옷을 입은 두 천사가 나타나서 예수님이 하늘로 가심을 본 그대로 오실 것을 약속하였다. (분명히 우리가 보아온 대로, 재림은 지상명령의 성취와 직접적으로 연관이 된다.)

새로워진 삶의 형태

퇴폐적인 유대교의 죽은 줄기에서 생명의 한 가지가 싹이 텄다. 그들의 격조 높은 유산의 덕을 이용하면서, 예수님과 그의 길은 하나님 나라와 이스라엘을 지칭하는 무화과나무의 새로운 표현법이 되었다. 과거의 뿌리는 잃지 않았다; 오히려, 그것은 새로운 영의 감동을 받은 삶의 형태로 표현되었다. 언제나 그렇듯이 충성스러운 남은 자가 있었다. 예수님을 따른 자들은 이제 이 그룹에 속한다.

예수님은 이스라엘의 구속을 위한 문을 여셨을 뿐만 아니라, 그는 모든 나라에 기쁜 소식을 보내셨다. 처음에 새로 형성된 교회의 구성원인 예수님을 믿는 자들은 유대 민족이었다. 그러나 곧 로마 제국 전체에 걸쳐 있는 이방인들은 모든 나라에 있는 가난하고 유린된 자들에게 소망을 주시는 이 그리스도에 대해 듣기 시작하였다. 유대의 메시아는 전 세계에 사랑이 많으신 구세주로 알려지게 되었다.

비록 로마의 지도자들과 정부는 그들의 유대인 지도자들과 마찬가지로 반응하였지만, 모든 지역의 보통 사람들은 예수님의 메시지를 기쁨으로 받아들였다. 로마의 철권을 두려워하여 결합된 로마 제국은 비극적인 노예 제도를 유지하였다. 현재와 심지어는 무덤 너머까지 소망의 소식이 어두운 속박의 동굴을 통하여 휘몰아쳤으며, 전 세계에 기가 꺾인 수많은 사람들이 그들의 영혼에 엄습해 온 그 소망의 빛에 믿음으로 반응하였다!

유대인 기독교 교회에 모든 면에서 이교도인 이방인들이 갑자기 쇄도하였다. 어떤 유대인 그리스도인 지도자들은 이 더렵혀진 영적인 동물원을 받아들이기 어렵다는 것을 알게 되었다. 대조적으로, 사도 바울은—물론 다른 사람들도—성령의 능력과 히브리 성경으로부터 새로운 통찰력을 힘입어서 옛 이스라엘이 모든 족속, 부족과 언어를 가진 믿는 사람들로 구성된 하나님의 새 이스라엘로 대치되었음을 선포하였다.

갑자기 유대 종교의 육체적인 할례, 정결한 음식, 특별한 의식과 모든 다른 장비가 성령의 능력으로 훌륭하고 기본적인 경건한 삶으로 대치되었다. 성령에 감동된 바울과 다른 사도들은 비공식적인 편지들의 초안을 잡아서 그것들을 당시의 나라 전체에 있는 회중 모임에 보냈다. 이러한 서신들은 고대 히브리 성경과 똑같은 자격을 갖춘 상태로 인정되었으며, 새로운 방식의 삶이 무엇이며, 또한 어떻게 옛 성경의 예언이 이제 새 성경에서 성취되었는지를 조심스럽게 설명해 준다.

구속이 모든 나라 백성들을 찾아온 것이다. 어떤 종족의 그룹에 속해 있다할지라도 그리스도 안에 있는 구원의 메시지에 믿음으로 반응하는 자는 구원받을 수 있다. 옛 선지자 시므온이 아기 예수에게 말한 바와 같다: "그는 이방을 비추는 빛이요, 주의 백성 이스라엘의 영광이니이다" (눅 2:32).

그러므로 이제 메시아 주 예수를 믿는 유대인과 이방인은 다 하나님의 한 백성으로 성령의 세례를 받는다. 그리고 이제 오늘날의 교회, 즉 모든 세대를 포함하는 우리 모두는 메시아이신 예수님의 영광스러운 재림을 함께 기다리고 있다.

주 석

1. 당신이 생각하는 것보다 더 늦다!

1) 의견의 차이가 없을 수는 없다. 예를 들면, 제임스 몽고메리 보이스(James Montgomery Boice)는 *Foundations of the Christian Faith* (Downers Grove: InterVarsity, 1986) 705쪽에서, 재림이 신약에 318회 언급된다고 말한다. *The International Standard Bible Encyclopedia*도 또한 318개의 구절을 언급하나, 어느 책에도 그 구절들을 열거해 놓지는 않았다. 이와는 대조적으로, 어떤 후천년설 신봉자들은 실제로 재림에 적용되는 구절은 (감람산 설교와 요한계시록의 구절들과 같은 것은 이미 성취되었기 때문에) 열두 구절 이하라고 믿는다. 윌리엄 에드워드 비더울프(William Edward Biederwolf)는 중요한 신구약 주석이라고 생각되는 구절들을 추려서 주석을 만들었으며, 또한 더 오래된 책인 *The Second Coming Bible Commentary*(Grand Rapids: Baker, 1985 [1924])에서 주석을 인용하기도 했다. 신약 구절들에 대한 나의 선택과 도표 작성은 그의 것과 다르다.

2) 예수님은 인자로서 겸손하게 인간과 사시는 동안 이러한 말씀을 하셨다. 이제 그는 아버지와 함께 하시는 영화로운 상태에서 이에 관해서 확실히 아신다.

3) Charles H. Spurgeon, *12 Sermons on the Second Coming of Christ* (Grand Rapids: Baker, 1995 reprint), pp. 116-17.

4) 나사로는 육체적으로 부활했다; 그는 육체적인 생명으로 소생되어 살다가 죽었다. 성도들의 부활은 단지 육체적인 생명으로 소생되는 것이 아니라, 오히려 성령의 능력과 생명이 우리의 몸을 모든 연약함, 고통, 부패와 죽음에서 전적으로 구원해 주는 새로운 차원의 삶을 그들에

게 소개해 준다.

　5) 물이 가라앉고 새 땅이 나타나기를 기다리는 방주의 노아와 그 가족과 비슷하다.

2. 왜 모두 이렇게 이상한 용어들인가?

　1) F. F. Bruce, *Answers to Questions* (Grand Rapids: Zondervan, 1972), p. 199.

　2) W. E. Vine, *Expository Dictionary of New Testament Words* (Westwood, N.J.: Revell, 1966), p. 208.

　3) D. E. Hiebert, *"Parousia,"* Merrill C. Tenney, gen. ed., *The Zondervan Pictorial Encyclopedia of the Bible*, Vol. 4 (Grand Rapids: Zondervan, 1975), p. 601.

　4) W. Bauer, William F. Arndt and F. Wilbur Gingrich, eds., *A Greek-English Lexicon of the New Testament and Other Early Christian Literature* (Chicago: University of Chicago Press, 1957), p. 635.

　5) James Hope Moulton and George Milligan, *The Vocabulary of the Greek Testament: Illustrated from the Papyri and Other Non-Literary Sources* (Grand Rapids: Zondervan, 1976), p. 497.

　6) Ibid., p. 62. *아포칼립시스*는 두 헬라어로 구성되어 있다: 1) "~로부터 멀리" 또는 "떨어져서"라는 전치사인 *아포*(apo), 2) "덮기 위해"라는 동사 *칼립테인*(kalyptein).

　7) J. Rodman Williams, *Renewal Theology: Systematic Theology from a Charismatic Perspective*, Vol. 3 (Grand Rapids: Zondervan, 1992), p. 304.

　8) 3장의 부제목―"Reading that Critically Investigates the Origin of Dispensationalism"―을 보라. 이 접근법은 존 넬슨 다비(John Nelson Darby)에 의해서 1830년 경에 구체화된 것이며, 그 후에 『스코필드 관주성경』에 의해서 보급되었다.

　9) George Eldon Ladd, *The Blessed Hope* (Grand Rapids:

Eerdmans, 1956), pp. 77-80.

10) David L. Cooper, *Future Events Revealed According to Matthew 24 and 25* (Los Angeles: David L. Cooper, 1935), p. 110.

11) Ladd, *Hope*, p. 105.

12) Douglas J. Moo, "The Case for the Posttribulation Rapture Position," G. L. Archer Jr., Paul D. Feinberg, Douglas J. Moo and Richard R. Reiter, *Three Views on the Rapture: Pre-, Mid-, or Post-Tribulation?* (Grand Rapids: Zondervan, 1984), p. 208.

13) Ladd, *Hope*, chapter 6을 보라.

14) 이것은 6장에서 다루게 될 것이다.

15) 어떤 사람들은 사도행전 20장 29절에 나오는 "떠난"은 바울의 죽음을 언급하는 것이 아니라고 주장한다. 헬라어 자체는 자동적으로 그러한 의미를 부여하지 않음은 의심할 여지가 없으나, 나는 그 본문이 이 해석을 보증해 준다는 입장을 지킨다.

16) 탁월한 세대주의자이며 달라스신학교의 전 총장인 존 왈보어드 (John Walvoord)는 "첫 세기에 있던 이러한 일시적인 문제들"을 사용함으로 임박성을 부인하는 것은 정당하지 않다고 생각한다. 그는 어느 특정한 날에 대부분의 교회는 "바울 또는 베드로가 여전히 살아 있었는지의 여부를 몰랐고, 그들 대부분은 그 예언들에 대해서도 아는 바가 없었다." *The Blessed Hope and the Tribulation* (Grand Rapids: Zondervan, 1976), p. 73. 나에게는 사람들이 그들의 지도자들이 믿는 바를 상당히 많이 추종하는 것 같아 보인다.

17) William G. Moorehead, "Millennium," James Orr, gen. ed., *The New International Standard Bible Encyclopaedia*, Vol. 3 (Grand Rapids: Eerdmans, 1974 reprint), p. 2054.

18) Williams, *Renewal Theology*, p. 395.

19) 천년왕국에 대한 주요 견해들을 보라: Millard J. Erickson, *A Basic Guide to Eschatology: Making Sense of the Millennium* (Grand Rapids: Baker, 1977), chapters 3-5, pp. 55-106.

20) See Marvin Rosenthal, *The Pre-Wrath Rapture of the Church* (Nashville: Thomas Nelson, 1990). Also, Robert Van Kampen, *The*

Rapture Question Answered: Plain & Simple (Grand Rapids: Revell, 1997).

21) 내가 지금까지 본 다니엘 9장의 칠십 이레 예언에 대한 가장 만족할 만한 전천년적 (비세대주의적) 논술은 회복 신학자 케빈 코너(Kevin J. Conner)의 *The Seventy Weeks Prophecy: An Exposition of Daniel 9* (Blackburn, Victoria, Australia: Acacia, 1981)이다. 그는 칠십 이레의 첫 반은 예수님의 삼년 반의 지상 사역에서 성취되었고, 나중 반은 삼년 반의 환난에서 성취되었다고 본다. 부록 C에 있는 나의 논평을 보라.

3. 해석자들은 무엇이라고 하는가?

1) Bruce, *Answers*, p. 228.

2) 네 가지 입장의 최초의 정의는 "Christian History Timelines: The End," *Christian History*, 61 (Vol. XVIII, No. 1): 25, 27에서 발췌한 것이다.

3) Ladd, *Hope*, p. 162.

4) "Christian History Timelines," *Christian History*, p. 27.

5) Anthony A. Hoekema, "Amillennialism," Robert G. Clouse, ed., *The Meaning of the Millennium: Four Views* (Downers Grove, Ill.: InterVarsity, 1977), chapter 4.

6) St. Augustine, *The City of God*, Book XX, chapters 7-9. Robert Maynard Hutchins, ed. in chief, *Great Books of the West- ern World* (Chicago: Encyclopaedia Britannica, 1952), pp. 535-40. 어거스틴과 다른 학자들과 심지어는 개혁주의자들은 교회에 근원을 두려고 애쓰는 (감각적인 만족에 초점을 둔) 물질주의적인 천년왕국설에 강하게 반대한 반응으로 크게 영향을 받은 천 년의 신학을 가졌다고 시사되어 왔다. Robert H. Mounce, *The Book of Revelation: The New International Commentary on the New Testament* (Grand Rapids: Eerdmans, 1977), p. 358을 참조하라.

7) William E. Cox, *Amillennialism Today* (Phillipsburg, N.J.: Presbyterian and Reformed, 1966), p. 1. Quote from Walvoord, *The*

Millennial Kingdom (Findlay, Ohio: Dunham, 1959; reprint, Grand Rapids: Zondervan, 1974), p. 6.

8) 이 입장은 다음에 제시되었다: Hoekma, *The Meaning of the Millennium*, pp. 160-64. 또한 William E. Cox, *Biblical Studies in Final Things* (Philadelphia: Presbyterian and Reformed, 1967), pp. 160-64를 참조하라.

9) "Christian History Timelines," *Christian History*, p. 26.

10) 『스코필드 관주성경』은 이러한 세대들을 5쪽에 열거해 놓았다: 청결, 양심, 인간 정부, 약속, 율법, 은혜, 그리고 왕국.

11) Walvoord, *Millennial Kingdom*, p. 16.

12) Herman A. Hoyt, "Dispensational Premillennialism," *The Meaning of the Millennium*, chapter 2를 보라.

13) Erickson, *Basic Guide*, p. 103.

14) 이 태도는 역사적인 전천년설 신봉자의 신앙을 반영하지 않는다. 국민 특유의 이스라엘을 강조하는 것이 덜 하며, 어떤 곳에서는 전혀 그 강조가 없다. 어떤 사람들은 영적인 이스라엘인 교회가 자연적인 이스라엘로 대치되었으며, 많은 구약성경의 예언들과 약속들이 이제 자연적인 이스라엘 안에서 보다 교회 안에서 성취되고 있다고 생각한다. 일반적으로 자연적인 이스라엘은 그리스도가 재림하실 때 여전히 구원받을 것이라는 믿음을 가지고 있다 (롬 11:15-16).

15) Charles C. Ryrie, *Dispensationalism Today* (Chicago: Moody, 1965), p. 45. 라이리는 140쪽에서 말한다: "이스라엘과 교회라는 말의 사용은 신약성경에서 국가적인 이스라엘은 그 자신의 약속들과 함께 계속되며, 교회는 소위 '새 이스라엘'과 결코 동일시될 수는 없지만, 이 시대에 하나님의 분리된 역사로서 조심스럽게 계속적으로 구별되는 것을 분명히 나타내 준다."

16) John R. Walvoord, *The Rapture Question* (Findlay, Ohio: Dunham, 1957), pp. 23-27을 보라.

17) Zola Levitt, *Broken Branches: Has the Church Replaced Israel?* (Dallas: Zola Levitt, 1995), p. 34.

18) M. R. DeHaan, *The Second Coming of Jesus* (Grand Rapids:

Zondervan, 1974, nineteenth printing), pp. 16-17.

19) Charles C. Ryrie, *The Basis of the Premillennial Faith* (New York: Loizeaux, 1953), p. 12.

20) Erickson, *Basic Guide*, p. 120.

21) 위의 사상은 다음에서 수집한 것이다. Clouse, *The New Millennium Manual*; Erickson, *Basic Guide*; Blaising, *Progressive Dispensationalism.* 크레이그 블레이징과 다렐 보크는 설명한다: "점진적 세대주의 신봉자들은 각 세대는 단지 하나님과 인간 사이의 다른 배열이 아니라, 점진적 계시와 구속의 완성 가운데 있는 연속적인 배열로 이해한다....이러한 모든 세대들은 하나님이 이스라엘과 이방 나라들을 정치적으로 다스리실 것이며, 성령에 의해서 (민족적 구분 없이) 그들 가운데 평등하게 거하실 것이라는 장래의 절정을 가리킨다." *Progressive Dispensationalism* (Wheaton: Victor/BridgePoint, 1993), p. 48.

22) 나는 전통적인 세대들을 빈틈없는 구획으로 나누는 것보다는 오히려 하나님의 프로그램에 "유동성 있게 흘러가는 것"을 허용하면서 구속적인 역사를 그들이 재구성하는 방법을 좋아한다. 또한 구약성경의 이스라엘과 신약성경의 교회 사이의 급진적 구별을 재평가하는 것에 만족한다. 그러나 이러한 변화들은 전통적인 세대주의로부터 떠나는 신호가 될 수 있다.

23) "Christian History Timelines," *Christian History*, p. 27.

24) Keith A. Mathison, *Postmillennialism: An Eschatology of Hope* (Phillipsburg, N.J.: Presbyterian and Reformed, 1999), p. 263, 미주 6.

25) Ibid., p. 190. 또한 마셀러스 키크(J. Marcellus Kik)의 다음의 두 진술을 주목하라: "천년왕국은 다른 말로 말하면, 복음 세대, 메시아 왕국, 새 하늘과 새 땅, 신생 등의 기간이다. 천년왕국은 그리스도의 승천 또는 오순절날과 함께 시작되었으며, 그리스도의 재림 때까지 남게 될 것이다." 그리고 "천년은...그리스도의 초림부터 배교의 짧은 기간까지 복음 세대를 메꾸어 주며, 그 후에 그는 잠깐 풀려나게 된다." *An Eschatology of Victory* (Phillipsburg, NJ: Presbyterian and Reformed Publishing Co., 1971), pp. 17, 41.

26) Kenneth L. Gentry Jr., *He Shall Have Dominion: A Postmillennial Eschatology* (Tyler, Tex.: Institute for Christian Economics, 1992), p. 79.

27) Clouse, *The New Millennium Manual*, p. 48.

28) Kik, *Eschatology*, p. 4.

29) Loraine Boettner, "Postmillenialism," *The Meaning of the Millenium*, p. 117. 보에트너의 잘 알려진 책 *The Millenium* (Philadelphia: Presbyterian and Reformed, 1957)에서 발췌한 (더 최근의 계수가 포함된) 개정된 수필이다.

30) Iain H. Murray, *The Puritan Hope: Revival and the Interpretation of Prophecy* (Edinbiurgh: Banner of Truth, 1971)를 보라. 이 책은 매우 인상적이다.

31) R. C. Sproul, *The Last Days according to Jesus* (Grand Rapids: Baker, 1998), pp. 200-201. 이 책은 다음에 기초한 것이다: Kenneth L. Gentry Jr., *He Shall Have Dominion.*

4. 예수님은 재림에 대하여 많이 말씀하셨다

1) J. Sidlow Baxter, *Explore the Book* (Grand Rapids: Zondervan, 1966), pp. 218-19에 기초한 자료. 나는 요한복음 14장 3절을 여러 가지로 해석한 것을 알고 있지만, 이 단순한 접근법은 나에게 큰 호소력을 준다. 백스터는 어떤 사람들이 그리스도의 두 가지 현상의 재림을 믿는다는 사실에 놀라움을 표한 후에 다음과 같은 흥미 있는 진술을 하고 있다: "여기의 평행하는 단어들을 잘 표시하라ㅡ천사들, 소리, 나팔, 모음, 구름. 모두가 마태복음 24장은 장엄하고, 눈에 보이고, 공개적인 재림을 가르친다는 것에 동의했다. 그렇다면 데살로니가전서 4장 15-18절에 있는 *정확히 같은 표현과 상징*을 사용할 수 있는 해석과 *거기에서* 그들이 *비밀리에* 재림을 가르친다고 말하는 것은 무슨 성경 해석인가!" (p. 219)

2) 이것이 재림을 언급하는 것이라고 모두가 동의하는 것은 아니다.

예를 들면, 후천년설 신봉자 마셀러스 키크는 이 본문이 승천하신 후에 일어난 "그리스도의 대관식 장면"을 가리킨다고 설득력 있게 주장한다 ....그는 구름을 마차로 만들어서 옛적부터 항상 계신 하나님의 존전에 들어가셨고, 그가 갈보리에서 이루신 희생을 증언하셨다. *Eschatology*, p. 37.

3) 나의 책 *Awaken the Dawn!*은 예수님의 기도 생활과 사역에 대한 부르심의 이해 사이의 밀접한 관계를 설명해 준다 (Portland: Bible Temple, 1990).

4) Geroge A. Buttrick, "The Gospel According to St. Matthew," *The Interpreter's Bible*, Vol. VII (New York/Nashville: Abingdon, 1951), p. 541.

5) George Eldon Ladd, "Matthew," *The Biblical Expositor*, Vol. 3 (Philadelphia: A. J. Holman, 1960), p. 64.

6) David Hill, *The Gospel of Matthew (New Century Bible)* (London: [Oliphants] Marshall, Morgan and Scott, 1972), p. 327.

7) 여러 번역판들은 "다섯 자루의 금" (NEB); "오천 불" (Williams); "만 불"(Beck)을 제안하면서 이러한 달란트를 우리가 생생하게 마음에 떠오르게 하도록 도와준다.

8) Hill, *Matthew*, p. 325.

5. 예수님은 재림을 어떻게 묘사하셨는가?

1) Sproul, *Last Days*, p. 14. 또한 윌리엄의 논문, *Renewal Theology*의 309-14쪽을 보라.

2) 스프로울의 *The Last Days according to Jesus*는 과거적 해석자들이 반드시 답해야 할 주요한 질문들을 기록하고 있다. 그는 "온건한 과거적 해석"(신약성경의 많은 미래의 예언들이 이미 성취되었다; 어떤 중요한 예언들은 아직 성취되지 않았다)과 "급진적 과거적 해석"(신약성경의 모든 미래의 예언들은 이미 성취되었다)을 구별한다. 또한 존 맥아더가 말하는 "초과거적 해석"의 극단적 입장의 논문을 참조하라. *The Second Coming* (Wheaton: Crossway, 1999), pp. 9-13.

3) 역사적 전천년설 신봉자인 풀러신학교의 작고한 조지 앨든 래드는 이 개념의 선구자 역할을 했으며 가장 논리 정연한 대변인이었다. 그의 책 *The Gospel of the Kingdom* (Grand Rapids: Eerdmans, 1959)을 참조하라.

4) George M. Lamsa, *Gospel Light: Comments on the Teachings of Jesus from Aramaic and Unchanged Eastern Customs* (Philadelphia: A. J. Holman, 1936), pp. 79-81.

5) A. T. Robertson, *Word Pictures in the New Testament*, Vol. I (Nashville: Broadman, 1930), p. 82.

6) Albert Schweitzer, *The Quest of the Historical Jesus* (New York: Macmillan, 1957 reprint), pp. 358-60. 슈바이쳐는 예수님 자신이 마지막 때의 이스라엘의 메시아였지만, 예수님이 기대한 때에 그 일이 성취되지 않았기 때문에 그가 죽음을 받아들였다고 믿었음을 옹호하였다.

7) R. V. G. Tasker, *The Gospel According to St. Matthew: Tyndale New Testament Commentaries* (Grand Rapids: Eerdmans, 1979), p. 108.

8) Alfred Edersheim, *The Life and Times of Jesus the Messiah*, Vol. I (Grand Rapids: Eerdmans, 1950), pp. 646-47. 또한 캠벨 몰건(G. Campbell Morgan)의 다음 진술을 주목하라: "이것은 그 당시에 세상에서 그들과 함께 하시는 예수님의 임재에 관한 말씀과는 다른 의미에서 그의 재림에 관해서 그리스도께서 최초로 하신 말씀이었다. 그것은 흔히 쓰는 단어였고, 그리고 그 경우에 예수님이 말씀하신 것은 나중에 그가 다루신 재림이 아니라, 그가 십자가에서 죽으신 지 한 세대 후에 예루살렘 멸망 시에 심판 가운데 있는 예루살렘 방문을 말씀하신 것이라는 확신을 나는 버릴 수 없다고 생각한다." Biederwolf, *Second Coming Bible Commentary*, p. 315에서 인용함.

9) David Chilton, *Paradise Restored: A Biblical Theology of Dominion* (Tyler, Tex.: Dominion, 1987), 8장과 10장.

10) D. A. Carson, "Matthew," Frank E. Gaebelein, gen. ed., *The Expositor's Bible Commentary*, Vol. 8 (Grand Rapids: Zondervan,

1984), p. 253.

11) Cox, *Biblical Studies*, p. 117.

12) George Eldon Ladd, *A Theology of the New Testament* (Grand Rapids: Eerdmans, 1974), P. 200.

13) F. F. Bruce, *The Hard Sayings of Jesus* (Downers Grove, Ill.: InterVarsity, 1983), p. 109.

14) 조프리 브로밀리(Geoffrey W. Bromiley)가 한 권으로 축소하여 출판한 책에서 *doxa*의 내용을 보라. *Theological Dictionary of the New Testament*, Gerhard Kittel and Gerhard Friedrich eds. (Grand Rapids: Eerdmans, 1985), pp. 178-81.

15) Charles H. Spurgeon, "An Awful Premonition," *12 Sermons*, pp. 3-6.

16) Chilton, *Paradise*, pp. 69-70.

17) 저명한 무천년설 신봉자 윌리엄 콕스는 이 해석에 동의한다. *Biblical Studies*, p. 117.

18) Chilton, *Paradise*, p. 85. 칠턴은 성경 해석을 적절하게 접근하는 법에 대해서 훌륭한 설명을 해 준다.

19) F. F. Bruce, *The Gospel of John* (Grand Rapids: Eerdmans, 1983), p. 62.

20) James Bryant Rotherham, *The Emphasized Bible* (Grand Rapids: Eerdmans, 1983), p. 62.

21) 윌버 스미스(Wilbur M. Smith)는 설명한다: "감람산 설교에서 예수님이 재림하실 때 우리 주님을 동행한다고 말하는 네 가지가 있다: 능력 (마 24:30); 큰 영광 (24:30; 26:31; 막 13:26; 눅 21;27); 천사들 (마 24:31; 25:31); 그리고 구름 (마 24:30). 이것은 또한 마태복음 16: 27; 19:28; 24:64에 있는 것처럼 그리스도의 재림을 말하는 다른 구절들에도 나오며, 신성에 대한 획기적인 표현을 항상 수반한다 (출 19:16; 34:5; 40:34-36; 벧후 1:16, 17; 행 1:8-11; 계 19를 참조). "In the Study" ("The Olivet Discourse"), *Moody Monthly* (September 1957): 49.

22) 마태복음 28장 3절은 주의 천사의 형상을 "번개 같고"라고 묘사

한다.

23) 천사들은 언제나 인간들을 매혹시켜왔다. 최근에 나는 어느 중고 서점에서 그 제목에 관한 책 23권을 세어보았으며, 후에 한 새 책방에서는 30권이나 세어보았다. 그러나 크나큰 흥미에도 불구하고, 성경적인 자료는 오히려 한정되어 있다. 중요 참고 구절: 히 1:14; 마 18:10; 행 12:7; 27:23.

24) T. W. Manson, *The Sayings of Jesus* (Grand Rapids: Eerdmans, 1957), pp. 216-17.

25) Vine, *Expository Dictionary*, p. 267.

26) Carson, "Matthew," *Expositor's Bible Commentary*, pp. 425-26.

27) Friedrich Büchsel, "*Palingenesia* in the NT," Gerhard Kittel, ed., *Theological Dictionary of the New Testament*, Vol. 1 (Grand Rapids: Eerdmans, 1964), p. 688.

28) Chilton, *Paradise*, p. 199.

29) Manson, *Sayings of Jesus*, p. 217.

6. 다가오는 진통

1) Beasley-Murray, *Last Days*, p. 383.

2) Edersheim, *Life and Times*, Vol. II, p. 431.

3) Giovanni Papini, "The Life of Christ," in *A Reader's Digest Family Treasury of Great Biographies*, Dorothy Canfield Fisher, trans., Vol. III (Pleasantville, N. Y.: Reader's Digest, 1970), p. 102.

4) Josephus, *Jewish Wars*, 7:1:1. 존 맥아더는 성전의 돌에 관한 다음과 같은 흥미 있는 진술을 한다: 오늘날까지 남아 있는 서쪽 성벽은 헤롯이 짓기를 원했던 웅장한 건축물의 방을 만들기 위해서 성전의 산을 확장시켰을 때 지어서 남아 있는 성벽의 일부분이었다. 그것만으로 그것은 성전 밖의 뜰을 지탱해 주지만, 그러나 본질적으로 성전 건물의 일부는 아니었다; 그러므로 그리스도가 성전의 돌 하나도 남기지 아니하리라고 예언하신 것은 예외가 아니다." *Second Coming*, p. 225.

5) Beasley-Murray, *Last Days*, p. 386.

6) 예수님이 하신 이 의미심장한 진술은 복음에 대해서 오랫동안 계속되어 온 국가적인 유대인들의 완악한 태도가 언제 끝날 것인가에 대한 질문을 불러일으킨다. 특히 청교도 저술가들은 로마서 11장 25-26절을 그들의 주된 권위로 여기면서 이 질문에 대해 말했다. 유대인들의 구원은 여러 세대를 거쳐서 점차적으로 실현되는 것인지, 아니면 이 일을 성립시킬 결정적인 성령의 역사가 있을 것인지? 유대인의 국가적인 회심에 대한 강한 설득력 있는 논증을 쓴 Iain H. Murray, *The Puritan Hope*, 4장을 참조하라.

7) 나는 성경이 실제로 미래의 성전을 가르치고 있음을 입증하는 것이 불가능하다고 생각한다. 팀 라헤이와 제리 젠킨스는 말한다: "성경을 문자 그대로 해석하는 모든 예언적 선생들은 이스라엘에 있는 유대교 성전이 재건될 것이라는 것에 동의한다....세 번째 성전이 있을 것이라는 사실을 다니엘, 사도 바울과 요한, 그리고 다름 아닌 주 예수 그리스도 자신이 예언하셨다. 그들은 모두 이스라엘의 세 번째 성전은 환난이 시작되기 전, 또는 그 바로 후에 재건될 것이라고 가르친다. 왜냐하면 성전이 신성 모독될 때인 환난의 중반까지 볼 수 있게 완성되기 때문이다. 분명히 이스라엘이 지금 성전을 가지고 있지 않기 때문에, 제 삼의 성전은 그런 사건이 일어나는 것을 대비해서 재건되어야만 한다." *Are We Living in the End Times?* (Wheaton: Tyndale, 1999), p. 122.

8) Kik, *Eschatology*, p. 88.

9) 이 설교들은 각각 끝나는 형태가 유사한 것으로 간주된다 (5:28; 11:1; 13:53; 19:1; 26:1 참조).

10) Smith, "Olivet Discourse," p. 46.

11) Sproul, *Last Days*, p, 32.

12) NASB를 사용한 Robert L. Thomas and Stanlcy N. Gundry, *A Harmony of the Gospels* (Chicago: Moody, 1978)를 나는 좋아한다.

13) 그러한 중요한 연구를 위해 좋은 두 자료는 다음과 같다: I. Howard Marshall, *Commentary on Luke: New International Greek Testament Commentary* (Grand Rapids: Eerdmans, 1978), pp. 752-83; 그리고 마가복음을 위해서는 George R. Beasley-Murray, *Jesus*

and the Last Days: The Interpretation of the Olivet Discourse (Pea-body, MA: Hendrickson, 1993)이다.

14) Johnston M. Cheney, *The Life of Christ in Stereo*, Stanley A. Ellisen, ed. (Portland: Western Baptist Seminary, 1969), p. ix.

15) 예수님은 다음 사항에 관한 "오지만-아직-현재"(coming-yet-present)라는 가르치는 도구를 사용하셨다: 1) 부활 (요 5:25); 2) 핍박으로 인한 제자들의 흩어짐 (요16:32); 그리고 3) 하나님 나라의 현재-그러나 미래의 출현 (마 25:31; 눅 11:20). 그것을 하나님 나라에 적용하려면, George Eldon Ladd, *The Presence of the Future* (Grand Rapids: Eerdmans, 1974)를 참조.

16) 또한 고전 6:9; 15:33; 갈 6:7; 약 1:16; 계 2:20; 12:9; 13:14 를 참조.

17) Beasley-Murray, *Last Days*, pp. 389-90.

18) Wilbur M. Smith, *You Can Know the Future* (Glendale, CA: G/L Regal, 1971), p. 59.

19) Papini, *Life of Christ*, p. 106.

20) 다음에서 가져온 정보이다: David Sell, *Understanding End Times* (Pleasanton, CA: Northern California Bible College, 1999), pp. 12-13.

21) I. Howard Marshall, *Luke*, p. 765.

22) 어떤 사람들은 이러한 진통은 주후 70년의 예루살렘 멸망에 이르기까지의 시간을 가리킨다는 설을 지지한다: 후천년설 신봉자인 J. Stuart Russell, *The Parousia: The New Testament Doctrine of Our Lord's Coming* (Grand Rapids: Baker, 1999 reprint). 또 다른 사람들은 이러한 사건들은 환난의 기간을 가리킨다고 확고하게 믿는다: 세대주의 신봉자인 John F. MacArthur, *Second Coming*. 이중 적용—예루살렘 멸망에 이르기까지의 기간과 또한 교회 시대 전체—은 어떤가? 아마도 우리는 '이것 아니면 저것' (either-or) 선택 이상의 가능성을 가지고 있는지도 모른다. '이것과 저것 다' (both-and) 방법을 사용하는 것은 어떤가? 우리에게는 어떤 것들은 이미 지나간 과거의 것이고, 어떤 것은 아직 오지 않은 미래의 것이라는 가능성에 마음을 계속 열어 놓아라. 열

린 마음으로는 이해하기 어려운 다른 구절들을 이해하는 것이 가능하다. 이해하기 어려움에도 불구하고, 본문 그 자체는 그대로 믿을 만하게 남아 있는다.

23) Marshall, *Luke*, p. 766.

24) John Foxe, *The New Foxe's Book of Martyrs* (North Bruns-wick, N.J.: Bridge-Logos, 1997). 이 책은 Harold J. Chadwick에 의해서 다시 작성되고 최신 정보를 포함시킨 책이다.

25) 우리 각자는 언제라도 올 수 있는 우리 개인의 생명의 종말을 직면해야만 한다. 히브리서 3장 14절은, 우리가 시작할 때에 확실한 것을 끝까지 견고히 잡으면 그리스도와 함께 참예한 자가 되리라고 말한다. 신약성경은 "이 세대"가 있으며 그것은 끝이 있을 것이라고 가르친다 (마 13:22, 39, 49; 28:20; 눅 16:8; 20:34; 롬 12:2; 고전 1:20; 2:6, 8; 3:18; 고후 4:4; 갈 1:4; 엡 1:21; 2:2; 딤전 6:17; 딤후 4:10; 딛 2:12). 또한 "오는 세상"이 있는데, 내 생각에는, 이것은 그리스도께서 문자 그대로 지상에서 천 년의 통치를 말한다 (마 12:32; 막 10:30; 눅 18:30; 20:35; 엡 1:21; 히 6:5).

26) 이것은 아마도 과거주의 해석자들이 만든 가장 논쟁의 여지가 있는 쟁점일 것이다. 커티스 배그한(Curtis Vaughan)은 그의 논문 "Colos-sians"에서 *하늘 아래 있는 모든 창조물에게 선포된*이란 표현을 주석하고 있다: 그것의 보편성은 근거가 있다. 모울(C. F. D. Moule)은 그 진술이 복음은 각 개인에게 전파되었었지만, '로마 제국의 모든 큰 중심가에 편만하게 전해졌었다(롬 15:19-23 참조)...'는 것을 의미하는 것이 아니라고 제안한다. 브루스는 바울이 아마도 예언적으로 예상한 일에 몰두해 있었다는 것을 제안해 준다. 분명히 그 진술에는 과장된 요소가 있다. Frank E. Gaebelein, gen. ed., *The Expositor's Bible Commentary*, Vol. 11 (Grand Rapids: Zondervan, 1978), p. 188.

27) Ladd, *Gospel of the Kingdom*, p. 139.

28) Sell, *End Times*, p. 8.

29) Sue Curran, *I Saw Satan Fall Like Lightning* (Orlando, FL: Creation House, 1998), pp. 82-83에서 말한 것처럼.

30) Philip Schaff, *History of the Christian Church*, Vol. VII

(Grand Rapids: Eerdmans, 1950), p. 305.

31) Ibid. p. 1.

32) 중국에서 일어난 이 현상에 대해 마음을 사로잡는 간증이 있다: Danyun, trans. by Brother Dennis Balcombe, *Lilies Amongst Thorns* (Kent, U.K.: Sovereign World, 1991). 많은 것 중 한 놀라운 간증은 어느 중국의 감옥에서 믿을 수 없는 고문과 학대에도 불구하고, 그를 고문하는 자들에게 성령으로 감동된 말을 했고, 기적적으로 음식과 물 없이 74일을 금식한 연(Yun)이란 남자의 이야기이다.

33) Bruce, *Hard Sayings*, pp. 208-09.

7. 심판과 영광

1) 나는 이분이 홀로 언약을 세울 수 있고, 실로 (삼 년 반의 사역 후에, 또한 문자 그대로 고난 주간의 중반에) "이레의 절반에" "끊어져 없어질" (26절) 구세주 예수를 언급하는 것이라고 믿는다. Kevin Conner의 뛰어난 연구인 *The Seventy Weeks Prophecy*를 참조하라.

2) 다니엘의 칠십 이레 예언에 관해서 저자가 이해한 내용은 부록 C를 참조하라.

3) MacArthur, *Second Coming*, p. 79.

4) 윌버 스미스는 주석을 단다: "'가증한 것'이라고 번역된 말은 '불결한 것'이란 의미의 *브델너그마*(bdelugma)인데, 이것은 흔히 칠십인역에서 우상을 언급할 때 사용되었다 (예: 왕상 11:5; 21:26; 왕하 21:2; 그리고 비슷한 의미로, 계 17:4, 5; 21:27). '멸망'이라고 번역된 말은 감람산 설교에서만 이 형태로 쓰인 *에레모시스*(eremosis)이나, 마태복음 1:25; 누가복음 11:17; 요한계시록 17:16; 18:17, 19에서는 동사 *에레프* (eremoo)로 쓰였다." "Olvet Discourse," p. 49.

5) 타스커는 이것이 기원전 168년의 성스러운 구역 안에 이교도의 제단을 세운 안티오쿠스 에피파네스에 의한 성전의 멸망을 언급하거나, 또는 주후 38년에 성전 안에 자신의 동상을 세우려고 시도했던 칼리굴라(Caligula)를 언급하는 것이 아니라고 내가 생각하기에 옳은 논쟁을 한다. 타스커는 성전에 세운 "어떤 우상 또는 동상은 예루살렘에 대한 공

격이 임박한 것을 처음 지적한 것으로 간주되는 멸망의 가증한 것이 나타나는 현재의 본문과 일치하지 않는 것 같다"고 말한다. *The Gospel According to St. Matthew*, p. 229.

6) Sproul, *Last Days*, p. 40.

7) Flavius Josephus, *Wars of the Jews*, 7:9:3, *The Works of Josephus: Complete and Unabridged*, translated by William Whiston (Lynn, Mass.: Hendrickson, 1980), p. 587.

8) Ibid., 6:5:1.

9) 윌리엄 콕스가 이 "대 환난"(21절)을 마지막 때의 환난과 혼동하지 말아야 한다고 말한 것은 옳다. 그는 "예수님은 이것을 일찍이 알려지거나 또는 있었던 어떤 환난보다도 가장 큰 환난으로 언급하셨다. 성경 학자들은 우리 주님이 이것을 한 국가로서 이스라엘에게 닥친 가장 큰 환난이 되리라는 것을 의미하셨다는 데에 대체로 동의한다. 유대인의 상태가 주후 70년에 예언된 대로 끝이 났기 때문에, 심지어는 이스라엘이 아닌 교회가 포함되고, 또한 우리 주님의 말씀에 상반되지 않는 더 큰 환난이 올 수 있다"고 말한다. *Biblical Studies in Final Things*, p. 102.

10) 예를 들면, 다음을 참조하라: George Eldon Ladd, "Matthew," *The Biblical Expositor*, Carl F. H. Henry, consulting ed., Vol. 3 (Philadelphia: A. J. Holman, 1960), p. 64.

11) 아마도 감람산 설교에 관한 과거주의적 견해 중 가장 뛰어나게 제시한 책은 스튜어트 러셀의 *The Parousia*이다. 1887년의 이 고전이 1999년에 다시 인쇄된 것이 나는 기쁘다. 나는 러셀이 말한 것에 모두 동의하지는 않지만, 그 자료가 원본이고, 또 생각하게 하는 내용이므로 추천하는 바이다. 스프로울은 서문에서 다음과 같이 말한다: "러셀의 책은 예루살렘의 멸망에 둘러싸인 사건들을 전보다 훨씬 더 심각하게 볼 수 있게 해 주었고, 구속의 역사에 있는 이 사건의 획기적인 깊은 의미에 나의 눈을 열어 주었다." (p. x).

12) Smith, *You Can Know*, p. 33.

13) 콘도르 독수리 (Vulture) 대신에 KJV의 독수리(eagle)를 사용한 것은 그 비유를 미화시켜 주는 경향이 있다. 실제로 헬라어 *아에토스* (aetos)는 "독수리," "솔개," "콘도르 독수리"를 의미한다. 칼슨(D. A.

Carson)은 설명한다: "여기에서 예수님은 잠언(욥 39:30; 눅 17:37 참조)을 인용하신다. '독수리'(KJV)는 틀리고, '콘도르 독수리'(NIV)가 맞다....독수리는 일반적으로 썩은 고기를 먹지 않는다." "Matthew," *Expositor's Bible Commentary*, p. 503.

14) 나는 예루살렘이 로마 제국의 독수리들에 의해 둘러싸이게 되는 시체였을 가능성에 흥미진진하다.

15) Marshall, *Luke*, p. 774.

16) 스프로울은 어떤 것은 요세푸스에 의한 그리고 또 어떤 것은 타시투스에 의한 보고가 하늘의 현상─칼을 유사한 별, 주후 60년 경의 혜성 (헬리의 혜성 또한 주후 66년에 나타났다), 제단과 성전 주변에 빛나는 밝은 빛, 그리고 구름 가운데와 도시를 둘러싼 달리는 마차와 군인들에 대한 비전; 그리고 제사장들이 보고한 지상의 현상─흔들림, 대 소음과 "그러므로 이동하자"라고 말하는 무리의 소리라고 언급한다. *Last Days*, pp. 121-27.

17) 이사야 13:10; 34:4; 에스겔 32:7; 요엘 2:10, 31; 아모스 8:9; 학개 2:6, 21; 사도행전 2:19, 20; 요한계시록 6:12.

18) 아이어의 반석(높이 2,845피트, 사방 6마일)은 그 성분이 주변의 땅과 다르기 때문에 아마도 소행성일 것이다. 과학자들은 비행하는 많은 돌들이 존재하는 화성과 목성 사이의 소행성 띠를 주목해 왔다. 현재 약 200개의 소행성이 확인되었고 추적되었다. 그러나 과학자들은 존재하는 모든 것을 알지 못한다!

19) 데이빗 칠턴은 *Paradise Restored*에서 말한다: "여기에서 족속들이란 단어는 본래 *이스라엘 땅의 족속들*을 가리킨다; 그리고 '통곡'은 아마도 두 가지를 의미했을 것이다. 첫째, 그들은 그들의 고난과 땅을 잃은 것을 슬퍼하며 통곡했을 것이고; 둘째, 그들은 그들의 배교로부터 회심했을 때 궁극적으로 죄를 회개하며 통곡했을 것이다." 그러나 나는 이것을 주후 70년에 적용시키는 것에 동의하지 않는다. 예수님은 이스라엘의 집이 이미 황폐해진 후에 이 진술을 하셨다 (마 23:38). 그는 이제 감람산 설교에서 두 번째로 큰 사건, 즉 영광스런 재림을 다루고 계신다. 이것은 모든 곳에 있는 모든 족속들이 다 볼 수 있는 사건이다. 그리스도의 관심은 이제 (이스라엘을 포함한) 전 세계이다.

20) Beasley-Murray, *Last Days*, p. 429.

21) Ibid., p. 425.

22) Cheney, *Life of Christ*, pp. 259-60.

23) 이 단어가 "세대" 아니면 "인종"을 의미하는지에 관한 좋은 토의 내용은 브루스의 책에 있다. *The Hard Sayings of Jesus*, pp. 225-27. "'이 세대'는 성경에 계속 나오는 구절이며, 그것은 사람이 상당히 포괄적인 한 연령 집단에 소속되어 있는 평범한 의미에서 매번 사용된다.... 예수님의 말씀의 청취자들은 '이 모든 것들'이 *그들의* 세대에서 일어나리라는 것만을 의미한다고 이해했을 것이다."

24) Ibid., p. 228.

25) Russell, *Parousia*, pp. 84-85.

26) Marshall, *Luke*, p. 753.

27) 래드의 논문, *Hope*의 6장을 보라.

28) John E. Hartley, "1994 *qawa*," R. Laird Harris, ed., *Theological Wordbook of the Old Testament*, Vol. 2 (Chicago: Moody, 1980), p. 791.

29) Max Lucado, *When Christ Comes* (Nashville: Word, 1999), pp. 15-16.

8. 재림에 대한 사도행전의 내용

1) G. Campbell Morgan, *The Acts of the Apostles* (New York: Revell, 1924), p. 22.

2) 디모데전서 3장 16절: "영광 가운데서 올리우셨음이니라." 비더울프가 인용한 알포드(Alford)의 이 인용문은 흥미롭다: "주께서 올리우시는 동안의 최후의 모습에는 분명한 정당성이 있었다; 부활 이후의 경우처럼 그의 몸이 사라지는 데에 초점이 있는 것이 아니다; 왜냐하면 그것은 그의 지속된 인간성에 대한 논의의 대상이 될 수도 있었기 때문이다. 그가 인간의 형태로 올리우신 것처럼, 우리도 생각하고 그에게 기도한다." *Second Coming Bible Commentary*, p. 402.

3) 다니엘은 *천국으로부터의* 예수님의 재림이라기보다는 *천국으로의* 그의 승천을 묘사한다. 그는 땅을 향해서 움직이신 것이 아니라, "옛적부터 항상 계신 자에게로 오신 것이며, 그들은 그를 하나님 앞 가까운 곳으로 모시고 왔다." 누가복음 1장 32절은 말한다, "주 하나님께서 그 조상 다윗의 위를 저에게 주시리니," 그리고 사도행전 2장 33절은 말한다, "하나님이 오른손으로 예수를 높이시매, 그가 약속하신 성령을 아버지께 받아서 너희 보고 듣는 이것을 부어 주셨느니라." 사도행전 2장 34-35절에 의하면, 이것은 시편 110편 1절을 성취한 말씀이다: "여호와께서 내 주에게 말씀하시기를 '내가 네 원수로 네 발등상 되게 하기까지 너는 내 우편에 앉으라' 하셨도다."

4) 10절에 대하여―"제자들이 자세히 하늘을 쳐다보고 있는데"―놀링(R. J. Knowling)이 말한다: "[그것]은 고정되고, 확고하고, 오래 주시하는 시선을 나타내 준다....그 동사는 의학적인 저술가들이 특이하게 고정된 표정을 나타낼 때 자주 쓰는 동사이다." *The Expositor's Greek Testament*, Vol. 2 (Grand Rapids: Eerdmans, 1951), pp. 57-58.

5) 그들은 사람인가 또는 천사인가? 우리는 모르지만, 그들이 모세와 엘리야일 수 있다고 생각하는 것은 흥미를 자아내는 일이다. 누가복음 9장 30-31절에서와 같다: "문득 두 사람이 예수와 함께 말하니, 이는 모세와 엘리야라. 영광 중에 나타나서 장차 예수께서 예루살렘에서 별세하실 것[문자적으로, *exodus*, "작별," NASB]을 말씀할쌔."

6) Robertson, *Word Pictures*, Vol. III, p. 12.

7) 주의 날의 주제는 선지서 전체에 나타나 있다. 몇 가지 예: 사 2:12; 13:6; 겔 7:7-8; 13:5; 습 1:14-18.

8) 헬라어 *데이*(dei: "그것이 필요하다")는 긴급한 필요를 지적해 준다. 윌리엄 번역은 *보류하다*를 사용한다. *Interlinear Greek-English New Testament*는 "천국이 받아들이는 것은 당연한 것이다"고 번역해 준다.

9) 시편의 여러 곳(예를 들면, 117:1)은 나라들이 주를 찬양하라고 권한다. 모든 나라를 복음화하기 위한 예수님의 큰 소망은 예언적인 시편에 많이 나와 있다. 이러한 시편은 모든 나라가 그리스도의 메시지를 듣고 세상이 끝나기 전에 참되고 살아 계신 하나님을 경배할 기회가 주

어지는 것이 성취된다고 되어 있다.

10) Robertson, *Word Pictures*, Vol. III, p. 12.

11) Vine, *Expository Dictionary*, p. 333.

12) Colin Brown, gen. ed., *Dictionary of New Testament Theology*, Vol. 3 (Grand Rapids: Zondervan, 1971), p. 837.

13) Bromiley, *Theological Dictionary* (요약된 것), p. 389. 타이어는 다음과 같이 정의한다: *카이로스*는 "적합함...변하기 쉬운 것에 관한 추가된 개념과 함께 확정적인 제한된 부분의 시간"으로, 헬라어 크로노스는 "일반적인 시간...기간"이다. Joseph Henry Thayer, *A Greek-English Lexicon of the New Testament* (New York: American Book, 1889), p. 391.

14) 이것은 그리스도가 그를 보내신 분의 대표자임을 지적해 주는 *아포스톨로스*(apostolos)의 동사 형태를 베드로가 사용한 것에서 유래한다.

15) 요한복음의 다음 예화들을 생각하라: 2장–새 것이 오래된 것보다 낫다고 선포하는 물로 포도주를 만든 기적; 5장–안식일의 더 깊은 의미를 설명하기 위해 안식일에 행한 신유의 기적; 6장–생명의 떡을 소개하기 위하여 떡 다섯 개로 오천 명을 먹인 기적; 9장–영적인 어두움을 설명하기 위하여 소경의 눈을 뜨게 한 기적; 11장–영원한 생명을 설명하기 위하여 죽은 나사로를 살리신 기적.

16) 여분의 효과를 나타내는 이중 복합("이중의 강한 힘")인 두 접두사가 있는 재미있는 단어.

17) "그의 모든 거룩한 선지자." 18, 21, 22, 23, 24, 25절에 언급된 "선지자"를 주목하라. 그들이 살던 세대에게, 그러나 또한 지금 사는 세대에게도 말한 선지자들: 벧전 1:10-12; 벧후 1:16-21.

18) Carson, "Matthew," *Expositor's Bible Commentary*, p. 425.

19) Lucado, *When Christ Comes*, 11장 "Love's Caution: A Day of Ultimate Justice"를 보라.

20) 의인의 부활: 고전 15:12-23; 눅 14:14; 20:35-38; 의인의 부활은 물론 불의한 자의 부활을 위해서는 단 12:2; 요 5:28-29; 계 20:12-14를 참조하라.

21) F. F. Bruce, *The Acts of the Apostles: The Greek Text with Introduction and Commentary* (Grand Rapids: Eerdmans, 1970 reprint), p. 426.

9. 혼미한 데살로니가인들을 위한 확신

1) 전천년설 세대주의자들은 교회를 보호하는 것뿐만 아니라, 또한 다니엘의 칠십 이레 예언(단 9)에 관심을 갖는다. 이것은 적그리스도가 생길 때, 유대의 성전을 건축할 때 등을 포함할 것이다. 부록 C를 보라.

2) Gundry, *First the Antichrist* (Grand Rapids: Baker, 1997), pp. 67-68. 건드리는 래드와 함께 임박성의 교리를 공격하는 것에 동의한다. 세대주의자인 그는 이스라엘과 교회는 별개의 본질임을 제안하는 면에서는 래드와 다르다. 그러나 하나님은 아직도 환난 동안에 유대인과 이방인이 함께 교회를 구성한다는 견해를 가지고 계신다고 건드리는 믿는다. 환난 후에 유대인과 이방인 사이의 구별이 다시 시작된다.

3) MacArthur, *Second Coming*, p. 87. 세대주의적 후환난설 신봉자인 아더 캐터즌은 그의 견해를 진술한다: "예수님이 그의 성도들을 *위하여* 오실 것이라는 견해는 흔히 그가 그의 성도들과 *함께* 오실 것이라는 중요한 주제를 제외하고 가르쳐지고 있다. 이것들은 별개의 두 재림이 아니라 하나의 같은 재림이다. 그 당시 살아 있는 믿는 자들은 그리스도를 만나기 위해 공중으로 끌어 올려가서 계속 그와 동행하며 지상으로 올 것이다....그의 성도들을 *위한* 그리고 그의 성도들과 *함께* 사이의 전환난설의 구별은 두 개의 재림의 증거가 아니지만, 그가 오실 때 우리가 그와 함께 할 것이라는 증거이다." *The Tribulation People* (Carol Stream, Ill.: Creation House, 1975), p. 101.

4) William Hendriksen, 'Thessalonians," *Thessalonians, the Pastorals and Hebrews: New Testament Commentary* (Grand Rapids: Baker, 1995), p. 116.

5) Ladd, *Hope*, p. 79,

6) M. R. Vincent, *Word Studies in the New Testament* (Wil-

mington: Associated Publishers and Authors, 1972 reprint), p. 953.

7) Werner Forester, "Harpazo," Kittel, ed. *Theological Dictionary*, Vol. I, p. 472. *harpazo*에 관한 가장 간결한 토론의 내용 중 하나를 제시한다.

8) J. B. Smith, *Greek-English Concordance* (Scottdale, Pa.: Herald, 1955), p. 41.

9) Moulton and Milligan, *Vocabulary*, p. 53.

10) "...그리스도의 날을 주의 날과 구별하는 것은 바울이 이 두 가지보다 훨씬 더 광범위하게 표현한 사실을 간과하는 것이다....'주 예수의 날'이란 용어가 마치 '주의 날'이란 용어와 다른 것처럼 '그리스도의 날'이란 말과도 다를 뿐 같은 내용이다. 그리고 모든 변형된 용어에 관해서도 마찬가지이다. 다양하게 표현한 것을 다른 사건들이라고 하는 것은 '예수,' '그리스도,' '주,' '주 예수,' '주 그리스도,' 그리고 '주 예수 그리스도'를 다른 사람들이라고 언급하는 것처럼 이치에 맞지 않다. 간단히 말하면, '주의 날'에 대한 어떠한 변형된 용어도 전환난설을 위한 논쟁을 제시해 주는 구절에 나타나지 않는다." Gundry, *First the Antichrist*, pp. 42-43.

11) Mathison, *Postmillennialism*, p. 225.

12) Ibid., p. 226.

13) Hendriksen, "Thessalonians," p. 159.

14) Ibid., p. 165.

15) 건드리는 말한다: "...바울이 불법의 사람인 적그리스도가 하나님과 그리스도에게 충성한다는 고백을 일찍이 했다는 지적이 없으므로, 앞의 그러한 충성을 의미해 줄 '배반'이 '배교'보다 더 나은 번역인 것 같다." *Antichrist*, p. 21.

16) KJV은 "죄의 사람" 그리고 RSV, NIV와 NASB는 "불법의 사람"으로 되어 있다. 윌리엄스는 "죄의 사람"이 "불법"보다 낫다고 생각한다. 왜냐하면 그것은 그가 대표하는 악의 집결을 의미하기 때문이다. 그 단어는 또한 악함 또는 죄악이란 의미를 포함한다. *Renewal Theology*, p. 334, 각주 72.

17) Arthur H. Lewis, *The Dark Side of the Millennium: The*

Problem of Evil in Rev. 20:1-10 (Grand Rapids: Baker, 1980), p. 52.

18) Williams, *Renewal Theology*, p. 304.

19) Ladd, *A Commentary on the Revelation of John* (Grand Rapids: Eerdmans, 1972), p. 178. 또한 Charles R. Erdman, *The Revelation of John* (Philadelphia: Westminster, 1936), pp. 110-15를 보라.

20) Smith, *You Can Know*, p. 57.

10. 심판의 도래

1) F. F. Bruce, *The Letter of Paul to the Romans: An Introduction and Commentary: The Tyndale New Testament Commentaries*, Leon Morris, gen. ed. (Grand Rapids: Eerdmans, 1985), p. 160.

2) Biederwolf, *The Second Coming Bible Commentary*, pp. 414, 416에서 인용하였다.

3) C. K. Barrett, *A Commentary on the Epistle to the Romans* (New York: Harper & Row, 1957), p. 165.

4) Ibid., p. 166.

5) Bruce, *Romans*, p. 161.

6) Murray J. Harris, "2 Corinthians," *Expositor's Bible Commentary*, Vol. 10 (Grand Rapids: Zondervan, 1976), p. 349.

7) Bauer, *Lexicon*, p. 139.

8) Thayer, *Lexicon*, p. 101.

9) 다섯 가지 면류관은 다음의 자료에 기초한 것이다. Rick Howard, *The Judgment Seat of Christ* (Woodside, CA: Naioth Sound and Publishing, 1990), pp. 45-57.

10) Ibid., p. 47.

11) W. C. G. Proctor, "II Corinthians," *The New Bible Commentary*, F. Davidson, ed. (Grand Rapids: Eerdmans, 1953), pp. 993-94.

11. 세상은 불타오를 것이다

1) Simon J. Kistemaker, *New Testament Commentary: Exposition of the Epistles of Peter and of the Epistle of Jude* (Grand Rapids: Baker, 1987), p. 338. 어떤 주석가들은 이 견해를 다음과 연결짓는다: 1) 고린도전서 7:29, "때가 단축하여[진고로]" – 즉, "축약되고, 압축되고, 한정된 제한 안으로 가져온" (Biederwolf, *Second Coming Bible Commentary*, p. 433). 2) 마태복음 24:22, "그 날들을 감하지 아니할 것이면" (즉, 날의 길이가 아닌 날 수).

2) Ibid. 확증이 되는 성경 구절들은 기도문들일 것이다 (마 6:10; 눅 11:2, 고전 16:22; 계 22:20). 또한 마태복음 24:14, 사도행전 3:19-21도 보라.

3) Biederwolf, *Second Coming Bible Commentary*, p. 532.

4) Ladd, *New Testament*, p. 557.

5) Robertson, *Word Pictures*, Vol. VI, p. 176. 빈센트는 집합 명사인 *로이드조스*(rhoidzos)는 화살이 날아가는 소리; 목자의 피리 소리; 날개가 돌진하는 소리; 물이 철썩거리는 소리; 뱀의 쉿 소리; 줄로 다듬는 소리의 전형적인 헬라어로 사용된다. *Word Studies*, p. 336.

6) Biederwolf, *Second Coming Bible Commentary*, p. 531.

7) Kistemaker, *New Testament Commentary*, p. 336.

8) 빈센트는 말한다: "체질 (스토이케이아). 한 횡렬이란 스토이코스(stoichos)에서 파생된 것으로, 원래 한 횡렬 또는 시리즈 중 하나라는 의미이며, 따라서 성분 또는 요소이다. 횡렬로 놓여진 대로의 알파벳 글자를 위한 이름이다. 네 요소 – 불, 공기, 땅, 물 – 에 적용되었고, 후에 천체와 12궁(宮)에도 적용되었다....행하는 것이란 집합 동사 *스토이케오*(stoicheo)는 급진적인 의미에 따르면 정렬해 있다는 개념을 지닌다. 그러므로, 규례에 따라 행하는 것 (갈 6:16); 결례를 행하는 것(행 21:24)을 말한다....여기에서 물론 그 단어는 이러한 생물의 조직체가 구성된 부분들을 의미하는데, 그것은 물리적인 의미에서 사용된다." *Word Studies*, p. 337.

9) Biederwolf, *Second Coming Bible Commentary*, p. 533.

10) Kistemaker, *New Testament Commentary*, p. 337.

11) Henry Alford, *Alford's Greek Testament: An Exegetical and Critical Commentary*, Vol. 4, Part 2 (Grand Rapids: Guardian, 1976, 5th ed. [1857]), p. 418.

12) Robertson, *Word Pictures*, Vol. VI, p. 180.

13) Biederwolf, *Second Coming Bible Commentary*, p. 534.

12. 요한계시록: 최후의 승리

1) Curran, *Fall Like Lightning*, pp. 30-31. 또한 Chrarles H. Kraft, *I Give You Authority* (Grand Rapids: Chosen, 1997)를 보라.

2) Alford, "Apocalypse of John," *Greek Testament*, Vol. 4, p. 732.

3) 부활에 관한 다른 참조 구절: 마 22:31-32; 요 11:24; 고전 15: 12, 22-23, 26, 42-43, 54; 빌 3:21; 살전 4:14-16.

4) 또한 Erickson, *Basic Guide*, pp. 97-101를 보라.

5) 마태복음 25장 31-46절에 나오는 비유는 이 묘사에 적합하다. 예수님은 오셔서 그의 영광의 보좌 위에 앉으신다. 아마도 "모든 민족을 그 앞에 모으고"가 천 년의 마지막에 있을 것이며, 이것은 다만 요한계시록 20장에 있는 각본을 묘사해 주는 다른 방법이다. 그 열쇠는 41절과 46절에 있다: "또 왼편에 있는 자들에게 이르시되, '저주를 받은 자들아, 나를 떠나 마귀와 그 사자들을 위하여 예비된 영영한 불에 들어가라'... 저희는 영벌에, 의인들은 영생에 들어가리라." 각각의 묘사는 하나님께서 다루시는 어떤 면을 보여 주는데, 우리는 불일치되는 접근법들로 혼동되지 말고 그것들을 하나의 틀에 넣도록 노력해야 한다.

부록 C 다니엘의 칠십 이레 예언

1) Kevin J. Conner, *The Seventy Weeks Prophecy: An Exposition of Daniel 9* (Blackburn, Victoria, Australia: Acacia, 1981), p. 28.

내가 평가하기에는, 이것이 그 주제에 관해 나와 있는 가장 좋은 책이라고 생각한다. 코너는 확고한 사례를 제시하기 위해서 온갖 수단을 다했다.

2) 어셔 (Ussher) 주교에 의하면, 이 조서는 아닥사스다 왕이 기원전 457년(스 7)에 내렸다. *The Zondervan NIV Bible Commentary* 또한 이 날짜를 수용한다: "가장 그럴듯한 성취는 아닥사스다 I세의 왕위 즉위 7년 째(즉, 기원 전 457년)에 에스라에게 내린 조서이다." Kenneth L. Barker, John R. Kohlenberger III, and Richard Polcyn, *The Zondervan NIV Bible Commentary* (Grand Rapids: Zondervan, 1994), p. 1389. *The Pulpit Commentary*는 기원전 458년이라고 한다. *The Pulpit Commentary* (Grand Rapids: Eerdmans, 1962), Vol. 13, p. 269. 이 두 날짜는 아주 비슷하므로, 우리는 그것이 일 년 더 빠를 수도 있다고 이해하면서 그 예언의 시작 지점을 기원전 457년이라고 할 것이다. 이러한 날짜는 360일 양력이 아닌 음력으로 계산된 것이다.

코너는 고레스 왕이 실제로 기원전 457년에 조서를 내렸다는 설득력 있는 논증을 제시한다 (7장의 "칠십 이레"를 보라). 그는 Martin Anstey, *Chronology of the Old Testament* (Grand Rapids: Kregel Publications, 1973)와 하나님께서 고레스에 관해 말씀하신 것(사 44:26-28; 45:1-13)을 조심성 있게 분석한 것에 그의 결론의 기초를 둔다.

3) *세대주의적 전천년설 신봉자들*은 그 칠 년은 그리스도의 재림 바로 직전 그 시대의 마지막이 될 것이라고 믿는다. *무천년설 신봉자들*은 칠십 이레 예언은 계속적이고 중단이 없으므로 그 칠 년은 이미 성취되었다고 믿는다. *후천년설 신봉자*들도 또한 그 예언이 이미 성취되었다고 믿는다. 우리가 여기에서 제시하는 것은 보통 해석하는 것들의 대안이다.

4) Sell, *End Times*, p. 19.

5) 마태복음 12장 40절의 분명한 진술("밤낮 사흘")은 "제 삼 일" 또는 "삼 일"에 관한 열두 개 이상의 관용구적인 참고 구절들과 조화를 이룰 수 있다. 마태복음 12장 40절의 예수님의 말씀은 낮은 물론 밤의 수를 분명히 진술해 주기 때문에 관용구가 아니다; 그러므로 우리는 문자 그대로의 진술에 비추어서 장사된 시간을 해석해야만 한다.

삼 일은 유대인들이 날을 해석하는 것처럼 해석해야만 한다—즉, 해 질 때부터 해 질 때까지 (또는 오후 6시부터 다음 날 오후 6시까지). 그리하여 예수님은 수요일에 십자가 처형을 받으셨고, 해 지기 바로 전에 장사되었으며, 무덤에 만 사흘 동안 계셨다. 첫째 날: 수요일 오후 6시부터 목요일 오후 6시까지. 둘째 날: 목요일 오후 6시부터 금요일 오후 6시까지. 셋째 날: 금요일 오후 6시부터 토요일 오후 6시까지. 예수님은 토요일 해 질 무렵 후 (우리 시간), 그 주의 첫 날인 주일에 죽은 자 가운데서 살아나셨다. 이것은 또한 그가 반드시 주일 아침에 해 뜰 때 죽은 자 가운데서 살아나신 것이 아님을 의미한다.

또한 고난 주간 동안에 두 안식일이 있었음을 주목하라: 하나는 토요일 유대인의 정규 안식일, 그러나 또 하나는 그것이 유대인의 예비일(요 19:31)의 첫 날이었으므로 안식일의 절정으로 간주되는 목요일이다.

이 주제만으로도 한 장이 할애될 수 있는 분량이기에, 내가 아는 한 가장 잘 쓴 오레곤 주의 포틀랜드에 있는 City Bible Publishing에서 나온 Kevin J. Conner, *The Three Days and Three Nights* (Blackburn, Victoria, Australia: Acacia, 1988)를 잘 활용하기 바란다.

6) Sell, *End Times*, p. 21.

7) Ibid., p. 22. 나는 셀의 네 질문을 바꾸어 말했다.

부록 D 천년왕국: 우리는 천 년 동안 무엇을 할 것인가?

1) Lewis, *Dark Side*, p. 5.

2) Ibid., p. 12.

3) Erdman, *Revelation*, pp. 155-56.

4) 상징적인 것은 우리의 사고에 흔하지 않은 숫자, 기호와 상황을 사용하기 때문에 일반적으로 확실하다. 예를 들면, 하나님의 어린양(계 5:5)은 일곱 뿔과 일곱 눈을 가진 것으로 그려진다. 그러한 생물이 존재하지 않으므로, 우리는 이러한 별난 상징을 위해서 영적으로 적용해야만 한다. (눈과 뿔은 전지와 전능을 의미한다.)

5) Charles Spurgeon, "He Cometh with Clouds," *12 Sermons*, p. 115.

6) 조지 래드가 많이 인용한 진술문: "나는 복음서에서 지상의 임시 왕국이나 천년왕국에 대한 개념을 추적해 볼 수 없다." Robert G. Clouse,

ed., *The Meaning of the Millennium*, p. 38. 나는 내가 열거한 이유 때문에 삼가 나의 전의 신학교 교수와 의견이 다를 수밖에 없다.

7) 6장에 있는 주석 25를 참조하라.

8) 역사적 전천년설 신봉자인 래드는 "이 세상"과 "오는 세상"에 대한 가장 좋은 내용을 제시해 준다. 그러나 비록 그가 천년왕국이 *파루시아*(수반되는 부활의 두 단계와 사단의 멸망의 두 단계와 함께)를 따라가게 되어 있다고 주해하고 있지만, 그는 "오는 세대"는 더 멀리 뒤로 밀어내야만 한다고 생각한다 – 그리고 "천년왕국은 하나님의 통치에 관한 온전한 성취를 이루는 한 실패로 끝난다. *Gospel of the Kingdom*, p. 38. 나는 이 접근법은 재림의 장엄한 승리와 그리스도의 지상에서의 통치를 위한 바로 그 목적을 회석시킨다고 생각한다!

9) Ibid., p. 46.

10) Erickson, *Basic Guide*, pp. 103-6을 보라.

11) Walvoord, *Millennial Kingdom*, p. 317.

12) Katterjohn, *Tribulation People*, p. 124.

13) Gundry, *Antichrist*, p. 128.

14) Sell, *End Times*, p. 98에 있는 설명을 보라.

참고 도서

Alford, Henry. *Alford's Greek Testament: An Exegetical and Critical Commentary.* Grand Rapids: Guardian, 1857 (1976 5th edition). Vol. 4.

Allis, Oswald T. *Prophecy and the Church.* Philadelphia: Presbyterian and Reformed, 1945.

Anstey, Martin. *Chronology of the Old Testament.* Grand Rapids: Kregel Publications, 1973.

Archer, G. L. Jr., Paul D. Feinberg, Douglas J. Moo and Richard R. Reiter. *Three Views on the Rapture: Pre-, Mid-, or Post-Tribulation?* Grand Rapids: Zondervan, 1984.

Augustine, Saint. *The City of God.* Robert Maynard Hutchins, ed. in chief. *Great Books of the Western World.* Chicago: Encyclopaedia Britannica, 1952.

Barrett, C. K. *A Commentary on the Epistle to the Romans.* New York: Harper & Row, 1957.

Bauer, W., William F. Arndt and F. Wilbur Gingrich, eds. *A Greek-English Lexicon of the New Testament and Other Early Christian Literature.* Chicago: University of Chicago Press, 1957.

Bavinck, Herman, ed. John Bolt, trans. by John Vriend. *The Last Things: Hope for This World and the Next.* Grand Rapids: Baker, 1996.

Baxter, J. Sidlow. *Explore the Book.* Grand Rapids: Zondervan,

1966.

Beasley-Murray, George R. *Jesus and the Last Days: The Interpretation of the Olivet Discourse.* Peabody, Mass.: Hendrickson, 1993.

Berkhof, Louis. *Systematic Theology.* Grand Rapids: Eerdmans, 1941.

Berknouwer, G. C. *The Return of Christ.* Grand Rapids: Eerdmans, 1972.

Biederwolf, William Edward. *The Second Coming Bible Commentary.* Grand Rapids: Baker, 1985 (1924 original printing).

Blaising, Craig A., and Darrell L. Bock. *Progressive Dispensationalism: An Up-to-Date Handbook of Contemporary Dispensational Thought.* Wheaton: Victor/Bridgepoint, 1993.

Blummer, Alfred. *A Critical and Exegetical Commentary on the Gospel According to S. Luke (The International Critical Commentary).* Edinburgh: T. and T. Clark, 1951 reprint.

Boettner, Loraine. *The Millenium.* Philadelphia: Presbyterian and Reformed, 1957.

Boice, James Montgomery. *Foundations of the Christian Faith.* Downers Grove, Ill.: InterVarsity, 1986.

Bromiley, Geoffrey. *Theological Dictionary of the New Testament.* One-volume abridgement. Grand Rapids: Eerdmans, 1985.

Brown, Colin, gen. ed. *Dictionary of New Testament Theology.* Grand Rapids: Zondervan, 1971. Vol. 3.

Bruce, F. F. *The Letter of Paul to the Romans: An Introduction and Commentary (Tyndale New Testament Commentaries).* Leon Morris, gen. ed. Grand Rapids: Eerdmans, 1985.

_____. *The Hard Sayings of Jesus.* Downers Grove, Ill.:

InterVarsity, 1983.

_____. *The Gospel of John*. Grand Rapids: Eerdmans, 1983.

_____. *Answers to Questions*. Grand Rapids: Zondervan, 1972.

_____. *The Acts of the Apostles: The Greek Text with Introduction and Commentary*. Grand Rapids: Eerdmans, 1970 reprint.

Büchsel, Friedrich. "Palingenesia in the NT." Gerhard Kittel, ed. *Theological Dictionary of the New Testament*. Grand Rapids: Eerdmans, 1964. Vol. 1, p. 688.

Buttrick, Geroge A. "The Gospel According to St. Matthew." *The Interpreter's Bible*. New York/Nashville: Abingdon, 1951. Vol. VII.

Campbell, Roderick. *Israel and the New Covenant*. Tyler, Tex.: Geneva Ministries, 1983 (1954).

Carson, D. A. "Matthew." Frank E. Gaebelein, gen. ed., *The Expositor's Bible Commentary*. Grand Rapids: Zondervan, 1984. Vol. 8.

Chafer, Lewis Sperry. *Dispensationalism*. Dallas: Dallas Theological Seminary, 1936.

Cheney, Johnston M., ed. Stanley A. Ellisen. *The Life of Christ in Stereo*. Portland, Ore.: Western Baptist Seminary, 1969.

Chilton, David. *Paradise Restored: A Biblical Theology of Dominion*. Tyler, Tex.: Dominion, 1987.

Clouse, Robert G., ed. George E. Ladd, Herman A. Hoyt, Loraine Boettner and Anthony A. Hoekema. *The Meaning of the Millennium: Four Views*. Downers Grove, Ill.: InterVarsity, 1977.

Clouse, Robert G., Robert N. Hosack and Richard V. Pierard. *The New Millennium Manual*. Grand Rapids: Baker, 1999.

Conner, Kevin J. *The Foundations of Christian Doctrine.* Portland: Bible Temple, 1980.

_____. *The Seventy Weeks Prophecy: An Exposition of Daniel 9.* Blackburn, Victoria, Australia: Acacia, 1981.

_____. *The Three Days and Three Nights.* Blackburn, Victoria, Australia: Acacia, 1988.

Cooper, David L. *Future Events Revealed According to Matthew 24 and 25.* Los Angeles: David L. Cooper, 1935.

Cox, William E. *An Examination of Dispensationalism.* Philadelphia: Presbyterian and Reformed, 1971.

_____. *Amillennialism Today.* Phillipsburg, N.J.: Presbyterian and Reformed, 1966.

_____. *Biblical Studies in Final Things.* Philadelphia: Presbyterian and Reformed, 1967.

Curran, Sue. *I Saw Satan Fall Like Lightning: A Divine Revelation of How to Take New Authority Over the Devil.* Orlando, Fla.: Creation House, 1998.

Danyun, trans. by Brother Dennis [Balcom]. *Lilies Amongst Thorns.* Kent, England: Sovereign World, 1991.

DeHaan, M. R. *The Second Coming of Jesus.* Grand Rapids: Zondervan, 1974.

Edersheim, Alfred. *The Life and Times of Jesus the Messiah.* Grand Rapids: Eerdmans, 1950.

Erdman, Charles R. *The Revelation of John.* Philadelphia: Westminster, 1936.

Erickson, Millard J. *A Basic Guide to Eschatology: Making Sense of the Millennium.* Grand Rapids: Baker, 1999 reprint.

Forester, Werner. "Harpazo." Gerhard Kittel, ed. *Theological Dictionary of the New Testament.* Grand Rapids: Eerdmans,

1964. Vol. 1.

Foxe, John. *The New Foxe's Book of Martyrs.* Rewritten and updated by Harold J. Chadwick. North Brunswick, N.J.: Bridge-Logos, 1997.

Gali, Mark, ed. "A History of the Second Coming" (issue theme). *Christian History,* 61 (Vol XVIII, No. 1).

Gentile, Ernest B. *Awaken the Dawn!* Portland: Bible Temple, 1990.

Gentry, Kenneth L. Jr. *He Shall Have Dominion: A Postmillennial Eschatology.* Tyler, Tex.: Institute for Christian Economics, 1992.

Gundry, Robert H. *First the Antichrist.* Grand Rapids: Baker, 1997.

_____. *The Church and the Tribulation.* Grand Rapids: Zondervan, 1973.

Harris, Murray J. "2 Corinthians." Frank E. Gaebelein, gen. ed. *The Expositor's Bible Commentary.* Grand Rapids: Zondervan, 1976. Vol. 10.

Hartley, John E. "1994 *qawa.*" R. Laird Harris, ed. *Theological Wordbook of the Old Testament.* Chicago: Moody, 1980. Vol. 2. p. 791.

Hendriksen, William. "Thessalonians." *Thessalonians, the Pastorals and Hebrews (New Testament Commentary).* Grand Rapids: Baker, 1995.

Hiebert, D. E. "Parousia," Merrill C. Tenney, gen. ed., *The Zondervan Pictorial Encyclopedia of the Bible.* Grand Rapids: Zondervan, 1975. Vol. 4, p. 601.

Hill, David. *The Gospel of Matthew (New Century Bible).* London: (Oliphants) Marshall, Morgan and Scott, 1972.

Hodge, Charles. *Systematic Theology.* New York: Scribner's, 1871.

Vol. IV.

Hoekema, Anthony A. *The Bible and Future.* Grand Rapids: Eerdmans, 1979.

Howard, Rick. *The Judgment Seat of Christ.* Woodside, Calif.: Naioth Sound and Publishing, 1990.

Josephus, Flavius, trans. by William Whiston. *Wars of the Jews. The Works of Josephus: Complete and Unabridged.* Lynn, Mass.: Hendrickson, 1980.

Katterjohn, Arthur. *The Tribulation People.* Carol Stream, Ill.: Creation House, 1975.

Kik, J. Marcellus. *An Eschatology of Victory.* Phillipsburg, N.J.: Presbyterian and Reformed, 1971.

Kistemaker, Simon J. *New Testament Commentary: Exposition of the Epistles of Peter and of the Epistle of Jude.* Grand Rapids: Baker, 1987.

Knowling, R. J. 'The Acts of the Apostles." W. Robinson Nicoll, ed. *The Expositor's Greek Testament.* Grand Rapids: Eerdmans, 1951. Vol. 2.

Kraft, Chrarles H. *I Give You Authority.* Grand Rapids: Chosen, 1997.

Ladd, George Eldon. *A Theology of the New Testament.* Grand Rapids: Eerdmans, 1974.

_____. *The Presence of the Future.* Grand Rapids: Eerdmans, 1974.

_____. *A Commentary on the Revelation of John.* Grand Rapids: Eerdmans, 1972.

_____. "Matthew." *The Biblical Expositor.* Philadelphia: A. J. Holman, 1960. Vol. 3.

_____. *The Gospel of the Kingdom.* Grand Rapids: Eerdmans,

1959.

_____. *The Blessed Hope.* Grand Rapids: Eerdmans, 1956.

_____. *Crucial Questions about the Kingdom of God.* Grand Rapids: Eerdmans, 1952.

LaHaye, Tim, and Jerry B. Jenkins. *Are We Living in the End Times?* Wheaton: Tyndale, 1999.

Lamsa, George M. *Gospel Light: Comments on the Teachings of Jesus from Aramaic and Unchanged Eastern Customs.* Philadelphia: A. J. Holman, 1936.

Larkin, Clarence. *Dispensational Truth.* Philadelphia: Clarence Larkin, c. 1920.

Levitt, Zola. *Broken Branches: Has the Church Replaced Israel?* Dallas: Zola Levitt, 1995.

Lewis, Arthur H. *The Dark Side of the Millennium: The Problem of Evil in Rev. 20:1-10.* Grand Rapids: Baker, 1980.

Lindsey, Hal. *The Late Great Planet Earth.* Grand Rapids: Zondervan, 1970.

Lucado, Max. *When Christ Comes.* Nashville: Word, 1999.

MacArthur, John F. *The Second Coming.* Wheaton: Crossway, 1999.

MacPherson, Dave. *The Incredible Cover-Up: The True Story of the Pre-Trib Rapture.* Plainfield, N.J.: Logos, 1975.

Manson, T. W. *The Sayings of Jesus.* Grand Rapids: Eerdmans, 1957.

Marshall, I. Howard. *Commentary on Luke (New International Greek Testament Commentary).* Grand Rapids: Eerdmans, 1978.

Mathison, Keith A. *Postmillennialism: An Eschatology of Hope.*

Phillipsburg, N.J.: Presbyterian and Reformed, 1999.

Mauro, Philip. *The Gospel of the Kingdom.* Sterling, Va.: Grace Abounding, 1988.

_____. *The Seventy Weeks and the Great Tribulation.* Swengel, Pa.: Bible Truth, 1944.

Moorehead, William G. "Millennium." James Orr, gen. ed. *The New International Standard Bible Encyclopaedia.* Grand Rapids: Eerdmans, 1974 reprint. Vol. 3, p. 2054.

Morgan, G. Campbell. *The Acts of the Apostles.* No city: Revell, 1924.

Moulton, James Hope, and George Milligan, *The Vocabulary of the Greek Testament: Illustrated from the Papyri and Other Non-Literary Sources.* Grand Rapids: Zondervan, 1976.

Mounce, Robert H. *The Book of Revelation (The New International Commentary on the New Testament).* Grand Rapids: Eerdmans, 1977.

Murray, Iain H. *The Puritan Hope: Revival and the Interpretation of Prophecy.* Edinbiurgh: Banner of Truth, 1971.

Papini, Giovanni, trans. by Dorothy Canfield Fisher. "The Life of Christ" in *A Reader's Digest Family Treasury of Great Biographies.* Pleasantville, N.Y.: Reader's Digest, 1970. Vol. III.

Payne, J. Barton. *Encyclopedia of Biblical Prophecy.* New York: Harper & Row, 1973.

Polcyn, Richard. *The Zondervan NIV Bible Commentary.* Grand Rapids: Zondervan, 1994.

Proctor, W. C. G. "II Corinthians." F. Davidson, ed. *The New Bible Commentary.* Grand Rapids: Eerdmans, 1953.

Reese, Alexander. *The Approaching Advent of Christ.* London:

Marshall, Morgan & Scott, 1937.

Robertson, A. T. *Word Pictures in the New Testament*. Nashville: Broadman, 1930. Vols. I, III, IV and VI.

Rosenthal, Marvin. *The Pre-Wrath Rapture of the Church*. Nashville: Thomas Nelson, 1990.

Rotherham, Joseph Bryant. *The Emphasized Bible*. Grand Rapids: Kregel, 1974 reprint.

Rumph, Jane. *Stories from the Front Lines: Power Evangelism in Today's Word*. Grand Rapids: Chosen, 1996.

Russell, J. Stuart. *The Parousia: The New Testament Doctrine of Our Lord's Coming*. Grand Rapids: Baker, 1999 reprint (1887).

Ryrie, Charles Caldwell. *Dispensationalism Today*. Chicago: Moody, 1965.

_____. *The Basis of the Premillennial Faith*. New York: Loizeaux, 1953.

Saucy, Robert L. *The Case for Progressive Dispensationalism*. Grand Rapids: Zondervan, 1993.

Schaff, Philip. *History of the Christian Church*. Grand Rapids: Eerdmans, 1950. Vol. VII.

Schweitzer, Albert. *The Quest of the Historical Jesus*. New York: Macmillan, 1957 reprint.

Scofield, C. I., ed. *The Scofield Reference Bible*. New York: Oxford University Press, 1967.

Sell, David. *Understanding End Times*. Pleasanton, Calif.: Northern California Bible College, 1999.

Smith, J. B. *Greek-English Concordance*. Scottdale, Pa.: Herald, 1955.

Smith, Wilbur M. "In the Study" ("The Olivet Discourse"). *Moody*

Monthly, September 1957.

_____. *You Can Know the Future.* Glendale, CA: G/L Regal, 1971.

Sproul, R. C. *The Last Days according to Jesus.* Grand Rapids: Baker, 1998.

Spurgeon, Charles H. *12 Sermons on the Second Coming of Christ.* Grand Rapids: Baker, 1995 reprint.

Strong, Augustus H. *Systematic Theology.* Philadelphia: Griffith and Roland, 1907.

Tasker, R. V. G. *The Gospel According to St. Matthew: Tyndale New Testament Commentaries.* Grand Rapids: Eerdmans, 1979 (eighth reprinting).

Thayer, Joseph Henry. *A Greek-English Lexicon of the New Testament.* New York: American Book, 1889.

Thomas, Robert L., and Stanley N. Gundry. *A Harmony of the Gospels.* Chicago: Moody, 1978.

Van Kampen, Robert. *The Rapture Question Answered: Plain & Simple.* Grand Rapids: Revell, 1997.

Vaughan, Curtis. "Colossians." Frank E. Gaebelein, gen. ed. *The Expositor's Bible Commentary.* Grand Rapids: Zondervan, 1978. Vol. 11.

Vincent, M. R. *Word Studies in the New Testament.* Wilmington, Del.: Associated Publishers and Authors, 1972 reprint.

Vine, W. E. *Expository Dictionary of New Testament Words.* Westwood, N.J.: Revell, 1966.

Walvoord, John F. *The Millennial Kingdom.* Grand Rapids: Zondervan, 1959.

_____. *The Rapture Question.* Findlay, Ohio: Dunham, 1957.

_____. *The Blessed Hope and the Tribulation.* Grand Rapids: Zondervan, 1976.

_____. "Second Coming." Merrill C. Tenney, gen. ed. *The Zondervan Pictorial Encyclopedia of the Bible.* Grand Rapids: Zondervan, 1975. Vol. 5, pp. 325-28.

Williams, J. Rodman. *Renewal Theology: Systematic Theology from a Charismatic Perspective.* Three volumes in one. Grand Rapids: Zondervan, 1992. Vol. 3.

주제별 색인

인명 색인

도서출판 세 복의 발간도서

간증 서적

나는 어떻게 예수님을 만났는가?
홍성철 편집 / 신국판 / 초판 1쇄, 개정판 8쇄 / 328쪽 / 7,000원
각계 각층에서 그리스도의 향기를 진하게 풍기고 있는 21명의 신앙 고백 간증집. 전도용 선물로 최적인 책.

How I Met Jesus
John Sung-Chul Hong Ed. / 신국판 / 초판 1쇄 / 296쪽 / $9.99
『나는 어떻게 예수님을 만났는가?』의 영어판. 한국 평신도 남녀 각 5인씩, 한국 목사 5인 및 외국인 5인의 신앙 고백서.

사망의 골짜기를 지날지라도
볼레터 스틸 크럼리 지음 / 유정순 옮김 / 신국판 / 초판1쇄 / 158쪽 / 4,500원
말로 다 표현할 수 없는 인간의 비극 가운데서 하나님의 평강을 발견한 저자의 믿음과 용기에 관한 능력 있는 체험적인 이야기.

경건 서적

하나님의 회초리 능력을 위한 사랑의 매
스탠리 탬 지음 / 성미영 옮김 / 신국판 / 초판 1쇄 / 234쪽 / 6,500원
어떻게 하나님의 능력을 갖게 되고, 기도의 응답을 받으며, 매일 당면하는 문제를 초월하여 승리하고, 열매 맺는 삶을 누릴 수 있는지를 체험적으로 쓴 책.

그리스도의 마음
데니스 킨로 지음 / 홍성철 옮김 / 신국판 / 초판 1쇄 / 188쪽 / 6,000원
성령이 믿는 자에게 주시는 "그리스도의 마음"이 의미하는 바가 무엇인지를 잘 설명해 주는 책.

날마다 솟는 샘
존 T. 시먼즈 지음 / 이영기 옮김 / 크라운판 (양장본) / 초판 1쇄 / 378쪽 / 12,000원
사복음서에 나타난 예수님의 삶과 가르침을 통하여 일 년 동안 큐티를 위한 매일의 영적 양식으로, 독자의 영적 삶을 풍성하게 해 주는 책.

기적을 만드는 사람들
워렌 위어스비 지음 / 구교환 옮김 / 신국판 / 초판 1쇄 / 182쪽 / 6,000원
사도로 변화된 베드로의 이야기를 통해 현대의 그리스도인들이 하나님의 기적을 만들며 살아가도록 도전하는 책.

첫 걸음부터 주님과 함께
션 던 지음 / 전현주 옮김 / 신국판 / 초판 1쇄 / 112쪽 / 3,500원
반복되는 일시적인 결단의 공허함을 극복할 수 있는 원리를 제시하며, 그 원리를 삶에 적용할 때 믿음의 진보와 주님과 하나 되는 매일의 삶으로 인도하는 책.

너희는 나를 누구라 하느냐?

존 T. 시먼즈 지음 / 홍성철 옮김 / 신국판 / 초판 1쇄 / 198쪽 / 6,500원

예수님의 인격과 비유와 기적을 통해 "너희는 나를 누구라 하느냐?"에 대한 질문을 신학적으로나 신앙적으로 명쾌하게 제시한 책.

십자가 앞에서

리차드 바우크햄, 트레보 하트 지음 / 김동욱 옮김 / 신국판 / 초판 1쇄 / 156쪽 / 5,000원

십자가 앞에 서 있던 열한 명의 삶의 관점에서 십자가를 묵상하므로 우리의 삶을 깊이 있게 변화시켜 줄 것을 기대할 수 있는 책.

하나님의 임재를 연습하라

로렌스 형제 지음 / 스티브 트락셀 편집 / 류명욱 옮김 / 신국판 / 초판 2쇄 / 172쪽 / 6,500원

일상 생활 속에서 하나님을 사랑하라는 명령을 실천하는 것이 무엇인가를 보여 주어 하나님의 임재 안에서 사는 법을 훈련할 수 있는 명저.

최후의 승리

어네스트 젠타일 지음 / 이혜숙 옮김 / 신국판 (양장본) / 초판1쇄 / 398쪽 / 15,000원

예수님의 영광스러운 재림이 어떠할 것인지를 알려 주고, 영적으로 깨어서 기쁨으로 준비할 수 있게 할 역작.

성령 서적

성령의 충만을 받으라

존 T. 시먼즈 지음 / 홍성철 옮김 / 신국판 / 재판 4쇄 / 152쪽 / 4,000원

성령의 충만과 능력을 갈구하는 모든 그리스도인에게 그 방법을 단계적으로 제시해 주는 책.

성령과 동행하라

스티븐 하퍼 지음 / 홍성철 옮김 / 신국판 / 초판 3쇄 / 224쪽 / 5,500원

기독교 영성이 무엇이며, 또 어떻게 그 영성을 체험하고 유지할 수 있는지에 대한 좋은 안내자가 되는 책.

성령 안에서 설교하라

데니스 F. 킨로 지음 / 홍성철 옮김 / 신국판 / 초판 3쇄 / 176쪽 / 4,500원

방법과 기교를 강조하는 현대 설교에서 성령의 임재를 다시 회복할 수 있는 설교의 원리와 방법을 분명하게 제시하는 책.

성령님, 나를 변화시켜 주세요   그리고 사용하여 주세요

커리 매비스 지음 / 홍성철 옮김 / 신국판 / 초판 1쇄 / 180쪽 / 5,500원

분노와 죄의식 등 감정의 문제들이 어떻게 성령의 역사로 변화되어 성장할 수 있고, 주님께 쓰임받을 수 있는가를 제시하는 책.

성결의 아름다움

베인즈 에트킨슨 지음 / 홍성국 옮김 / 신국판 / 초판 1쇄 / 184쪽 / 5,500원

성결이라는 성경적 진리의 핵심에 직면하여 마음의 감동과 함께 성실하게 되는 것을 체험하도록 인도해 주는 책.

위대한 그리스도인들은 어떻게 성령의 충만을 받았는가
제임스 로슨 지음 / 홍성철 옮김 / 신국판 / 초판 2쇄 / 298쪽 / 7,000원
하나님의 장중에 사로잡혀 위대하게 살았던 역사상 위대한 20인의 감동적인 성령 충만의 체험담을 기록해 놓은 책.

강해 설교

고난 중에도 기뻐하라 (빌립보서 강해 설교)
홍성철 지음 / 신국판 / 초판 2쇄 / 506쪽 / 10,000원
고난 중에도 기뻐할 수 있는 사도 바울의 비결을 성경적으로 파헤치고, 목회적으로 제시한 41편의 강해 설교집.

우리에게 일용할 양식을 주소서 (주기도문 강해 설교)
홍성철 지음 / 신국판 / 초판 2쇄 / 228쪽 / 6,000원
주기도문에 나타난 하나님의 영광과 우리의 필요를 깊이 조명시켜 주는 17편의 강해 설교집.

눈물로 빚어 낸 기쁨 (룻기 강해)
홍성철 지음 / 신국판 / 초판 1쇄 / 182쪽 / 6,000원
룻기에 감겨진 아름다운 이야기를 새로운 각도로 접근하여 전개한 강해집.

심령의 호소를 들으시는 하나님 (시편 강해 1-23편)
이태웅 지음 / 신국판 / 초판 1쇄 / 304쪽 / 7,500원
시편을 기록한 지 수천 년이 지났으나, 시편 기자들이 경험한 변함없는 하나님의 실재와 냉험한 세상의 현실 사이에서 의에 주리고 목말라하는 사람에게 한 모금의 냉수와 같은 책.

요한복음 강해 (I-IV)
강선영 지음 / 신국판(양장본) / 초판 1쇄 / 590쪽 / 권당 12,000원
저자가 6년여 동안 요한복음을 연구하며 설교한 것을 정리하여 펴낸 강해 설교집.

알기 쉬운 히브리서 (히브리서 강해)
네일 라이트푸트 지음 / 홍성철 옮김 / 신국판 / 초판 1쇄 / 244쪽 / 7,500원
대제사장이요 단번에 드려진 속죄물이신 예수 그리스도를 소개하여 모든 그리스도인들의 신앙을 깊게 하며 예수 그리스도를 깊이 만나게 하는 명저.

워크북 시리즈

죽음에 이르는 죄 어떻게 극복할 것인가
맥시 더남, 킴벌리 더남 레이스먼 지음 / 서대인 옮김 / 신국판 / 초판 1쇄 / 288쪽 / 7,000원
피할 수 없는 일곱 가지 죄가 우리의 삶에 어떻게 나타나며, 이러한 죄를 다루는 방법을 제시하여 죄를 극복하게 하는 책.

중보기도
맥시 더남 지음 / 구교환 옮김 / 신국판 / 초판 1쇄 / 266쪽 / 7,000원
본서는 중보기도의 이해를 도울 뿐만 아니라, 개인이나 그룹이 중보기도를 실제로 하게 하기 위한 구체적이고 실제적인 지침서.

성령의 열매와 생활
맥시 더남, 킴벌리 더남 레이스먼 지음 / 박재승 옮김 / 신국판 / 초판 1쇄 / 270쪽 / 7,000원
그리스도인의 믿음을 강화시켜 줄 재료로 일곱 가지 기본 덕목을 제시하며, 하나님이 창조
하신 대로 선한 자가 되어, 독자를 성령의 열매를 맺는 생활로 안내하는 책.

영적 훈련
맥시 더남 지음 / 이연승 옮김 / 신국판 / 초판 1쇄 / 230쪽 / 7,000원
승리하는 그리스도인의 삶을 형성하기 위한 훈련 과정의 워크북으로, 개인적인 묵상뿐만
아니라 소그룹에서 사용할 수 있는 훈련 교재로도 적합한 책.

예수님처럼 사랑하자
맥시 더남 지음 / 류명화 옮김 / 신국판 / 초판 1쇄 / 202쪽 / 7,000원
사도 바울의 사랑장인 고린도전서 13장의 내용을 구체적으로 파악할 수 있고, 독자로 하여
금 사랑할 수 있는 구체적인 사랑의 길로 인도하는 책.

상담 서적

상처난 아버지와의 관계 회복
제임스 L. 쉘러 지음 / 이기승 옮김 / 신국판 / 초판 1쇄 / 272쪽 / 7,000원
인생의 풀리지 않는 아버지와의 문제들이 무엇이며 그것을 어떻게 다루어야할지, 더 나아
가 하나님 아버지께로 인도하는 책.

목회자의 자기 관리
로이 오스왈드 지음 / 김종환 옮김 / 신국판 / 초판 2쇄 / 276쪽 / 7,000원
자기 관리에 게으르거나 무관심한 그리스도인이 어떻게 자기 관리를 해야 하는지 구체적으
로 제시하는 책.

영혼을 돌보는 목자
캐롤 와이즈, 존 힝클 지음 / 이기승 옮김 / 신국판 / 초판 1쇄 / 248쪽 / 6,500원
잠재력이 있는 영혼들을 돌보는 사역을 감당하고자 하는 목사, 전도사, 평신도 지도자, 구
역장 등에게 안내자 역할을 하는 책.

잃어버린 퍼스낼리티를 찾아서
최병전 지음 / 신국판 / 초판 1쇄, 개정판 1쇄 / 206쪽 / 5,000원
구원은 받았지만 인격의 상처는 개인과 가정과 교회와 사회에 문제를 일으키는 것을 진단하
고 해결의 실마리를 제시하는 책.

당신의 인생을 다시 시작하라
데일 겔러웨이 지음 / 류선욱 옮김 / 신국판 / 초판 1쇄 / 202쪽 / 6,500원
인생에서 위기를 당하거나 상처를 입었을 때 어떻게 극복할 수 있는지 저자 자신의 경험을
통해 새롭게 일어날 수 있는 길을 감동적으로 조명해 주는 책.

존 웨슬리 서적

불타는 전도자 존 웨슬리
홍성철 지음 / 신국판 (양장본) / 초판 2쇄 / 344쪽 / 10,000원
존 웨슬리가 어떻게 불타는 전도자가 될 수 있었는지를 제시하여, 현대 그리스도인들도 불
타는 전도자가 되도록 인도해 주는 책.

존 웨슬리 그의 생애와 신학
로버트 G. 터틀 2세 지음 / 김석천 옮김 / 신국판 / 초판 1쇄 / 480쪽 / 13,000원
본서는 하나님께 전적으로 헌신하며 살았던 존 웨슬리의 이야기를 통해 독자를 예수 그리스도의 충만한 믿음으로 인도해 주는 책.

현대인을 위한 존 웨슬리의 메시지
스티븐 하퍼 지음 / 김석천 옮김 / 신국판 / 초판 2쇄 / 168쪽 / 5,000원
존 웨슬리의 메시지를 현대인을 위해 재해석한 책으로, 현대의 그리스도인들에게 빛과 방향을 제시해 주는 귀중한 저서.

수잔나 존 웨슬리의 어머니
아놀드 댈리모어 지음 / 김석천 옮김 / 신국판 / 초판 2쇄 / 230쪽 / 6,000원
존과 찰스 웨슬리의 어머니 수잔나의 경건의 모범, 자녀 교육과 양육, 고난과 어려움을 이겨 풍성한 영적 유산을 남겨 준 이야기.

신학 서적

회심 거듭남의 의미와 적용
홍성철 편집 / 신국판 / 초판 2쇄, 개정판 2쇄 / 224쪽 / 6,000원
기독교에서 가장 핵심적 교리인 "회심"의 문제점을 신학적, 경험적, 적용적으로 이 분야의 권위자들이 다룬 9편의 글.

타문화권 복음 전달의 원리와 적용
존 T. 시먼즈 지음 / 홍성철 옮김 / 신국판 / 초판 3쇄, 2판 1쇄 / 342쪽 / 8,000원
복음과 타종교와의 관계를 다루면서도 복음 전달의 원리와 방법을 깊게 다루어 복음 전달의 이론적 인도자가 되는 명저.

복음주의 실천신학개론
복음주의 실천신학회 편 / 신국판(양장본) / 초판 3쇄 / 430쪽 / 13,000원
한국 교회의 목회자와 그리스도인들에게 신학의 복음주의적인 안목을 갖게 함으로 목회 현장을 더욱 풍요롭게 하는 지침서.

웨슬리안 조직신학
오톤 와일리, 폴 컬벗슨 지음 / 전성용 옮김 / 신국판 / 초판 1쇄 / 570쪽 / 15,000원
신학의 기초 과정을 위한 교과서일 뿐만 아니라, 평신도들이 사용할 수 있도록 간략하면서도 체계를 갖춘 기독교 교리를 제시한 신학의 고전.

전도 서적

현대인을 위한 복음전도의 성경적 모델
홍성철 지음 / 신국판 / 초판 1쇄 / 320쪽 / 10,000원
복음적인 안목으로 성경에 접근하고자 하는 그리스도인과 복음전도 지향적인 설교를 준비하는 사역자를 위해 길잡이 역할을 할 명저.

당신의 생애도 변화될 수 있다
알란 워커 지음 / 홍성철 옮김 / 신국판 / 초판 1쇄 / 104쪽 / 3,000원
삶의 목적과 변화를 원하는 모든 현대인들에게 예수 그리스도가 제공하는 구원의 은혜로 변화된 생애를 살 수 있도록 도전하고 길잡이 역할을 할 명저.

교회 갱신

가정교회 21세기 목회의 새로운 대안

박승로 지음 / 신국판 / 초판 1쇄 / 214쪽 / 7,500원

교회 성장을 위하여 소그룹의 특성을 살리며 살아 있는 교회의 세포인 "교회 안의 작은 교회"의 가정교회의 사례 연구와 교회 갱신의 전략으로서 구체적인 방향을 제시한 책.

기독교 고전 시리즈 (1-16권 / 초판 2쇄 / 권당 1,500원)

1. 왜 하나님은 무디를 사용하셨는가   R. A. 토레이 지음 / 홍성철 옮김
2. 보다 깊은 삶   로버트 머레이 맥체인 지음 / 구교환 옮김
3. 하나님의 임재를 연습하라   로렌스 형제 지음 / 이소연 옮김
4. 성결   J. C. 라일 지음 / 서대인 옮김
5. 예수님을 위하여 선하게 증거하자   존 왓슨 지음 / 이대규 옮김
6. 공격적인 기독교   캐더린 부스 지음 / 염동팔 옮김
7. 구령자를 위한 권면   호레시우스 보너 지음 / 최석원 옮김
8. 불타는 사랑   블레즈 빠스칼 지음 / 곽춘희 옮김
9. 행동하는 믿음   조지 뮬러 지음 / 송철웅 옮김
10. 하늘가는 마부   존 번연 지음 / 문정일 옮김
11. 성도다운 학자의 결단   조나단 에드워즈 지음 / 홍순우 옮김
12. 설교자와 기도   E. M. 바운즈 지음 / 이혜숙 옮김
13. 성도의 영원한 안식   리차드 백스터 지음 / 이기승 옮김
14. 부흥의 법칙   제임스 번스 지음 / 문정선 옮김
15. 성경적 구원의 길   존 웨슬리 지음 / 박홍운 옮김
16. 친구여 들어보지 않겠소?   찰스 스펄전 지음 / 홍성철 옮김